教育部人文社会科学研究"幼儿园游戏指导的留白向度研究"
（项目批准号：18YJA880065）项目资助

U0453751

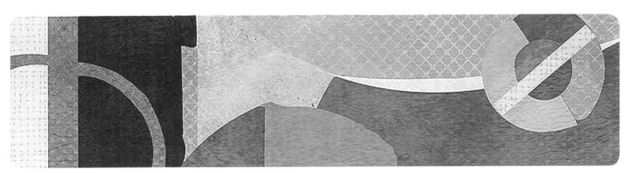

YOUERYUAN YOUXI ZHIDAO DE
LIUBAI XIANGDU

幼儿园游戏指导的
留白向度

● 秦元东　王春燕　著

 浙江教育出版社·杭州

目　录

留白：逐渐走向前台的一个研究课题

　　幼儿园游戏是游戏在幼儿园中的一种存在形态，兼具自然性与教育性，是幼儿园课程的有机组成部分，同时也是幼儿园教育的基本活动。针对幼儿园游戏实践中教师高控、幼儿"被游戏"等现象，"放手游戏"进而支持儿童更好地主导游戏，成了一个重要课题。在此背景下，以教师赋权为核心的"留白"不断从"后台"走向"前台"，成为"显学"。

幼儿园游戏是游戏在幼儿园中的一种存在形态，"兼具自然性和教育性"[①]。因而，过分强调教师的介入和高控虽可能保障教育性但可能以自然性的削弱甚至丧失为代价，进而可能会出现"好的""假游戏"；过分强调教师的放手和儿童的主导可能虽保障自然性却以教育性的削弱甚至缺失为代价，进而可能会出现"不好的""真游戏"。而"好的、高质量的幼儿园游戏既要体现'游戏性'，又要体现'发展性'或'教育性'"[②]。这决定了"好的""真游戏"内在需要教师和幼儿不同程度地参与其中。1989年联合国大会通过的第一部有关保障儿童权利并被中国认可与具有法律约束力的国际公约《儿童权利公约》(*Convention on the Rights of the Child*)也明确规定："缔约国应确保能够形成自己看法的儿童有权对影响儿童的一切事项自由发表自己的意见，对儿童的意见应按照其年龄和成熟程度给予适当的重视。"而游戏作为儿童重要的生活方式与学习方式，理应是儿童最重要的"事项"之一。因此，儿童对游戏的主要方面(如空间、时间、材料、评价等)理应具有"自由发表自己的意见"的权利，并应得到包括教师在内的成人的尊重与重视。但长期以来，在我国幼儿园游戏指导中教师高控比较明显，为此，如何"放手游戏"进而支持儿童更好地参与和主导游戏，成为目前的一个重要课题；同时，我们长期以来主要聚焦于教师如何介入和指导游戏，目前开始自然转向关注教师如何"放手游戏"给幼儿留白。在此双重背景下，"留白"在幼儿园游戏指导领域中逐渐从"后台"走向"前台"成为"显学"，成为一个迫切需要探讨的研究课题。

---

① 刘焱.儿童游戏通论 [M].北京：北京师范大学出版社，2008：347.
② 刘焱.什么样的游戏是好的或高质量的游戏 [J].学前教育，2000（10）：8.

一、我国幼儿园游戏指导研究的大势所趋

教师指导指幼儿在学习活动中教师教育、引导、帮助、支持等全部活动。[①]教师通过在幼儿的生活、学习以及游戏活动中为幼儿提供多方面的帮助以促进幼儿各方面能力得以充分发展。教师指导作为一个历久弥新的话题，在不同时期会呈现出不同"色彩"，现有研究主要从宏观政策、指导媒介以及教师角色等多个角度出发剖析教师指导的时代变化[②③④]，阐明不同时期教师的指导特征。幼儿教师对儿童生活的方方面面都有所指导，幼儿园游戏中的教师指导（以下简称"幼儿园游戏指导"）有助于为幼儿游戏提供帮助、支持以及密切的师幼间的情感关系以促进幼儿的学习与发展。我们尝试采用文本分析法，在中国知网以"游戏指导"为主题，搜索我国20世纪90年代以来（1990—2021年）的相关文献，选取了主题下所有学位论文以及阅读量或引用量较高的期刊文章[⑤]，共计206篇，其中期刊文章133篇、学术论文73篇。在查阅时摘录文本中的主干内容，利用MAXQDA数据分析软件对文本中出现的要素进行开放式编码，参考丁海东主编的《幼儿园游戏组织与指导》中的目录框架[⑥]对资料进行类属分析，主要进行聚焦编码（二级编码）和轴

---

① 霍雨佳.幼儿科学活动教师指导策略特点、类型与影响因素的研究 [D].北京师范大学，2006.

② 庞丽娟.《幼儿园教师专业标准》的研制背景、指导思想与基本特点 [J].学前教育研究，2012（07）：3-6.

③ 罗莎莎，靳玉乐.教师角色的历史演变及其启示 [J].现代大学教育，2020（03）：20-27.

④ 范国睿.智能时代的教师角色 [J].教育发展研究，2018，38（10）：69-74.

⑤ 由于所能查阅到的文献最早发表于1990年，故以1990年为时间节点开始查阅，且20世纪90年代文献量较少，故对该时期的文献未经由上述标准筛选，一律选用。

⑥ 《幼儿园游戏组织与指导》共六章，依次为：幼儿游戏概论、幼儿园游戏环境创设、幼儿园游戏活动的计划与组织、幼儿园游戏的现场指导、幼儿园游戏的观察与评价、幼儿园不同类型游戏的支持与引导。（丁海东.幼儿园游戏组织与指导 [M].长沙：湖南大学出版社，2015.）

心编码（三级编码）。根据现有文献内容结构将编码分为教师指导策略核心议题与游戏指导问题两大类别，共生成630个子编码，之后再将编码转化为可视化数据，对数据内容进行深入分析。

（一）幼儿园游戏指导策略核心议题的变化

针对不同的游戏指导问题，不同时期学者提出相对应的游戏指导建议。针对游戏指导中的问题所提出的系统化建议，对于改善游戏指导中的问题具有重要的意义与价值。我们对涉及游戏指导建议的文献内容进行分析，编码共涉及原始资料摘要421条，提取出有关教师指导建议的20个关键点，在二级编码中形成12个类属，最终纳入4个范畴（见表1）。

表1　幼儿园游戏指导策略编码

轴心（三级）编码	聚焦（二级）编码	参考点（个）
游戏准备（A）	游戏经验（A1）	31
	游戏场地（A2）	60
	游戏材料（A3）	64
	游戏时间（A4）	24
游戏的计划与组织（B）	游戏目标与预设（B1）	6
	游戏的常规与执行（B2）	5
	游戏的组织方式（B3）	3
游戏的现场指导（C）	指导时机（C1）	27
	指导形式（C2）	12
	指导方法（C3）	25
游戏的观察与评价（D）	游戏观察（D1）	92
	游戏评价（D2）	72

基于编码结果可知，现有研究主要从"游戏准备（A）、游戏的计划与组织（B）、游戏的现场指导（C）、游戏的观察与评价（D）"四方面对幼儿园游戏指导提出建议。为了更加深入地介绍游戏指导策略，我们对聚焦编码进行描述性分析，聚焦编码中占比前三的游戏指导措施为"游戏观察（D1）、游戏评价（D2）、游戏材料（A3）"，分别占比21.8%、17.14%、15.2%，并将这三个出现频次最高的指导策略界定为游戏指导的核心议题。

1. 游戏观察

观察是了解儿童游戏的窗口，是进入并参与儿童游戏的门槛，也是指导游戏的前提。关于游戏观察，学者普遍认为教师对幼儿的游戏行为缺乏真正的观察，教师的游戏观察能力有待提升[1][2][3]。游戏观察作为被提及频率最高的议题，早在20世纪90年代就作为重要的教育论题被讨论，其发展脉络蕴含着丰富的时代痕迹。游戏观察作为游戏指导中较为考验教师教育敏感性的维度之一，从最初注意到游戏观察的重要性，发展至对观察方法和原则的细述，再到如今形成与记录以及解读相结合的游戏观察链，体现出游戏观察的细化与成熟，表现出学者对观察在幼儿游戏行为中蕴含的独特价值的重视。

（1）1990—1999年：作为游戏指导的重要手段被提出。

游戏观察开始主要作为一种了解幼儿的手段被提出：只有在游戏中深入观察幼儿，才能及时了解幼儿各方面的发展水平和内心世界，了解幼儿游戏发展的水平，捕捉发明创造的苗子，为教育教学以及游戏指导

---

① 关少英.幼儿园创造性游戏活动中的教师指导研究[D].福建师范大学，2007.
② 史燕平，周桂勋.幼儿园大班角色游戏指导策略探析[J].幼儿教育研究，2016（04）：21-26.
③ 邱学青.角色游戏指导中存在的几个问题[J].早期教育，1998（02）：31.

提供依据[①②]。随着观察、了解幼儿的游戏情况被看作教师的主要任务之一，观察在游戏活动中的意义开始被大众注意。教师在游戏中关注幼儿的动态，但具体到教师如何观察，如何利用自己观察到的内容仍是很多教师的困惑之处。

（2）2000—2013年：游戏观察可操作化。

随着游戏观察的重要性被大众认可，学者逐渐开始对游戏中教师观察什么、怎么观察展开详细论述。从2000年起，有多位学者提到，教师的观察应该是有目的、有计划的，观察同时要注意教师对幼儿游戏行为的记录与分析，了解幼儿的想法[③④⑤]。游戏观察不再是教师在游戏之外的简单旁观，而是需要策略的，需要教师带着目的与计划对幼儿的游戏进行观察，并伴有游戏记录与分析，深层了解幼儿游戏行为背后的想法。只有通过系统化、条理化的游戏观察才能真正了解幼儿的实际游戏情况，提升教师的指导效率。

（3）2014年至今：多视角游戏观察链。

随着游戏观察的普及和发展，多立场以及多角度的游戏观察被提及：教师有不同的解读，就会有不同的指导[⑥]，教师需要摒弃以往的单一视角，尝试从多个角度看待幼儿的游戏活动。与此同时，观察不再是孤立的环节，而是由"计划—观察—记录—指导"紧密联系的环节形成

---

① 洪晓琴.角色游戏的指导[J].幼儿教育，1993（05）：12-13.

② 茅红美.论两类游戏的关系及其指导[J].学前教育研究，1998（06）：22-23.

③ 邱学青，江苏省省级机关一幼游戏课题研究小组.幼儿园游戏的观察与指导[J].早期教育，2000（17）：33-35.

④ 张燕.游戏指导的关键：建立和谐的师幼关系[J].幼儿教育，2004（01）：10-11.

⑤ 赵丽君.幼儿自主游戏中存在的问题与对策[J].幼儿教育，2004（05）：12-13.

⑥ 朱家雄.游戏难在教师的指导——玩与教的两难（八）[J].幼儿教育，2014（28）：5.

的游戏指导循环模式的有机组成部分①②③。学者们普遍强调教师在有所规划的基础上对幼儿游戏行为进行分析解读，探讨幼儿的游戏表现，在多次游戏指导中实现指导成效的提升。

2. 游戏评价

游戏评价对于游戏的开展和提升具有重要参考价值。对游戏进行评价，一方面是为了检验、评价教师指导和组织游戏的能力与效果，并为提升其他教育活动的质量提供依据；另一方面，还能使教师的指导更有针对性和科学性。④只有掌握了正确的评价方法，才能明确指导的方向和重点，才能使游戏真正促进幼儿全面发展。初期少有学者关注到游戏指导中的评价问题，游戏评价几乎处于缺失状态。自2000年后，游戏评价的重要性才逐渐被提及，且强调要对游戏进行综合评价。如今，随着游戏评价不断成熟，游戏评价的功能得到拓展，除强调评价本身的多主体、多维度之外，还要基于游戏评价对游戏进行整体改进。

（1）2000—2004年：不可缺少的游戏评价环节。

在我国，游戏评价受课程评价的影响与制约，相对滞后于课程评价。面对游戏评价环节的缺失，在20世纪初才逐渐有学者开始强调游戏评价在游戏中的重要价值以及注意事项：教师应当把握好游戏评价环节，对幼儿在游戏中的表现进行评价，注重过程而不重结果，注重能力与品德并重⑤。

---

① 蔡蔚文.教师如何有效地观察幼儿的自主游戏[J].福建教育，2015（Z7）：67-69.
② 陈岑.幼儿园自主性游戏中教师指导策略研究[J].读与写（教育教学刊），2017，14（09）：203.
③ 吴吉.大班创造性游戏中教师的指导行为研究[D].华中师范大学，2020.
④ 丁海东.幼儿园游戏组织与指导[M].长沙：湖南大学出版社，2015：127.
⑤ 李琳婕.浅谈幼儿园角色游戏的指导[J].学前教育研究，2000（04）：60.

（2）2005年至今：发展性游戏评价。

随着游戏活动评价体系的建构，并被纳入教学评估体系之中，游戏评价的科学性、深度随之提升。2015年，提及多元评价的文献量达到顶峰，多主体、多维度的幼儿园游戏评价观普遍建立[1][2]。这时的评价主体不局限于教师，幼儿与家长也能参与其中，评价可以从材料的运用、建构的形式、主题的目的性、情绪的专注性、社会性水平、常规、创造表现力等方面展开。与此同时，教师还应基于游戏评价结果，在不断反思与总结中促进游戏的提升，让幼儿有所收获，并为下一次的游戏指明方向。[3]总之，发展至今日的游戏评价不仅强调多元，还强调游戏评价本身的发展功能，基于评价结果对后续的活动进行适当的改进与提升，是发展性评价的体现。

3. 游戏材料

游戏材料指用于幼儿游戏的一切物品，包括专门为幼儿游戏而制作的玩具，以及任何日常物品或自然材料[4]，是游戏开展的物质基础之一，与幼儿游戏动机和幼儿游戏水平密切相关。现有研究对于游戏材料的建议经历了由表及里、由量到质的变化发展。对游戏材料的关注始于对材料数量的重视，强调玩具作为游戏支柱性材料的作用，教师应当为幼儿提供数量充足的材料；随后基于幼儿对材料的生理及心理需求，强调在满足材料数量的同时，提供适宜幼儿的游戏材料；时至今日，游戏材

① 赵莉.当前幼儿园角色游戏开展及指导中存在的问题与对策 [J].漯河职业技术学院学报，2015, 14（06）：187-188.

② 沈思敏.角色游戏中师幼互动研究 [J].才智，2016（25）：10-11.

③ 张盼盼.教师不同指导方式下区域活动中幼儿游戏性表现的研究 [D].沈阳师范大学，2016.

④ 华爱华.活动区材料的投放方式与幼儿行为及发展的关系 [J].幼儿教育，2008（07）：4.

料的多层次性受到重视，以促使幼儿的游戏更加具有灵活性与创造性。

（1）1990—1997年：数量丰富的游戏材料。

材料数量是制约幼儿游戏行为的因素之一。在物资相对不丰富的20世纪末，学者普遍强调材料在游戏中不可缺少，应当为幼儿提供数量丰富的游戏材料[1][2]，初步关注到材料在幼儿游戏中的作用，强调幼儿园游戏材料数量的充足性。

（2）1998—2004年：适合幼儿的游戏材料。

21世纪前后，幼儿园游戏材料数量有所提升，面对丰富的材料，游戏材料与幼儿自身的适宜性开始受到关注：游戏材料应当基于幼儿兴趣和需要投放，并且选择适合幼儿年龄的材料，随着幼儿经验成长，及时更新材料[3][4]，不能仅从教师角度提供大量的游戏材料，需要把握幼儿的年龄特征与游戏需要，幼儿的游戏主体性地位开始在游戏材料上有所表现。

（3）2005年至今：开放性游戏材料。

当游戏材料足够丰富，且满足幼儿需求后，材料的开放性成了当下被关注的重点。游戏材料的开放性既包括向不同能力水平幼儿开放的"多层次性"，也包括材料本身的"低结构性"，以及幼儿对材料的自由取放度。

由于幼儿发展的不平衡性和差异性，应提供多层次性材料，以促进幼儿发展。低结构材料多指那些没有明确目标、无规定玩法的材料。到

---

① 王正可.创造性游戏主题的深化与指导[J].幼儿教育，1991（11）：19.

② 张慕蕴.正确指导幼儿游戏[J].内蒙古教育，1994（01）：37-38.

③ 茅红美.论两类游戏的关系及其指导[J].学前教育研究，1998（06）：22-23.

④ 权明，翟丽娟.游戏指导过程中的一些问题及其对策[J].学前教育，2000（06）：15-16.

了2015年左右，低结构材料的概念受到普遍认可，教师在游戏中提升材料可塑性，能够让幼儿在游戏中具有更大的发挥空间，满足幼儿多样化的游戏需求[1][2][3][4]。材料的自由取放性则突破了幼儿使用材料的时间与空间限制，材料不再局限于某一特定游戏时间或者某一特定空间使用，幼儿可以更多地根据自身需要选择、使用某些材料，允许区域共享、幼儿自由取用材料，让户外游戏活动的玩法有更多的可能。[5]游戏材料的开放性，使得幼儿游戏具有更多的不确定性，幼儿可以根据自己的想法和想象自由地使用游戏材料，促进幼儿在游戏中的想象发挥和发散性思维发展，自由塑造游戏。

（二）"高控"与"放纵"在幼儿园游戏指导中此起彼伏

现有研究大多在剖析游戏指导问题的基础上探讨指导策略的应然状态，不同时期的游戏指导问题能折射出该时期的游戏指导状态。故本研究尝试从已有文献中所提及的教师游戏指导问题出发，回顾不同时期的游戏指导状态。对文献查阅所获得的幼儿园游戏指导中的问题状况进行阅读、分析后，再进行开放式编码，编码共涉及原始资料摘要209条，将原始资料摘要初步整合为19个关键点。由于在初始编码后的19个码号所呈现的是不同意义单元的罗列，需要做进一步整理和分类，于是，我们对209个码号进行二次审视，通过比较、归类，最终聚焦于13个更为精炼的码号［见表2中聚焦（二级）编码一列］，并归类于游戏指

---

① 陈霞.幼儿园结构游戏中的教师指导研究［D］.山东师范大学，2014.

② 刘玉.中班幼儿结构游戏中的教师指导研究［D］.辽宁师范大学，2015.

③ 李辉.幼儿园一日活动中游戏活动实施现状及改进策略研究［D］.浙江师范大学，2019.

④ 李梦竹.幼儿区域游戏指导状况调查及改进对策［D］.江苏大学，2020.

⑤ 吴斯婷.幼儿园户外游戏活动的现状与出路研究［D］.福建师范大学，2020.

导五大类属之中。

表2　幼儿园游戏指导问题状况编码

轴心（三级）编码	聚焦（二级）编码	参考点（个）
游戏准备（a）	脱离幼儿经验（a1）	2
	游戏场地设置问题（a2）	11
	游戏材料问题（a3）	27
	游戏时间不足（a4）	22
游戏的计划与组织（b）	游戏目标与预设失当（b1）	3
	游戏的常规与执行误区（b2）	5
游戏的现场指导（c）	介入时机不当（c1）	9
	指导方法运用不当（c2）	7
游戏的观察与评价（d）	观察有效性不足（d1）	20
	游戏评价失衡（d2）	31
游戏的高控与放纵失衡（e）	教师过度放纵（e1）	4
	教师过度高控（e2）	51
	高控与放纵并存（e3）	19

　　对聚焦编码进行进一步描述性分析可知，幼儿园游戏指导问题中，学者们最为普遍关注的问题是"游戏的高控与放纵失衡（e）"，占比35.4%，在游戏指导问题中占比最高，并通过在游戏中"教师过度放纵（e1）""教师过度高控（e2）""高控与放纵并存（e3）"等具体实践问题表现出来。除此之外，学者们也不同程度关注到幼儿园游戏中教师在"游戏准备（a）、游戏的计划与组织（b）、游戏的现场指导（c）以及游戏

的观察与评价（d）"等方面所产生的问题。教师在游戏指导中所产生的不同问题，反映了教师在实际游戏指导中的多方困惑。

此外，就时间脉络而言，游戏指导中的"高控"与"放纵"问题同样贯穿始终（见图1）。足以见得，该话题一直是学者们持续关注并且讨论频率较高的问题，具有深入探讨的价值。故下文聚焦于"高控"与"放纵"问题，按照时间线索进行梳理。

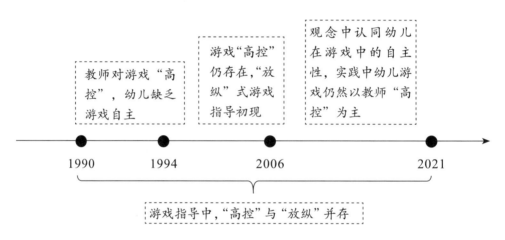

图1　游戏指导中"高控"与"放纵"的变化发展

分析三十年间学者们对"游戏的高控与放纵失衡（e）"问题的描述，有助于梳理幼儿园游戏指导的实际状况。1990年至1994年间，游戏指导主要以教师"高控"为主；随着自主游戏观的初现与传播，从1994年到2006年，"放纵"式的游戏指导显露于游戏之中，教师的"放纵"与"高控"行为共存于游戏中；2006年至今，虽给予幼儿游戏自由的观念被广泛认同，但实践中幼儿游戏的自主权仍难以得到保障。

1. 1990—1993年：教师"高控"凸显，幼儿缺乏自主

学者们一开始更多从"社会本位"视角强调和注重游戏作为全面发展教育的手段或"对幼儿进行体、智、德、美全面发展教育的重要途

径"的社会价值，忽视和轻视幼儿游戏本身蕴含的发展价值，忽视和轻视幼儿游戏需要的满足和游戏本身给予幼儿的快乐及其意义。[①]实践中呈现出刻板教条的幼儿园游戏模式，游戏指导中"教师过度高控（e2）"现象明显：说它是游戏，显然是教育，因为幼儿在教师的旨意下按部就班地活动，并不感到愉快和自在；说它是教育，又好像是游戏，因为它套有游戏的形式[②]。受知识本位的教育观影响，这时的游戏显现出机械化、功利化的倾向，教师在游戏指导中尚未关注到幼儿的意愿与自由，幼儿成为教师指导下的"木偶"，游戏成了变相的上课。

2. 1994—2005 年：教师高控仍存，"放纵"式游戏指导初现

以1996年《幼儿园工作规程》、2001年《幼儿园教育指导纲要（试行）》为代表的一系列政府文件的颁布以及大量游戏相关论著的出版为标志，教师开始关注游戏的本体价值，在游戏中逐渐尝试给予幼儿权利和自由，让幼儿在游戏中获得愉快的体验和自主的机会。

在新观念冲击下，游戏指导"五花八门"的现象随之出现。游戏指导中存在着"高控与放纵并存（e3）"的现象[③][④]：要么认为游戏就是玩，只要幼儿开心就行了，教师指导随意且放任，幼儿随心所欲，致使笼统含糊、零散无序的现象频生[⑤][⑥]；要么认为游戏就是受教育，教师把游戏

---

① 刘焱.儿童游戏通论［M］.北京：北京师范大学出版社，2004：401.

② 华爱华.教师对幼儿游戏的指导［J］.幼儿教育，1991（Z1）：33.

③ 张燕，姜维静，李连荣，等.幼儿园自选游戏的开展与教师指导［J］.教育科学研究，1994（05）：37-40.

④ 秦元东.关于游戏指导的理论思考［J］.学前教育研究，2001（02）：24-26.

⑤ 吴邵萍.结构游戏的整体指导［J］.幼儿教育，1998（Z1）：25-26.

⑥ 丁海东.角色游戏过程中的两种指导方式［J］.幼儿教育，2001（Z1）：37.

变成了舞台,在游戏中过分干预,追求游戏的教育结果。[①]这时的教师虽然认识到了游戏的重要性以及幼儿在游戏中的地位和价值,但大多数一线教师面对游戏中的问题不知所措,对于游戏的教育性和享乐性难以把握,不少教师对于怎样指导游戏感到困惑[②③]。

随着尊重幼儿、给予幼儿游戏自由的游戏指导观念日益被认同与树立,并逐渐运用于实践之中,在传统干预的游戏指导观与新式自主的游戏指导观的交替作用下,游戏指导中开始出现教师指导不当以至于"过度放纵(e1)"的现象,游戏指导呈现"高控与放纵并存(e3)",教师难以将新观念有效运用于实践之中,游戏指导混乱,如何提供适宜的游戏指导越发受到重视。

3. 2006年至今:幼儿园游戏异化,幼儿游戏自主权难以保障

相较于以往,教师的游戏指导观念虽有一定程度的改善,教师也有目的性地为进行适宜的指导而努力,但其深层教育观念,特别是教育行为尚缺乏实质性转变,知行分离、言行脱节的现象还比较常见,以至于教师在游戏指导实践中依旧表现为控制过多。

游戏中"教师过度高控(e2)"主要表现在游戏活动的自主性概念的缺乏以及游戏的知识性与教育性过重两个方面。游戏活动的自主性概念缺乏大多缘于教师不了解或者不愿意了解幼儿的需要,以教师的要

---

① 蔡蕾.浅谈教师对结构游戏的指导[J].辽宁教育学院学报,2001(01):103.

② 潘月娟.教师指导幼儿角色游戏的适宜性方法(上)[J].教育导刊(幼儿教育),2003(01):22-23.

③ 邱学青.幼儿园游戏指导中存在的问题及其对策[J].幼儿教育,2003(03):6-7.

求取代幼儿的兴趣，将自己的意愿强加于幼儿意愿之上①②③④。游戏的知识性与教育性过重则主要缘于对理性知识的追求而导致游戏本体价值的缺失，具体表现为教师本着教学的目的，对游戏进行设计与干预，使游戏成为教学的附庸，成为被知识所驱使的手段与工具⑤⑥⑦⑧。

2006年至今，教师普遍认同幼儿在游戏中的自由与权利，但实际指导中存在理论与实践脱节，呈现出"高控"或"放纵"的现象，在其中又主要以教师在游戏中高控为主要表现。

三十年间，幼儿园游戏指导中的高控与放纵虽历经观念与实践的挑战，呈现变化与曲折，但透过学者们所发现的游戏指导的问题，游戏指导中最为凸显的问题是"教师过度高控（e2）"：教师过度干涉幼儿游戏、赋予幼儿游戏更多的教育价值，以至于幼儿游戏的主体性地位未能得到充分体现。近些年，在以安吉游戏为代表掀起的"游戏革命"浪潮的影响下，"自主性、自由、放手游戏等逐渐汇聚成为我国幼儿园游戏领域中一股强大的'势力'"，"这股'势力'的核心是游戏中教师的'退后'与'放手'和儿童的'介入'与'主导'。需注意的是，这股'势力'

---

① 杨静.游戏的自主性特征与指导策略探究 [J].青海师范大学学报（哲学社会科学版），2007（01）：134-137.

② 关少英.幼儿园创造性游戏活动中的教师指导研究 [D].福建师范大学，2007.

③ 赵莉.当前幼儿园角色游戏开展及指导中存在的问题与对策 [J].漯河职业技术学院学报，2015，14（06）：187-188.

④ 孙姝玉.基于幼儿需要的小班建构游戏的教师支持方式研究 [D].四川师范大学，2015.

⑤ 王春燕.幼儿园游戏：本体价值的失落与回归 [J].教育导刊（幼儿教育），2005（03）：8-10.

⑥ 王彦波.幼儿园游戏指导的价值取向：情感关怀 [J].幼儿教育（教育科学版），2007（Z1）：35-37.

⑦ 梁庆丽.建构主义理论视野下的幼儿园智力游戏开展的现状及对策研究 [D].东北师范大学，2013.

⑧ 陈霞.幼儿园结构游戏中的教师指导研究 [D].山东师范大学，2014.

主要是针对游戏中教师过度介入与高度控制而出现的'反向'力量"①。因此，如何解决游戏指导中教师高控的问题，即游戏指导中如何留白，是目前摆在广大幼教工作者面前的一个重大课题。总之，留白从后台逐渐走向前台是我国幼儿园游戏指导研究的大势所趋。

二、幼儿园游戏领域个人研究历程的内在逻辑使然

2004年至今，幼儿园游戏尤其是幼儿园游戏指导始终是我们学术研究的一个核心领域，共经历四个阶段（见图2）。

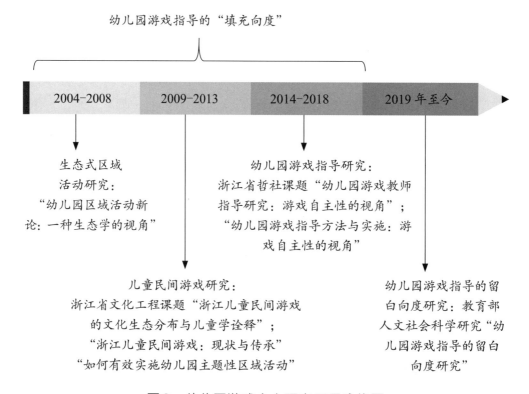

图2　幼儿园游戏个人研究历程脉络图

---

① 秦元东.活动区与材料区：游戏空间规划的来"龙"与去"脉"[J].学前教育研究，2022（10）：35.

（一）生态式幼儿园区域活动研究阶段（2004—2008）

围绕浙江省教育厅科研课题"幼儿园区域活动研究：一种生态学视角"（2005—2006）展开，提出并系统阐释了生态式幼儿园区域活动的理念与实践策略。在《学前教育》开辟"专栏·生态式区域活动"，发表论文18篇，还在《幼儿教育》（教育科学）、《教育导刊》（幼教版）发表论文5篇；著作《幼儿园区域活动新论：一种生态学的视角》（2008）的出版标志着该阶段的研究结束。

（二）儿童民间游戏研究阶段（2009—2013）

以浙江省文化工程课题"浙江儿童民间游戏的文化生态分布与儿童学诠释"（2008—2012）和中国学前教育研究会"十一五"研究课题"浙江民间游戏的教育价值及应用研究"（2006—2010）为研究平台，对浙江儿童民间游戏进行了系统研究，出版著作《浙江儿童民间游戏：现状与传承》（2011）并发表学术论文3篇。在此期间，还伴以对幼儿园区域活动进行了深化研究，并出版了《生态式幼儿园区域活动指导》（2012）和《如何有效实施幼儿园主题性区域活动》（2013）。

（三）幼儿园游戏教师指导研究阶段（2014—2018）

以浙江省哲社课题"幼儿园游戏教师指导研究：游戏自主性的视角"（2014—2018）为研究平台，聚焦于幼儿园游戏教师指导问题，研究成果主要是著作《幼儿园游戏指导方法与实例：游戏自主性的视角》（2018）。

（四）幼儿园游戏指导的留白向度（2019年至今）

之前我们承担的研究项目重点探讨的是幼儿园游戏指导中的"填充

向度";也零散提到了幼儿园游戏空间与时间的留白问题。随着游戏自主性日益受到关注,"放手游戏"逐渐成为一种"共识",之前研究中零散提到的"留白"也自然而然地从研究的边缘上升为研究的核心,转而重点探讨如何在"填充"的基础上巧妙"留白",关注幼儿园游戏指导的"留白向度"。以2018年度教育部人文社会科学研究规划基金项目"幼儿园游戏指导的留白向度研究"为契机,聚焦于幼儿园游戏指导的"留白向度"。这主要实现了三个转向:

1. 关注焦点从教师"做什么"转向"不做什么"

之前研究项目的关注焦点是教师"做什么",探讨游戏时空的规划、材料的调整以及幼儿园游戏和集体教学、家庭与社区等之间的互动关系等内容。而目前将关注焦点转向教师"不做什么",具体探讨教师在指导游戏过程中如何为幼儿留白,为幼儿留下更加广阔的创造空间与可能性。

2. 指导目的从幼儿"参与"游戏转向"创新"游戏

之前的研究项目中,教师指导的目的主要是吸引幼儿"参与"到游戏中,探讨如何才能让教师设计的游戏更富有吸引力。而目前将教师指导的目的转向支持幼儿在教师设计的游戏基础上积极"创新"。

3. 指导内容从幼儿园游戏的"形"转向"神"

之前的研究项目中,教师指导内容主要指向幼儿园游戏外在的"形",主要关注如何从游戏的时间、空间、材料、经验等方面设计供幼儿参与的游戏。而目前将指导内容重点转向幼儿园游戏内在的"神",重在探讨教师如何在洞察与分析幼儿游戏状态的基础上适时巧妙留白,以支持和助推幼儿在游戏"形"的激发与支持下在游戏的"空白处"(即留白)积极创新。

　　总之，正是在我国幼儿园游戏指导研究的大势中，叠加幼儿园游戏领域个人研究历程发展的内在自然逻辑，幼儿园游戏指导的留白向度成为研究关注的焦点，主要涉及"为何留白""何谓留白"与"如何留白"三大核心议题。总体看，本研究从"留白向度"和"填充向度"的关系（研究暗线）中，沿着"为何留白""何谓留白"和"如何留白"的逻辑线索（研究明线）层层展开（见图3）。

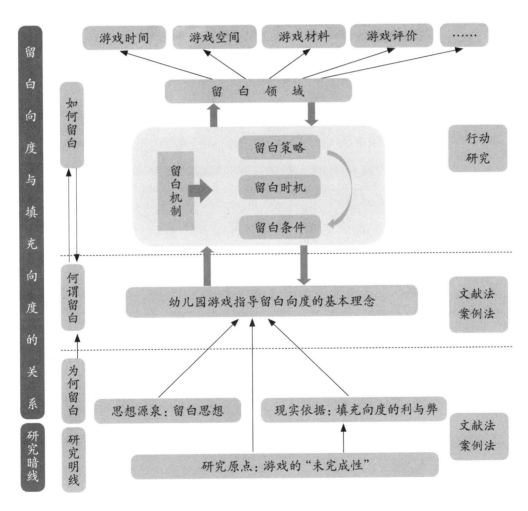

图3　幼儿园游戏指导的留白向度研究思路

　　具体地说，以游戏"未完成性"的分析为研究原点，以此审视幼儿园游戏指导填充向度的利与弊（现实基础），引出"克服填充向度弊端"的紧迫性；中国传统艺术留白思想（思想源泉）为解决填充向度的弊端提供了一种思路；同时，游戏的"未完成性"内在要求"留白"。由此，留白向度的提出（即"为何留白"）便顺其自然和势在必行。在此基础上，本书将阐明幼儿园游戏指导留白向度的内涵与特性、与填充向度的关系以及其对教师角色的挑战与重塑等理论问题（即"何谓留白"）。紧接着，一个不容回避的问题便是这些理念如何在实践中实现（即"如何留白"）。为此，将探索留白的基本环节及其相互影响与作用的动态过程（即留白机制），进而在游戏的主要领域（如时间、空间、材料、评价等）中进行实践运用。对以上问题的探索，构成了本书的基本框架：从我国幼儿园游戏指导研究的大势所趋和幼儿园游戏领域个人研究历程的内在逻辑使然两方面引出了一个逐渐走向前台的研究课题，即留白（导论）；以明晰课程视野中幼儿园游戏的特质、角色及其与课程的关系（第一章）为基础，进而从游戏的"未完成性"推导出幼儿园游戏指导的留白与填充两个内在交织的向度，探索与回答"为何留白"与"何谓留白"（第二章）；接着从幼儿园游戏留白条件（第三章）分析入手，重点探索在幼儿园游戏的设计、时空、材料和评价等方面"如何留白"（第四章、第五章、第六章、第七章）。

第一章

课程视野中的幼儿园游戏

　　游戏与课程是幼儿园教育中既有内在联系又有区别的一对范畴，其区别表现在课程与游戏在本质上是不同的，但课程与游戏又是相辅相成、不可分割的。幼儿园课程是指帮助幼儿获得有益的学习经验，促进其身心和谐发展的各种活动的总和，它不仅能为幼儿提供新的经验，使幼儿在一个未知的领域里获得事实类、规范类、价值类的经验，引导幼儿心理水平向更高层次迈进，而且课程也是保证幼儿园教育目标实现的载体。尽管目前对游戏尚无确定的定义，但学界都认可游戏是幼儿发自内在动机的，自主、自愿的，没有外在目的，更强调内在愉悦情绪满足的一类活动。游戏是幼儿园的基本活动，游戏活动也是幼儿园课程中的一类活动，它与课程同样具有促进儿童获得经验、巩固经验的作用。那么如何更好地认识与理解课程视野中的幼儿园游戏？游戏之于幼儿园课程的角色是什么？基于幼儿园游戏与课程的对话共生关系，课程游戏化与游戏课程化的最终指向是什么？对以上问题的思考就构成了本章的主体内容。

第 一 节

幼儿园游戏的课程特质：自然性与教育性

什么是游戏，什么是课程，游戏与游戏精神有什么区别与联系，课程视野中的幼儿园游戏具备什么特征，对以上问题的解答是幼儿园游戏指导的前提。

一、幼儿园课程与游戏：对内涵的再理解

（一）关于幼儿园课程

关于幼儿园课程的概念界定，至今仍众说纷纭，尚未形成统一定论。目前，在持续推进幼儿园课程改革深入发展的过程中，多样化的幼儿园课程定义也应运而生。在纷繁的幼儿园课程界定中，有三种具有代表性的课程取向。

1．学科取向的界定

学科取向的界定在20世纪80年代的我国幼儿教育中比较普遍。20世纪90年代后，受整合教育观的影响，幼儿教育中的学科课程与过去相比发生了很大变化，课程不再是过去单一的学科，而是加强了学科间的联系和整合，以学科为基础的相关课程、领域课程普遍出现，单一的学科课程已基本消失。在这种课程界定取向下，课程更多关注预设的教育计划与序列化、结构化的教学活动，游戏活动充其量只是实现幼儿园

课程目标的一个手段或途径，或者是为了加强教学活动有效性的一种催化剂。

2.活动取向的界定

活动取向的界定认为幼儿园课程是为幼儿安排的有组织、有计划的各种活动的总和。在这种取向下，强调一日活动皆课程，课程通过各种活动来呈现和实施。因此，游戏不仅仅是课程的内容，也是课程实施的手段与途径。

3.经验取向的界定

经验取向的界定认为幼儿园课程是为促进幼儿身心全面和谐发展所提供的有益经验。这种界定也关心幼儿的活动，但它更关心的是幼儿在活动中所得到的经验，对于幼儿发展来说有益的经验。因此，这种界定比活动取向的界定多了一个参照 —— 幼儿通过活动所得到的经验，尤其是直接经验。在这种取向下，游戏既可以作为课程内容（经验）的重要组成部分（因为幼儿通过游戏可以自然获得经验），也可以成为获取经验的一种途径或手段。

我们更倾向于活动取向的幼儿园课程，不仅因为经验往往是内隐的，不同于活动具有外显性，还因为幼儿在园的有益经验往往是在活动中呈现的，并通过活动来获得的。因此，幼儿园课程是"在幼儿园一日生活活动中，帮助幼儿获得有益的学习经验，促进其身心和谐发展的各种活动的总和"①。总之，现阶段的幼儿园课程已经实现了从学科取向向活动取向的转变。对幼儿园课程的理解也已经从狭隘的学习科目或教学活动，拓展为幼儿一日生活的各个活动，包括游戏活动、实践活动等。

---

① 王春燕，秦元东.幼儿园课程概论（第3版）[M].北京：高等教育出版社，2019：15.

对于幼儿来说，最初的学习任务便是习得人类的基本经验，幼儿的学习离不开生活这一大环境。因此，幼儿园课程首先具有基础性和生活性。同时，幼儿是一个身心发展不成熟的个体，其身心发展特点决定其大部分学习只能通过直接感知、实际操作、亲身体验进行，这也决定了幼儿园课程具有活动性、直接经验性、游戏性等特质。我们要清楚地认识到幼儿园课程的特殊性，其本身蕴含的生活性、基础性、活动性、直接经验性等特质均体现了幼儿教育的精髓，这也是幼儿教育与小学教育的显著区别。因此，应正确理解幼儿园课程的特质，这也是理解幼儿园游戏的前提。

（二）关于游戏

1.什么是游戏

游戏是一个日常生活中使用频率较高的词语。关于什么是游戏，不同学者由于立场和角度不同，看法也不同。尽管目前对游戏尚无统一的定义，但教育界一般认同：游戏是儿童自发自愿的、不受外力约束的自主活动。游戏没有外在的目的，它产生于儿童的兴趣、需要等内在动机，强调"过程"与"表现"，追求的是其本体价值——愉悦、享乐的功能，用儿童自己的话说即"好玩"。

结合以往研究可以看出，目前对游戏内涵的理解主要有两个角度。一是实体意义层面，指一个个游戏活动，强调游戏的外显形式，把游戏视为由特定的行为或行为系列组成的一种活动类型或形式。儿童在游戏活动中的言行表现和作为依托的情境条件、玩具材料及其所反映出的游戏主题、情节、角色、规则等，都是构成游戏活动的形式要素。二是广义地从精神层面理解，指游戏作为一种精神特质而表现出的精神状态或趋向。游戏作为一种精神，可以说渗透或弥漫于人类童年生活的全过程①。

2.游戏的特质

要想把握游戏的本质，就要明白游戏与其他活动的不同点。

第一，游戏具有自由、自主的特点。游戏是由内在条件，如好奇、兴趣等引发的，在没有外部力量干预的情况下，儿童进行的、源于内部动机的、无强制性干预的活动。游戏是游戏者自发和自愿的选择，具有"自己作主"的控制感，游戏强调幼儿的主体地位。

第二，游戏注重过程甚于结果。游戏活动不强调过多的条条框框与硬性的教育指标，游戏更多的是儿童在游戏过程中自主活动、释放情绪、表现已有经验，它不追求游戏结束后的目标达成。游戏没有外在目的，游戏重在过程。

第三，游戏具有虚构性。游戏是儿童在游戏情境中反映社会生活的活动，蕴含着丰富的想象，儿童会通过情境、动作、语言、表情及其他表征来表达他们对世界的认识与理解，儿童的想象和虚构使他们可以不受空间限制，创造新场景，不受物质条件的限制，根据游戏的需要改变物品的用途。儿童通过这一方式使自身体验到原本因力所不及或条件不足而无法体验的现实生活，可以在不直接承担现实生活的种种后果的情况下"经历"现实生活。这就使得游戏带有虚构性，也就是儿童口中的"假装"。

第四，游戏具有愉悦性。正因为游戏没有外在目的、注重过程，所以游戏更多强调在情境中体验愉悦的情绪，追求有趣的过程。游戏中儿

---

① 丁海东.游戏的教育价值及其在幼儿园课程中的实现路径 [J].学前教育研究,2006（12）：32.

童的身心处于最放松、最投入的状态，快乐也由此而来，趋乐性是游戏的本质特征之一。

第五，游戏应蕴含游戏精神，满足游戏者多样的游戏性体验，体现出一种精神状态或特质，这也是伽达默尔所言的"游戏精神"。

总而言之，游戏是发生于一定情景之中，外部有可观察的行为表现，内部有特定心理体验的儿童主动自愿、自主自由、没有任何功利的活动。

3. 游戏精神 —— 一种新的诠释[①]

伽达默尔在其《真理与方法》一书中提出了游戏的概念。然而，他所说的游戏与我们平时所理解的游戏有所不同。他是从本体论角度来理解游戏的，而且是为其对艺术的分析服务的。他认为游戏有以下几个特征：

第一，游戏无主体。游戏就是使游戏者共同"卷入"的东西。我们平常总认为，游戏的主体即游戏的人。然而，伽达默尔却认为，游戏独立于游戏者的意识之外，游戏无主体。"游戏的真正主体并不是游戏者，而是游戏本身。游戏就是具有魅力吸引游戏者的东西，就是使游戏者卷入到游戏中的东西，就是束缚游戏者于游戏中的东西。"[②]伽达默尔是从本体论角度看待游戏的：游戏是一种本体存在，是本体的普遍的存在状态，是人类的存在方式。

第二，游戏是一个往返重复、自我更新的过程。伽达默尔认为，游戏活动是指一种不断往返重复的运动，这些运动决不能有一个使其中止

---

① 王春燕.以游戏精神实现教学与游戏的融合[J].教育理论与实践，2002（12）：43.

②【德】伽达默尔.真理与方法[M].洪汉鼎，译.上海：上海译文出版社，1999：137.

的目的。游戏有一个开放的秩序结构，一直在它自身的秩序结构里运动着，不断往返重复。然而，游戏并不是封闭的，游戏在运动中又不断地更新自身。

第三，游戏的轻松性及自成目的性。伽达默尔认为，"属于游戏的活动不仅没有（外在）目的和意图，而且也没有紧张性。游戏好像是从自身出发而进行的"①。游戏本身的秩序结构使游戏活动的往返重复像出自自身一样展现出来，并使游戏者摆脱那种真正紧张感。

第四，游戏与严肃之间的"对话"联系。针对库特·里茨勒坚持游戏与严肃对立的观点，伽达默尔认为游戏活动与严肃的东西之间有一种特有的本质关系，游戏并不是与严肃完全对立的。这不仅是因为在游戏活动中游戏具有"目的"，而且游戏本身就具有一种独特的甚至是神圣的严肃感。游戏的存在方式决不允许游戏者像对待一个对象那样去对待游戏。只有当游戏者严肃地对待游戏时，游戏活动才会实现它的目的。如果游戏要成为真正的游戏，游戏者就不能轻率地"玩弄"游戏。在我们看来，伽达默尔所讲的游戏与严肃不对立的关系就是一种"对话"关系。

伽达默尔对游戏的分析虽然是为其对艺术的分析服务的，然而对于我们重新理解游戏有很大的启发性，即伽达默尔所讲的游戏已不再局限于日常生活中的某一个具体的实体游戏活动，而更多地是指游戏特有的精神。"人的游戏活动玩味着某种东西"，这"某种东西"也许就是伽达默尔所谓的"游戏精神"：一种自成目的的精神，一种积极开放的精神，一种不断自我生成、自我更新的精神，一种消解主体的精神，一种"对

---

① 【德】伽达默尔. 真理与方法 [M]. 洪汉鼎，译. 上海：上海译文出版社，1999. 134.

话"的精神⋯⋯

正如学者高洁在《追寻幼儿教育的游戏精神》所阐述的，哲学意义上的游戏精神指游戏在形而上层面的内涵与意义，主要表现在以下几点[1]：

第一，游戏的自由性。这种自由主要是指摆脱外部强制和奴役的人的主体性自由，表达了人在游戏中的精神状态。由于没有外部强加的要求与压力，幼儿可以根据自己的意愿控制获得的方式和进程，决定玩什么和怎样玩。

第二，游戏的规则性。游戏的自由并不是肆意妄为，而是规则约束下的自由。一旦规则遭到破坏，整个游戏世界便会坍塌。游戏规则来自活动本身的需要，因此对游戏规则的遵守不是外在的负担，而是出自自己的意愿。

第三，游戏以自身为目的。游戏没有外在目的，它的目的在活动过程之中，与生活中的功利性欲望和直接物质利益无关。

第四，游戏的开放更新性。游戏是一种自我表现，没有迫使它中止的外在目的，于是它充满了无限的可能，不断向幼儿敞开，在自身的运动中获得更新。

第五，游戏的超日常性。游戏与真实生活有一定的距离，它在繁忙的日常生活之外创造出一个假想的世界。由于这个世界是假想的，它可以超越被种种规约限制的日常生活，遵循自身的内在秩序。

这些精神的表述体现了抽象层面的游戏 —— 游戏体验，即不仅仅从实体即活动层面来看游戏，也可以从体验层面来思考与判断游戏，而

---

[1] 高洁. 追寻幼儿教育的游戏精神 [M]. 北京：教育科学出版社，2013. 54.

这就是游戏精神。关于游戏精神的新理解启示我们不仅仅要关注游戏活动中游戏精神的凸显，也要关注在幼儿园一日生活的其他活动中的游戏精神的凸显，因为游戏精神是就体验层面而言的，是活动主体的体验，我们希望游戏精神弥散在幼儿园的所有活动中。

二、幼儿园游戏的自然性与教育性

当游戏进入幼儿园，成为幼儿园游戏时，它所具有的特质是什么？是保持游戏纯粹的"自然性"，还是要兼具课程的"教育性"？相比"游戏"，"幼儿园游戏"的课程特质是什么？关于这个问题，刘焱教授在《儿童游戏通论》中曾做了这样的论述："幼儿园游戏是什么性质的活动？是纯粹的'自然活动'还是'教育活动'？这是我们在把游戏引入学前教育领域之后必须要回答的第一个问题。这个问题既关系到游戏在幼儿园存在的意义，也关系到教师应当如何对待幼儿的游戏问题：是完全放任自流，还是进行适宜的干预？"[①]其实刘焱教授谈的这个问题就是"幼儿园游戏"不同于一般意义的"游戏"的问题，也是幼儿园课程视野中游戏的特质问题。我们认为，当游戏进入幼儿园课程视域后，幼儿园游戏必须兼具自然性和教育性的特点。

（一）幼儿园游戏的自然性

游戏作为一种活动，必须具备自由自主、过程重于结果、想象虚构、愉悦趋乐等特点，这是游戏的本质特征，也是游戏的自然属性。幼儿园游戏对于幼儿来说首先必须是保留游戏特质的一类活动，必须是自

---

① 刘焱. 儿童游戏通论 [M]. 北京：北京师范大学出版社，2004. 347.

主、自发和自由的活动，必须是"属于游戏主体"的活动。幼儿是课程的主体、游戏的主人，幼儿的需要、兴趣和愉悦、满足是幼儿园游戏首先要具备的。在实践中，我们也会在幼儿园游戏场域看到，孩子们在幼儿园里玩的游戏各种各样，如过家家、扮小医生、开奶茶店、搭城堡、表演、荡秋千、挖渠沟游戏等，这些游戏能让幼儿尽情释放情绪、发挥想象、多样表达、获得快乐、满足需要，是幼儿发起的自在的、自然活动。这种自发的游戏活动既适合幼儿生命成长的需要，又保有了游戏的自然特质。试想一下，如果幼儿园游戏丢失了游戏的一般特质，成了无趣、被别人控制、有外在目的、强制性的活动，那么幼儿园游戏就不能被称为游戏了，游戏也就被异化了。正如法国教育家米舌莱所言："游戏显然是一种无偿的活动，除了它本身带来的娱乐外，没有其他目的。"[1]

（二）幼儿园游戏的教育性

作为进入幼儿园课程视域、进入幼儿园教育场域后的幼儿园游戏，不能完全等同于一般意义的游戏，因为幼儿园的环境与幼儿的家庭环境、社区生活环境不同，是带有教育意图的环境。幼儿园的户外活动环境、班级环境都与自然的物理环境不同，因为在环境创设与材料投放方面老师们考虑了诸多的因素，如幼儿利用材料游戏时能否获得指向不同领域的经验，包括运动的、科学探究的、艺术表征的、社会交往的，等等，且是否可以涵盖幼儿发展的多方面价值；再如，材料对幼儿年龄的适宜性等，尤其是班级区域环境中所投放的材料，都是教师根据幼儿不同年龄发展水平而精心设计、选择与准备的。所以，幼儿园游戏在拥有

---

[1]【法】米舌莱. 教师与游戏 [A]. 瞿葆奎. 教育学文集·课外校外活动 [C]. 北京：人民教育出版社，1991：182.

游戏的自然性的同时也不可避免地带上教育性。因为幼儿园教育是学校教育的重要组成部分，幼儿园课程从来都是指向育人的，是有目的、有计划地促进幼儿身心发展的各种活动。"事实上，游戏之于教育者，已不再仅仅是幼儿的'自然活动'，而是富有'教育性'的活动。"[①] 正如刘焱教授所言："幼儿园是有目的、有计划、有组织地对学前儿童进行集体教养的教育机构或场所。这种'人为的'情景本身就蕴含着幼儿园游戏的'教育性'潜质：①幼儿园的游戏环境是成人教育意图的客体化、物质化。幼儿园游戏的环境是经过成人设计的，材料是经过选择的。成人通过对幼儿游戏环境的预先设计与建构，来引起他们所期望的幼儿与物质环境相互作用的一定的方式、方法，以实现一定的教育目标。②幼儿园的游戏使幼儿有更多的伙伴和材料可供选择，幼儿园游戏的社会性背景要求幼儿在游戏中意识到并学会尊重他人的存在与权力，学会与伙伴分享、协商与合作，并遵守一定的游戏规则。③教师作为'教育者'的角色意识和角色扮演总是会促进他们对幼儿的游戏进行某种程度的干预。教师总会根据自己的教育价值观（合理的或不合理的）去鼓励或抑制幼儿在游戏中的某种行为，对幼儿的游戏施加某种影响。"[②]

总之，进入幼儿园课程视域的幼儿园游戏不同于一般意义的游戏，还具有教育性。美国学者盖伊·格朗兰德在《发展适宜性游戏：引导幼儿向更高水平发展》中提出，"教师引发幼儿高水平游戏的策略"包括：创设一个有序的游戏环境，提供吸引儿童参与的材料，改变材料，制订游戏计划，并强调"课程计划应包括每个游戏区的教育目标，以及达到

---

① 郭元祥，杨洋，张越.论游戏课程化的游戏观：游戏的课程本质、边界与层次[J].教育理论与实践，2020，40（04）：62.

② 刘焱.儿童游戏通论[M].北京：北京师范大学出版社，2004：347-348.

目标所需要的材料……教师针对每一个游戏区制定了教育目标、列明了所需的游戏材料"①。《幼儿园引导性游戏 —— 深化儿童的学习》也明确指出："在我的教室里，儿童每天都进行游戏，但我不会'只是让儿童自己玩游戏'，我会在旁边观察、计划和引导。"②当然"教师不能将目标看作游戏的最终目的或结果，或以此评价幼儿的游戏，而应在游戏中对幼儿的发展持一种观察、研究的态度，从而引导幼儿不断地发展"③。由此可见，幼儿园游戏与一般意义上的游戏不同，它的独特之处就在其所体现的教育性，这就应了英国哲学家沛西·能说的："学校生活的条件无论变得怎么'自然'，它总还是一种在经过选择的环境、在广大世界中的一个人为的小世界中过着的生活，而教师就担负着选择的任务。他们为演戏布置好舞台，准备好道具。因此，即使他们对编剧并不认为有份，而只是怀着友好的兴趣注视着戏剧的发展，但是他们已经在一定的限度内规定了行动所采取的形式。"④

（三）二者的辩证统一性

幼儿园游戏的教育性与自然性是矛盾的、二元对立的关系吗？二者是割裂的吗？在此，一定要清晰理解二者的关系。我们认为，幼儿园游戏的自然性与教育性是辩证统一的。幼儿园游戏首先是游戏，必须具备游戏的一般特征，这是幼儿园游戏的自然性，否则幼儿园游戏就不成

---

① 【美】盖伊·格朗兰德. 发展适宜性游戏:引导幼儿向更高水平发展 [M]. 严冷，译. 北京:北京师范大学出版社，2014:35.

② 【美】玛丽·L.马斯特森，霍莉·博哈特. 幼儿园引导性游戏——深化儿童的学习 [M]. 邹海瑞，译. 北京:中国轻工业出版社，2024:18.

③ 郭元祥，杨洋，张越.论游戏课程化的游戏观:游戏的课程本质、边界与层次 [J].教育理论与实践，2020，40（04）:62.

④ 【英】沛西·能. 教育原理 [M]. 王承绪，等，译. 北京:人民教育出版社，1964:111-112.

为游戏了。但因为幼儿园游戏是教育机构内的游戏，所以又不同于一般意义上的游戏，幼儿园教育机构环境的有意性、目的性决定了幼儿园游戏的教育性。表面看来，这种"受控性"与游戏的"自由自主、无目的"是相互矛盾的，但实际上我们会发现，在幼儿园教育场域，尽管环境是教育化了的环境，尽管有教师基于观察的指导，但幼儿园的游戏必须让孩子自主选择、自由决定，他们玩什么、和谁玩、用什么材料玩、在哪儿玩等意愿都得到满足，这样游戏才会给予他们快乐和满足。因此，幼儿园游戏的受控性和教育性是隐性的，这种受控不是受外在的控制，而是缘于环境引导和教师指导的潜在性，是潜移默化、自然而然的。正如美国教育家斯波戴克所指出的，教育性游戏的特征在于它一方面要服务于教育目的，另一方面又要使儿童得到满足与快乐。从这个意义来看，幼儿园游戏的自然性和教育性是不矛盾的，是辩证统一的。

我们所说的幼儿园游戏既指幼儿自主发起的，也可以是由教师组织参与的。换言之，我们这里谈的幼儿园游戏主要是指实体意义上的游戏，即一个个由儿童自动自发的或教师指导的游戏活动，既包括自由游戏，也包括规则游戏。

第 二 节
幼儿园游戏的课程角色：多元样态

"以游戏为基本活动"是我国幼儿园教育的基本理念。课程改革走到今天，幼儿园游戏不再仅仅是幼儿园课程的实施途径或手段，也成了幼儿园课程的内容和资源。然而，在实践中幼儿教师对幼儿园游戏的课程角色仍存在一些认识上的误区，那么幼儿园游戏在幼儿园课程中呈现多元角色的历史脉络是怎样的？幼儿园游戏之于幼儿园课程的多元角色又应该是什么？本节将试图探讨与回答以上几个问题。

一、实践中对幼儿园游戏的课程角色的认识误区

虽然游戏作为幼儿园基本活动的定位已被广大幼教工作者接受与认可，但在实践中幼儿教师对幼儿园游戏在课程中的角色定位仍然存在一些认识上的误区。对这些误区的剖析，将有助于我们更好地反思与认识幼儿园游戏的课程角色。

（一）游戏活动的神化

游戏活动的神化，是指对游戏活动价值的无限放大。随着对游戏研究的不断深入，游戏的教育价值逐渐被"发现"。维果斯基强调游戏可以充当儿童通往最近发展区的"梯子"。不可否认，游戏对于幼儿、对于教育的意义重大。然而，从目前幼儿园课程实践的情况来看，游戏的

教育价值得到普遍认可的同时，也存在过度神化的现象。无限放大游戏的价值，无条件坚信幼儿的自主性，认为游戏能成就幼儿的全部学习，否定或看不到其他教育活动的价值，久而久之就会陷入虚无主义和绝对浪漫主义的陷阱。游戏活动是有益的，但不能包揽一切，解决幼儿的一切学习和发展问题，游戏不是"万能药"。[1]因此，游戏活动进入幼儿园，突出其教育价值无可厚非，但这种价值一旦被神化，游戏就变味了，只有把它放在恰当的位置上才能发挥它的价值和作用。

当游戏活动进入幼儿园后，幼儿园作为一个有目的、有计划、有组织的对学前儿童进行集体教养的场所，这种"人为的"情境表明了幼儿园游戏应该是一种"受控性"的游戏。[2]而这种受控，并不是完全泯灭游戏的自然性，否定游戏的自由与自主，而是更加强调通过教师的人为影响与指导最大程度地使游戏有益于儿童的发展，助推儿童游戏走向更高水平。然而过分神化游戏的价值，游戏会被错误地理解为幼儿自动学习的催化剂。[3]这在一定程度上束缚了教师的手脚，对幼儿游戏放任不管，教师不敢加以指导。因此，过于神化游戏价值的幼儿园课程是不科学的，需要合理定位游戏在幼儿园课程中的教育价值。

（二）游戏活动的泛化

游戏属于儿童，儿童也属于游戏。我们直面这些事实，为儿童创造了各式各样的游戏。然而在实践中，一些教师似乎将幼儿园内所有活动都披上了游戏的"糖衣"，游戏活动存在泛化现象。实际上，生活活动、

---

[1] 贾宏燕.幼儿游戏价值辩[J].山西教育（幼教），2021，（12）：26.

[2] 刘焱.儿童游戏通论[M].北京：北京师范大学出版社，2004.351.

[3] YELLAND N. Reconceptualising Play and Learning in the Lives of Young Children[J]. Australasian Journal of Early Childhood, 2011, 36（2）：5.

教学活动、社会实践活动等都是幼儿园课程的重要组成部分，都蕴含着丰富的教育价值，也是幼儿园课程实现的多元途径，有其自身存在的意义和内在规则，是游戏活动无法取代的。如生活活动，包括幼儿入/离园、餐点、盥洗、午睡等基本环节，其意义在于帮助幼儿养成良好的生活卫生习惯，培养幼儿独立自主的意识，形成一定的生活自理能力，并把交往、礼仪、规则学习自然融入其中。而教学活动则是教师按照一定的活动目标选择教学内容、设计教学环节，通过集体或分组形式引导幼儿参与活动，支持幼儿建构经验与意义的过程，是更具目的性、导向性的活动。因此，不能模糊甚至混淆生活活动、教学活动、游戏活动三者的界限，在承认游戏活动作为幼儿园基本活动地位的同时，也不能否认生活活动、教学活动及其他活动的意义。游戏活动是幼儿除生活活动、教学活动之外发生机率最高、参与时间最长的一种自主性活动，正是在此意义上，游戏成为幼儿的基本活动。[①]但是，基本活动并不等于幼儿园内所有的活动都是游戏活动，要把握不同类活动的边界与特质，避免幼儿园游戏活动的泛化现象。

导致实践中幼儿教师对幼儿园游戏的课程角色出现认识误区的原因有很多，其中一个重要原因是对游戏与课程关系的不正确认识。

一是割裂游戏与课程，使二者处于分离的状态。杜威指出："在幼儿园和中小学各年级里，把游戏和工作截然分开的现象非常盛行。"[②]时至今日，这种现象依然存在，虽然我们都承认两者的意义与价值，但在

[①] 丁海东.论儿童游戏的教育价值——基于游戏存在的双重维度[J].幼儿教育（教育科学版），2007（02）：9.

[②]【美】约翰·杜威.我们怎样思维·经验与教育[M].北京：人民教育出版社，2005：173-178，230-232.

实践中却将二者的关系割裂开，使之呈现"两层皮"的状态。①在课程内容安排上，整合性主题活动之下大部分都是集体教学活动，没有把游戏活动嵌入其中，使游戏割裂于课程内容之外，形成"课程归课程、游戏归游戏"的局面，把原本整合的幼儿园课程与游戏分割成各自运行的板块，泾渭分明，没有内容的交汇点。②在教师指导方面，部分教师在理念上仍然认为幼儿的游戏时间就是教师的"休息"时间，放任幼儿游戏，不进行观察指导，形成了玩归玩、教归教的局面，游戏之于课程的意义与价值被忽视、被架空，导致游戏的价值无法进入课程之中，呈隐性的割裂状态。这样不仅消弭了游戏的价值，也在一定程度上曲解了课程的内涵，游戏与课程就像平行线一般，各自运作但永远找不到交汇点。

二是将游戏活动仅视为课程的辅助工具或手段。传统的课程观是以知识教授为中心，游戏被视为课程的辅助工具，附属于教学手段，起到催化剂的作用，其目的是激发幼儿的学习兴趣，促进幼儿更好地学习，更好地达成课程目标。杜威对这一做法早有察觉，"用机巧的方法引起兴趣，使材料有兴趣；用糖衣把它裹起来，用起调和作用的和不相关的材料把枯燥无味的东西盖起来，最后，似乎使儿童当他正高兴地尝着某些完全不同的东西的时候，就吞下和消化了不可口的一口食物"①。可见，这种做法是课程在前、游戏在后，游戏是为实现课程目标服务的，这种情况下的游戏活动与课程目标之间往往没有内在联系，游戏活动仅仅为完成课程目标而设计，是生硬的、刻意的，仅注意到游戏的外在形式，而没有把握游戏的课程价值。当游戏仅仅作为确保实现课程目标的

---

① 赵祥麟，王承绪.杜威教育论著选［M］.上海：华东师范大学出版社，1981：95.

工具时，教师往往就看不到游戏本身所蕴含的经验及课程价值点。在这种观念的支配下，游戏往往被边缘化，这在一定程度上窄化了游戏在幼儿园课程中的应用形式和存在方式，是一种观念和逻辑的误区。

三是将游戏活动完全等同于课程。在实践中我们一直追寻游戏与课程的双向整合，寻求课程与游戏由"双核"变成"单核"的路径，然而这一过程并不是将游戏当成课程，或将课程变成游戏，这样只会模糊课程与游戏的界限，窄化两者的内涵。活动取向的幼儿园课程观认为，幼儿园一日活动皆课程，因此游戏活动、生活活动以及教学活动等均是课程的应有范畴，包含着丰富的教育价值。幼儿园课程所涵盖的范围要大于幼儿园游戏活动。而游戏活动本身也有其独特的存在方式和组织形式，因此应从不同层面把握游戏与课程，寻求两者的结合点，而不是生硬地将课程泛化为游戏活动。将游戏活动等同于课程或者替代课程的想法，必然会导致理论上对幼儿园游戏及课程界定的泛化或异化，在教育实践中也会导致混乱的现象。

二、历史上幼儿园游戏的课程角色的演变[①]

幼儿园游戏与课程的关系经历了从分离到融合的历史演进。在西方，最早从课程工具的角度思考儿童游戏可以追溯到夸美纽斯[②]。夸美纽斯在其泛爱学校教育教学理论体系中将游戏作为"第三位的课程"[③]，但此时及之后很长一段时间，幼儿园游戏与教学始终呈分离状态，交替进行，并未真正融合。直到杜威，在批判与继承前人观点的基础上进一

---

① 王春燕，舒婷婷.对话共生：游戏与幼儿园课程的整合 [J].幼儿教育，2021（Z3）：4-5.
② 彭茜.幼儿园游戏课程存在方式的生态学分析 [J].教育研究，2021，42（12）：74.
③ 莫利桃.西方自然主义教育家的游戏理论及其当代启示 [D].湖南师范大学，2014.

步阐述了游戏和课程的关系，他认为游戏和活动都是幼儿的主动作业，因为这类活动都是符合儿童兴趣与直接经验的。在杜威经验主义理论下，游戏成为幼儿园课程的活动之一，真正被纳入幼儿园的课程内容之中，实现了游戏目的与手段的统一。反观我国的幼儿园游戏与课程的关系，同样经历了从分离到融合的过程。在此过程中，幼儿园游戏的课程角色的定位与表现也历经变化。

（一）清末民初：游戏是幼儿园的"保育之项目"

1903年，我国第一个制度化的学前教育机构在湖北武汉创立。1904年，癸卯学制把学前教育机构确定为蒙养院，并在《奏定蒙养院章程及家庭教育法章程》的保育教导要旨及条目第二章中，规定保育教导之条目包括：游戏、歌谣、谈话、手技。这里的游戏包括随意游戏和同人游戏两种。"随意游戏者使幼儿各自运动，同人游戏者合众幼儿为诸种之运动，且使合唱歌谣，以节其进退；要使其心情愉快活泼，身体健适安全，且养成儿童爱众乐群之气习。"[1]但这里的游戏更多是指运动游戏，也包括规则类游戏，目的在于发展幼儿的运动能力及合群习性，当然不排除对幼儿心情的愉悦之功能。1915年颁布的《教育部公布国民学校令施行细则》沿袭了《蒙养院章程》的规定，"保育之项目为游戏、唱歌、谈话、手艺"[2]，游戏仍属于幼儿园的保育之项目而且有着明确的目标。但这里的游戏更多是指规则游戏，承载着明确的课程目标，并不包括我们现在所指的自由游戏。

---

① 中国学前教育史编写组.中国学前教育史资料选［M］.北京：人民教育出版社，1989：96.
② 中国学前教育史编写组.中国学前教育史资料选［M］.北京：人民教育出版社，1989：25.

（二）20世纪20年代至中华人民共和国成立前：游戏是幼儿园七大课程内容之一

20世纪二三十年代，以陈鹤琴为代表的老一辈幼儿教育专家通过躬身实践进行中国化、本土化的幼儿园课程实验。以此为基础，国民政府在1932年颁发了《幼稚园课程标准》（以下简称《标准》）。在《标准》第二部分——课程范围里明确规定幼儿园课程内容包含七个方面：音乐、故事和儿歌、游戏、社会和常识、工作、静息、餐点。这里的"游戏"包括"计数游戏、故事表演和唱歌表情的游戏、节奏的和舞蹈的游戏、感觉游戏（如闭目摸索、听觉、视觉等）、应用简单用具（如秋千、滑梯、木马、跷跷板等）的游戏、摹拟游戏、我国各地方固有的各种良好的游戏"[①]。仔细分析其内容可以看出，这个时期的游戏更多是指规则游戏和各地方的优秀民间游戏，也包括一部分故事表演游戏。虽然不包括幼儿园的自由游戏，但可以发现这时期的游戏是被当作幼儿园的七大活动内容之一，而不仅仅是教育的手段。

（三）中华人民共和国成立至"文化大革命"前：游戏成为幼儿园的"作业"

中华人民共和国成立初期，我国借鉴苏联的教育经验，幼儿园游戏日益得到重视。其中，1951年的《幼儿园暂行教学纲要（草案）》和1952年的《幼儿园暂行规程（草案）》将幼儿园课程内容分为体育、语言、认识环境、图画手工、音乐、计算六个方面。游戏属"体育"项目中的子项目。而且在《幼儿园暂行教学纲要（草案）》中明确规定："小

---

① 中国学前教育史编写组.中国学前教育史资料选 [M].北京：人民教育出版社，1989：233.

班的体育作业除日常生活习惯和卫生习惯的培养外，应以游戏活动为中心，通过游戏活动来进行体操、舞蹈和律动等活动。在户外活动时间内，每天都应有游戏活动，但有体操或长途散步的日子，应停止游戏。创造性游戏是幼儿最喜欢也是最有益的，教师应经常领导幼儿进行。"[1]可见，当时所提的游戏更多是指运动游戏和音乐韵律游戏。虽然也特别提到创造性游戏，但主张由教师来领导进行，在创造性游戏中幼儿没有自主性，游戏更多为教学服务。

1957年，教育部颁发的《幼儿园教育工作指南（初稿）》，把幼儿园的教育内容分为体育、游戏、认识环境和发展语言、计算、音乐、美术等方面，指出："幼儿园的游戏是多种多样的。总括起来，可分为创造性游戏、活动性游戏及教学游戏""创造性游戏占有极重要的地位，儿童可以个别地或在集体商讨之下，按自己的意愿进行游戏；但教师并不能因此而放弃领导""有复杂动作的新的活动性游戏必须在体操与活动性游戏作业中教给儿童""幼儿园广泛地利用教学游戏来进行语言、认识环境和计算等作业""在教学游戏中儿童必须解决一定的任务"。[2]可见，游戏活动虽然是幼儿园的课程内容，但由于强调游戏的教学目的，强调教师的游戏领导，故游戏已成为幼儿园有目的的作业活动，这里的游戏无法体现儿童的自由意志与自主选择。

（四）"文化大革命"结束至20世纪80年代末：游戏成为幼儿园教育的有力手段

"文化大革命"时期，幼儿园课程遭到极大破坏，处于无序和停滞时

---

① 中国学前教育史编写组.中国学前教育史资料选［M］.北京：人民教育出版社，1989：568.

② 中国学前教育史编写组.中国学前教育史资料选［M］.北京：人民教育出版社，1989：647-649.

期。1976年10月，"文化大革命"结束。1981年，教育工作经过拨乱反正，教育部颁布了《幼儿园教育纲要（试行草案）》，规定幼儿园的教育内容包括"生活卫生习惯、体育活动、思想品德、语言、常识、计算、音乐、美术八个方面"，游戏不再是幼儿园教育内容的组成部分，而成为一种重要的"教育手段"，并特别强调"幼儿园的教育任务、内容与要求是通过游戏、体育活动、上课、观察、劳动、娱乐和日常生活等各种活动完成的，不可偏废"。[①]"游戏在幼儿园整个教育工作中占有极为重要的地位，是进行体、智、德、美全面发展教育的有力手段"，而且，"幼儿园的游戏可分为创造性游戏（角色游戏、结构游戏、表演游戏）、体育游戏、智力游戏、音乐游戏和娱乐游戏等""要为各种游戏创设条件，在游戏时间，教师的领导艺术在于充分发挥幼儿的积极性、主动性和创造性，促进他们的聪明才智和个性的发展"。[②]至此，游戏不再是幼儿园教育内容（课程内容）的组成部分，而成为完成幼儿园教育目标的有力手段。

（五）20世纪80年代末至今：游戏融入幼儿园一日生活活动中，游戏是幼儿园的基本活动

20世纪80年代末，"以'尊重儿童'为核心的儿童观已经成为政府思考和制定政策文件的基本出发点"[③]。1989年原国家教育委员会出台的《幼儿园工作规程（试行）》及1996年正式颁布的《幼儿园工作规程》都指出："合理地综合组织各方面的教育内容，并渗透于幼儿一日

---

①② 中国学前教育研究会.中华人民共和国幼儿教育重要文献汇编［M］.北京：北京师范大学出版社，1999：192.

③ 庞丽娟.中国教育改革30年（学前教育卷）［M］.北京：北京师范大学出版社，2009：84.

生活的各项活动中，充分发挥各种教育手段的交互作用。""幼儿园的教育活动是有目的、有计划引导幼儿主动活动的，多种形式的教育过程。""游戏是对幼儿进行全面发展教育的重要形式。应根据幼儿的年龄特点选择和指导游戏。应因地制宜地为幼儿创设游戏条件（时间、空间、材料）。游戏材料应强调多功能和可变性。应充分尊重幼儿选择游戏的意愿，根据幼儿的实际经验和兴趣，在游戏过程中给予适当指导，保持愉快的情绪，促进幼儿能力和个性的全面发展。"由此可以看出，幼儿园的课程内容不再是过去的学科内容，而更多地成为活动 —— 有目的、有计划的、幼儿主动的、多种形式的活动，而且强调"以游戏为基本活动，寓教育于各项活动之中"。2001年，教育部颁布的《幼儿园教育指导纲要（试行）》，继续一贯坚持"以游戏为基本活动，保教并重，促进每个幼儿富有个性的发展"。到2012年颁布的《3～6岁儿童学习与发展指南》仍然强调："幼儿的学习是以直接经验为基础，在游戏和日常生活中进行的。要珍视游戏和生活的独特价值。"至此我们可以看到，20世纪90年代之后，在国家颁布的一系列教育政策与法规中，游戏在幼儿园课程中既是课程的内容（各类教育活动），又是课程实施的手段，是教育内容与教育途径的统一，而且尤其强调以游戏为基本活动。

从对游戏进入我国幼儿园课程的历史考察中可以发现，游戏在不同历史时期的课程角色的定位与表现有所不同：游戏从1903年蒙养院成立之初的保育项目到20世纪三四十年代幼儿园的课程内容之一，再到20世纪50年代的课程"作业"，到80年代末之前幼儿园的教育手段，以及至20世纪80年代末以后的课程内容与课程手段的统一。这种变化背后的一个重要根源是游戏与课程的关系从融合到分离到再融合。

　　游戏与课程的关系随着儿童观、课程观、教育观的不同而不断变化发展。即因为儿童观、课程观、教育观的不同，游戏与课程的关系也处于不同的状态。幼儿园游戏与课程之所以能够有机整合，源于两者存在共性及融合的可能。[①]首先，从教育的视角看待幼儿园游戏与课程，二者有共同的教育目的——均着眼于幼儿的发展。课程是动态的、过程的、有价值的，它的最终目的是让幼儿获得有意义的经验，让幼儿在一系列活动中有所收获和发展。而游戏既是幼儿的"存在"方式，也是幼儿的学习方式，游戏活动构成了幼儿的大部分生活。在游戏中幼儿不仅可以获得自主探究的快乐与愉悦，也能自然而然地获得一系列的真实体验与经验，包括身体动作、语言认知、情感与社会性等方面的丰富经验，等等，而这些经验正是幼儿园课程所追求的教育价值。因此，两者共同助力于幼儿的发展，这也是两者整合的起点。其次，幼儿园游戏与课程均强调师幼共同建构的意义。我们提倡把游戏的权力交还给幼儿，并不是让教师对幼儿的游戏不闻不问，而是实现游戏权利在师生之间的共享[②]。教师有责任帮助幼儿提升游戏能力、推动幼儿游戏水平向更高层次发展。幼儿园课程亦是如此，只有做到教师眼里有幼儿，在课程运作过程中实现有意义的师幼共建，才能真正坚持课程的儿童立场。最后，游戏精神与课程特质相匹配。游戏精神是游戏的内核，游戏精神具有自成目的性、积极主动性、开放性和生成性以及体验的真实性等特性。[③]而这些特质与幼儿园课程的特质不谋而合，在课程中贯穿着游戏精神不仅能够使课程富有生机与活力，也能使课程真正顺应、"理解"和满足

① 王春燕,许佳绿.幼儿园游戏与课程:关系的再认识[J].幼儿教育,2023（09）:22.
② 彭茜.幼儿园游戏课程存在方式的生态学分析[J].教育研究,2021,42（12）:73.
③ 黄进.游戏精神与幼儿教育[M].南京:江苏教育出版社,2006:59-79.

幼儿的兴趣和需要，使幼儿能够以高度的热情投入到幼儿园课程的各种活动中去，进一步提高其积极性和自主性。因此，游戏精神是幼儿园游戏与课程共同追求的理想状态，也是幼儿园游戏与课程本来应有的精神面貌。正是基于这些共性的因素，幼儿园游戏与课程的整合成为可能，两者也被重新赋予内涵。

三、游戏之于幼儿园课程的角色：多元样态[①]

游戏之于幼儿园课程的角色并不唯一，就像教师对于幼儿来说是观察者、支持者、合作者、引导者，同时也是幼儿的伙伴、向导等，只是所处的情景不同，所扮演的角色也就不同。游戏之于幼儿园课程的角色也是如此，应从多维的视角理解游戏的课程角色与属性。

（一）游戏活动是幼儿园课程实施的重要手段之一

游戏活动（包括自由游戏、规则游戏等）都是课程实施的途径，是达成幼儿园课程目标的手段，重在通过幼儿喜欢的方式达到教育的目的和效果。幼儿活泼好动，乐于模仿，其身心特征和学习方式均有一定的特殊性，因此，端坐静听、集体讲授等并不能成为幼儿学习的主要方式或手段，而游戏作为一种具有情境性、愉悦性特征的活动，蕴含着角色扮演、假装模仿、身体运动、思维认知等要素，能够成为支持幼儿在做中学、在玩中学并且逐渐获得相关经验的重要途径或手段。把游戏作为一种活动手段，凸显了学前教育教学在形式上的特色及其独特规律。[②]因此，游戏活动是幼儿园课程实施的重要手段，为课程实施提供了强有

---

① 王春燕，许佳绿.幼儿园游戏与课程：关系的再认识[J].幼儿教育，2023（09）：22-23.
② 黄进.游戏精神与幼儿教育[M].南京：江苏教育出版社，2006：75.

力的支撑。

（二）游戏活动是幼儿园课程的重要内容

目前，幼儿园课程内容不再是过去单一的、教师主导的、高结构的学科教学活动，而是以多样化的活动来呈现的，如整合性的主题/项目活动，一些社会实践类活动，或在一定空间、材料支持下的幼儿自主选择、自由进行的游戏活动等。而在幼儿园中，不管是班级区域自主游戏、户外游戏还是功能室游戏活动，都孕育着大量的课程内容，承载着丰富的教育价值。如健康领域的关于动作发展的经验大都是通过户外运动游戏获得的，班级科探区、益智区游戏活动也蕴含着大量科学领域的经验，如声、光、电、磁、力与运动等科学探究经验与数学认知，等等，因此，游戏活动本身就是幼儿园课程内容的重要组成部分。目前提到很多的游戏课程，就是将游戏活动作为课程内容的重要实践，即抓住游戏本身能够促进幼儿身体动作、语言认知、情感、社会性等方面发展的作用，以游戏为中心生发一系列课程。这本身是幼儿园课程实践研究的一大进步，在发挥游戏价值的同时也能充实和丰富幼儿园课程内容。但作为内容的游戏活动，要合理定位其价值，避免过度神化游戏的价值而消弭其他活动的作用。

（三）游戏是幼儿园课程的重要资源

把游戏作为课程资源，既包含了幼儿的游戏体验、操作、兴趣和个别化差异等主观因素，也包含了游戏场所、材料、工具、设施等客观因素。[①]这强调我们在规划游戏空间、投放游戏材料时，注意给幼儿提供

---

① 郭元祥，杨洋，张越.论游戏课程化的游戏观：游戏的课程本质、边界与层次 [J].教育理论与实践，2020, 40（04）：61.

一个充满游戏化的、童趣的、开放的物质环境，投放低结构、多层次的游戏材料。同时需营造安全的心理氛围，放手让幼儿游戏，把游戏的权力交还给幼儿，让幼儿能够自由探索和学习，更加强调幼儿的游戏性体验，重视幼儿的自主探究。

（四）充满游戏精神是幼儿园课程追求的理想状态

游戏精神不仅要体现在游戏活动中，更要渗透在幼儿园课程的方方面面。杜威指出，游戏的态度比游戏本身更重要，前者是心智的态度，后者是这一态度体现时的外部表现。①因此，游戏活动的存在方式不仅仅是手段、目的与资源，其背后反映的是一种精神文化，这种游戏精神与态度正是幼儿园课程所追求的。只有将游戏精神渗透在幼儿园课程方方面面，才能真正实现对儿童的尊重，对童年的尊重。因此，游戏活动在幼儿园课程中的角色是多元的，不是唯一的，也不是顾此失彼的关系，应该抱有开放的态度来看待游戏之于课程的角色，以包容的心态来看待幼儿园游戏与课程的关系。

---

① 【美】杜威.我们怎样思维：经验与教育 [M].姜文闵，译.北京：人民教育出版社，1991：173.

第 三 节
幼儿园游戏与课程：对话共生

在"以游戏为基本活动"的教育理念下，让幼儿园游戏与课程整合成为当下幼教界的共识。不论是"课程游戏化"还是"游戏课程化"，都是从一定的儿童观、游戏观、课程观出发进行的游戏与课程整合的理论与实践尝试，对解决游戏与课程的整合都有一定的意义。本节将从游戏与幼儿的关系入手，尝试分析幼儿园游戏与课程整合的起点与路径，在此基础上探讨课程游戏化和游戏课程化两者的最后指向——殊途同归，即为了儿童的发展，践行幼儿园以游戏为基本活动，动态平衡师幼主体关系。

一、幼儿园游戏与课程整合的逻辑起点：儿童发展

游戏是幼儿生命存在的方式，游戏是幼儿身心发展的需要，游戏的过程是幼儿学习的过程，游戏的过程也是幼儿不断解决问题与产生新的学习需要的过程……关于游戏和儿童关系的众多表述虽各有侧重，但指向的均是儿童发展。正是"儿童发展"为幼儿园游戏与课程整合提供了逻辑起点。

（一）幼儿的生活需要游戏

通过日常观察可知，生活中的幼儿总会处于游戏状态，游戏占据了

幼儿绝大部分的生活时间。游戏是幼儿的天然需要，是幼儿生命活动中不可或缺的元素。不同于其他年龄阶段的生活，幼儿生活中的主要活动是游戏，幼儿在游戏中成长，游戏是幼儿的生活状态。幼儿的生活需要游戏，不仅表现为"游戏是幼儿的生活状态"，更表现为"是游戏赋予了幼儿童年的生活"。正如生物学家格鲁司（K.Gross）所坚持的，不能仅仅认为是因儿童的年幼，儿童才游戏，也应看到正是因为游戏，儿童才被赐予童年的生活。[①]可见，幼儿的童年生活因游戏而存在，没有游戏，幼儿就没有童年的生活。

（二）游戏是幼儿身心发展的需要

游戏不仅是幼儿的生活需要，还是幼儿身心发展的需要。华爱华教授表示，"处于身体发育、心理发展过程中的儿童，其机体有一种天生的能力，那就是按照其成熟的时间顺序逐步展现出蕴含于其中的潜能，游戏为幼儿提供了展现其潜能的机会"[②]。可见，游戏为幼儿的身心发展提供机会，游戏具有促进幼儿身心发展的潜能和价值。而"任何形式的心理活动最初总是在游戏中进行的"[③]，"就像婴儿只能而且必须喝奶水才能维持生命和身体的生长一样，儿童也必须而且只有通过游戏才能实现其身体的发育和心理的成长"[④]。因此，游戏是满足幼儿身心发展的必要途径。此外，游戏还为幼儿提供了身体运动、语言发展、情感体验、人际交往等多样化的活动方式，让幼儿在多样化的游戏中感知、体验、理解，在多样化的游戏中运动、探索、合作，以获得身体和心理的多方

---

① 丁海东.学前游戏论［M］.大连：辽宁师范大学出版社，2003：26.

② 华爱华：从人们对儿童游戏的误解说起［J］.幼儿100（教师版），2018（Z1）：6.

③【瑞士】皮亚杰.儿童的心理发展［M］.傅统先，译.济南：山东教育出版社，1982：9.

④ 刘晓燕.游戏与儿童——关于游戏的思考［J］.学前教育研究，2001（05）：30.

面发展。

（三）游戏是幼儿学习倾向的需要、伴随性的自然的学习

《3～6岁儿童学习与发展指南》指出，"幼儿的学习是在游戏和日常生活中进行的"。因此，游戏是幼儿的学习方式，幼儿在游戏中发生学习活动，这种学习不是外在强加的学习，而是伴随性的自然而然的学习，并在此基础上产生新的学习。已有研究表明，在游戏过程中幼儿不断发现问题、提出问题、分析问题和解决问题，呈现出一种螺旋式上升的探究性学习。[①]新的学习在幼儿不断探究的游戏过程中自然产生，幼儿的经验也在此过程中得到扩展、改造与提升。此外，学习是人的心理倾向，游戏是幼儿的天性，这一天性能唤起幼儿在游戏中、在真实情境的实际运用中积极主动、真实自然地学习，以满足幼儿的学习倾向。而幼儿在游戏过程中与环境互动、与材料互动、与伙伴和成人互动，获得知识，逐渐建构整合经验，正是其学习倾向的需要得以满足的体现。

游戏的内在价值不仅仅是满足幼儿需要的工具，更是幼儿的生命存在方式。正因为游戏是幼儿的生命存在方式，那么在幼儿园课程中就必须给游戏一定的地位，让游戏承载幼儿园课程，让游戏伴随幼儿园课程，让幼儿园课程适应幼儿的生命存在方式与学习方式。自游戏进入幼儿园课程以来，游戏与课程一直在尝试整合，不同历史时期表现出不同的形态，究其原因是受不同儿童观的深刻影响。在当下的幼教领域，不论是课程游戏化还是游戏课程化，其体现的是一种游戏观，一种课程观，一种教育观。而"教育观受制于儿童观。有关儿童教育的观念，如果

---

① 黎安林.走近幼教实践 —— 全国幼儿园游戏与课程、教学关系研讨会综述［J].幼儿教育，2005（09）：9.

没有自觉地建立在儿童观之上，那么它便自发地建立在儿童观之上"①。因此，我们认为实现幼儿园游戏与课程整合的逻辑起点既不是课程，也不是游戏，而是儿童发展。有学者认为，"课程游戏化"中本体是课程，游戏是课程的"工具"；"游戏课程化"中本体是游戏，游戏是课程的"生成源"。②这一观点放大了游戏与课程二者的差异性，潜在地将幼儿园课程和游戏置于对立面。回归到幼儿园教育的原点，幼儿园游戏和幼儿园课程都是幼儿园教育完成育人的重要载体和手段，因为游戏中既渗透有课程的内容，又蕴含了儿童的学习与发展。课程的生成之源不能仅仅是游戏，除游戏之外，还有其他课程生成之源，比如生活中幼儿感兴趣的事物，幼儿发现的想要探究的问题，一些偶发的有意义的社会事件，等等。儿童的需要、儿童的发展才是本源，因为"儿童是教育的中心"。幼儿园游戏与课程不是对立的，二者都是为儿童发展服务的。因此，幼儿园游戏与课程的整合应以儿童发展为逻辑起点，让游戏与课程对话共生。

二、幼儿园游戏与课程整合的路径：对话共生③

实现幼儿园游戏与课程的整合应该站在儿童发展的逻辑起点，让游戏与课程建立真正的对话。因为"真正的对话，是那种建立在平等关系基础上的自由交流，是扫除了一切正规性和严肃性之后的随意性的和

---

① 刘晓东.儿童教育新论 [M].南京：江苏教育出版社，1998：1.
② 黄小莲."课程游戏化"还是"游戏课程化"——命题背后的价值取向 [J].中国教育学刊，2019（12）：57-58.
③ 王春燕，舒婷婷.对话共生：游戏与幼儿园课程的整合 [J].幼儿教育，2021（Z3）：5-6.

不拘一格的交谈"①。对话"要破除种种'二元对立'造成的封闭和沉闷状态，追求一种开放和自由的境地"②。所以，实现幼儿园游戏与课程的整合，并不是通过整合降低游戏的地位，也不是通过整合消逝课程的价值，而是让游戏与课程建立平等关系，在真正对话的基础上，追求游戏与课程的共生，这样才能发挥游戏与课程的价值。

（一）游戏与课程整合的基础：把游戏活动纳入幼儿园课程内容范畴之内，实现手段与目的的统一

活动取向的幼儿园课程认为，幼儿园的游戏活动不仅仅是幼儿园课程实施的手段、途径，也应该是幼儿园课程的内容或者说是幼儿园课程内容的有机组成部分，所以要把幼儿园游戏活动认定为幼儿园课程内容。活动性、操作性、直接经验性向来是幼儿园课程的特点。基于游戏活动是幼儿园的活动之一，理应被纳入幼儿园课程范畴内，纳入幼儿园整体的课程体系之中，组织与落实在幼儿的一日活动中。不仅常规的领域教学活动（集体或分组形式）是幼儿园课程，自由游戏活动、生活活动、日常的人际交往活动等也是幼儿园课程内容的应有组成部分。因此，游戏与课程整合的第一步便是让游戏融入幼儿园的一日活动之中，即让"游戏从课程理解之外到课程组成部分"③。这时游戏活动既是幼儿园课程的内容，同时又是幼儿园课程实施的手段与途径，内容与手段的统一、手段与目的的统一即游戏与课程的整合，幼儿园"以游戏为基本活动"才能成为现实。正如简楚英教授所言："通过真游戏，让幼儿在玩

---

① 滕守尧.文化的边缘 [M].北京：作家出版社，1997：181.
② 滕守尧.文化的边缘 [M].北京：作家出版社，1997：7.
③ 王振宇.论游戏课程化 [J].幼儿教育，2018（12）：3-8.

中学，游戏本身就成了教育本身。"这是游戏与课程整合的基础。

（二）游戏与课程整合的条件：给予幼儿自由游戏的权利与时间

游戏与课程整合的第二步即给予幼儿自主选择游戏的权利与时间。在"游戏是幼儿园的基本活动"得到广泛认同的同时，我们看到，大部分幼儿园的半日活动（上午）以"晨间体育锻炼—领域教学活动—自由游戏"的活动次序进行，即以领域集体教学活动为中心来组织分配幼儿在园的半日活动时间。而这样的安排与组织，在一定程度上削弱了幼儿自由选择游戏的权利与时间。要知道，游戏是幼儿作为游戏者自由意志的体现，意愿的表达，是幼儿做自己想做的事。[①]幼儿是游戏的主体，幼儿拥有自主选择游戏的权利。实现游戏与幼儿园课程整合，必须给予幼儿自主选择游戏的权利及充足的自由游戏时间，让幼儿成为游戏者，而不是被游戏者。总之，充分的自由选择游戏的权利与时间，是游戏与课程整合的重要条件。

（三）游戏与课程整合的关键：以幼儿游戏中的兴趣为生长点，生成新的课程

幼儿园游戏与课程整合的逻辑起点是儿童发展。因此，从幼儿的游戏经验和兴趣点中寻找生长点，生成新的课程，是游戏与课程整合的关键。这对教师是有挑战的，因为这是生成课程的取向。它需要教师仔细观察和辨别幼儿在游戏中的兴趣点、兴奋点，链接幼儿园课程目标及课程内容，生成或建构新的课程活动。这些课程活动可以是游戏活动，

---

① 华爱华.早期教育视野中的游戏[J].幼儿教育，2011（15）：5.

也可以是其他教育活动。即这种"生成"可以是王振宇教授主张的"P（play）to P（play）"："游戏课程化是一个通过游戏的力量促进幼儿学习发展的游戏链，其出发点是幼儿的游戏，包括幼儿的自主游戏和工具性游戏。所谓生长点，是指围绕着五大领域的教育内容生发出来的教育活动。游戏课程化最后又回到游戏中去，这里的游戏同样包括自主游戏和工具性游戏。"[1] 但我们认为除"P（play）to P（play）"外，由游戏中的兴趣点、兴奋点生成的课程活动也可以有其他的模式，比如"P（play）to T（teach）"或"P（play）to S（social practice activity）"，或"P（play）to G（game）"。游戏等于学习，这毫无疑问，但学习不仅仅只有游戏，除了游戏活动之外，还有大量蕴含着学习的活动，比如结构化的教学活动、社会实践活动，甚至很多日常生活活动中也蕴藏着丰富的学习内容，等等。诚如章洁所言："放手让幼儿游戏，细致观察幼儿游戏，在深入解读幼儿游戏行为、了解幼儿已有经验、发现幼儿兴趣倾向的基础上，实施对幼儿的有效支持，最大限度地促进幼儿的学习与发展，是'安吉游戏'课程的特征和最终目标。其中，由游戏生成教学活动就是教师实施有效支持的重要手段之一，也是'安吉游戏'课程体系的重要组成部分。"[2]

这时我们会看到，由游戏生成课程并不排斥课程中的教学活动及其他活动，这也是我们一直强调的，游戏与课程的整合并不是谁吃掉谁的过程，即既不能消融游戏，更不能消弭课程，二者是对话共生的关系。事实上"游戏课程化"强调的是"P（play）to P（play）"模式里所说的游

---

① 王振宇.论游戏课程化[J].幼儿教育，2018（12）：4.

② 章洁."安吉游戏"背景下的教学活动[J].幼儿教育，2017（31）：4.

戏包括自主游戏和工具性游戏。"在幼儿园里，除了由幼儿自己发起和自己主导的自主游戏外，其余的游戏，包括由成人发起、幼儿主导的合作游戏，幼儿发起、成人主导的指导游戏，成人发起、成人主导、幼儿参与的教学游戏，都属于工具性游戏。"①由此可以看出，这里的工具性游戏范围很广，除了规则游戏之外，还包括结构化程度不等的教学游戏等。所以，强调以幼儿游戏中的兴趣为生长点，生成新的课程，并不排除包括游戏活动在内的其他形式的教育活动，因为在各种教育活动中，幼儿会通过不同方式感知、操作、探究、体验，在与人及环境互动中积累和巩固经验，而这些经验反过来可以更好地用于游戏，助推游戏，"P（play）to P（play）"仍然可以实现。此时，经验的增长和发展不仅是幼儿园课程的目的，也是游戏的目的。

（四）游戏与课程整合的最高境界：让幼儿园的一日活动充满游戏精神

伽达默尔所讲的游戏精神是一种轻松与自成目的的精神，一种积极开放的精神，一种不断自我生成、自我更新的精神，一种消解主体的精神，一种对话的精神。因此，如果课程能富有游戏精神，具有其轻松与自成目的的精神，无主体的精神，积极开放的精神，具有其不断生成的精神，对话的精神，那么实现游戏与课程的整合就不再是一件难事。所以，游戏与课程整合的最高境界即让游戏精神充满与渗透于幼儿园的一日活动之中。杜威指出："游戏的态度比游戏本身更重要，前者是心智的态度，后者是这一态度的现时的外部表现。"②可见，游戏行为是游戏精

---

① 王振宇.论游戏课程化[J].幼儿教育，2018（12）：6.

② 【美】杜威.我们怎样思维——经验与教育[M].北京：人民教育出版社，1991：173.

神的外在表现，游戏精神是游戏行为的内驱力，游戏精神比游戏行为本身更有价值。

游戏与课程要真正对话共生还必须把游戏精神融入幼儿园课程的所有活动之中，让幼儿园课程的各类活动始终体现游戏精神，让幼儿园一日活动场域成为游戏精神恣意张扬的场域。"事实上，游戏一旦被作为一种精神的存在便被赋予了强烈而深刻的弥漫性和渗透性，足可实现于课程活动的一切时空中。让游戏精神成为幼儿园课程的灵魂的实践路径，就是鼓励与支持儿童的游戏精神在幼儿园一日活动及其所有环节中的融通与发挥。也只有这样，幼儿园的教育才能为儿童提供快乐的童年生活，幼儿园的课程才能成为呵护童心、善待儿童成长的文化载体。"①

三、"课程游戏化"与"游戏课程化"：殊途同归

"课程游戏化"和"游戏课程化"是关于幼儿园游戏与课程整合的两种理论与实践尝试。在当前的理论与实践层面有一定的影响力，也是尝试解决幼儿园游戏与课程整合的两种不同路径。其中，"课程游戏化"由虞永平教授引领的江苏省"幼儿园课程游戏化建设"项目提出，是一个质量工程，其最核心的目的是让幼儿园课程更加贴近幼儿的实际发展水平，贴近幼儿的学习特点，贴近幼儿的生活及兴趣与需要。通俗地说，课程游戏化就是让幼儿园课程更贴近生活，更生动一些，更有趣一点，活动形式更多样化一点，幼儿动用多种感官探究、交往和表现的机会更多一些，幼儿的自主性和创造性更充分一些。课程游戏化是在确保基本的游戏活动时间的同时，将游戏精神渗透到课程实施的各类活动中，包

---

① 丁海东.游戏的教育价值及其在幼儿园课程中的实现路径[J].学前教育研究,2006（12）:34.

括一日生活、区域活动、集体教学活动等。也就是说，专门的游戏活动时间要确保，使幼儿每天有自选活动的机会，自由游戏时间有保证。课程游戏化追求的是让幼儿园课程更加适合儿童，更生动、丰富、有趣。[①]总之，课程游戏化作为一种新的课程模式被探讨，希望达成游戏手段与目的的统一，旨在从整体上提升幼儿园课程建设和实施的水平，这样不仅捍卫了儿童游戏的基本权利，也保障了游戏与课程、儿童学习与幼儿园教育生活之间的"血脉"相连。而"游戏课程化"是由王振宇教授领衔的游戏研究团队提出，是"从幼儿的游戏出发，及时把握幼儿学习的生长点，通过引导和建构新的游戏，促进幼儿学习与发展的过程。可见，'游戏课程化'是一个通过游戏的力量促进幼儿学习与发展的游戏链，其出发点是幼儿的游戏，包括幼儿的自主游戏和工具性游戏。所谓生长点，是指围绕着五大领域的教育活动生发出来的教育活动。游戏课程化最后又回到游戏中去……这时的游戏不是初期游戏的简单重复，而是在更高层面上的发展和提升"[②]。

从上述"课程游戏化"和"游戏课程化"的主要内涵及意义的分析中我们可以发现，不论是以课程为本位的"课程游戏化"还是以游戏为本位的"游戏课程化"，二者尽管出发点不同，整合建构的路径、方式不同，却是殊途同归。

（一）实现儿童发展是共同的最终目的

幼儿园游戏与课程整合的起点既不是课程，也不是游戏，而是儿童发展，因为幼儿园课程的最终目的就是促进儿童经验的增长，培育完整

---

① 虞永平.课程游戏化的意义和实施路径[J].早期教育（教师版），2015,（03）：5.

② 王振宇.论游戏课程化[J].幼儿教育，2018,（12）：4.

鲜活的儿童。幼儿园课程场域中的游戏不同于一般意义的游戏，而是兼具自然性与教育性的教育活动，这是幼儿园游戏与课程整合的前提条件，也是二者立论的前提。

"课程游戏化"是自上而下、由外到内寻求儿童主动获得经验与发展的过程。幼儿园课程是由多种类型的教育活动构成的，课程游戏化尊重幼儿园课程传统，珍视幼儿园课程建设的经验，不仅仅只是强调满足幼儿自由游戏活动的需求，还希望幼儿园课程中的其他教育活动，如一日生活活动、集体教学活动能采用游戏化的方式，甚至希望游戏精神融入幼儿园课程之中，让幼儿园课程离幼儿更近一点，让幼儿园课程更有效一些，因为幼儿的经验是连续的，而不是分割的，幼儿在这些不同类型教育活动中所建构的经验之间是相互联系的。总之，课程游戏化就是希望在幼儿园课程中融入更多游戏的特质和游戏的精神。

而"游戏课程化"则是自下而上、由内到外寻求课程的引领，因为游戏活动对于幼儿的学习发展和成长不仅具有本体性价值，也具有工具性价值，是教育目的和教育手段的统一，是服务于幼儿完整经验的获得与生长的。游戏课程化希望游戏不仅仅是自由地玩，而且具有课程的属性，指向儿童发展。正如课程游戏化所强调的"站在质量的高度，站在儿童获得完整经验的角度，站在儿童身心发展规律和学习特点的角度，我们应该对课程游戏化作出一个回答"[1]。

"课程游戏化项目的推进，最终目的是促进幼儿发展，同时提升教师课程建设的水平，提升课程实践的水平。我们通过提升课程建设水平和课程实践水平，来提高幼儿园整体教育质量。"[2]"我们需要特别关注

---

[1][2] 虞永平.课程游戏化的意义和实施路径[J].早期教育（教师版），2015（03）：4.

幼儿园课程是否体现自由、自主、创造、愉悦的游戏精神，幼儿园课程有没有让幼儿真正成为学习的主人，有没有给幼儿创造丰富多样的游戏环境，有没有让幼儿在生活和游戏中学习，有没有让幼儿动用多种感官进行学习，有没有让幼儿不断获得新经验。"[1]游戏课程化中，"值得指出的是，从幼儿游戏中生成的五大领域的教育内容，即生长点，必须来源于幼儿个体的需要，适应幼儿个体的需要"[2]。游戏课程化"是游戏进入课程的过程，是游戏从课程理解之外到成为课程组成部分的过程，或者说是对游戏对于幼儿发展价值的认同以及捍卫幼儿游戏权力的过程。游戏课程化是在认同幼儿的成长和生活中游戏是不可或缺的这一前提下，将游戏纳入幼儿园课程范围并付诸实施的过程"[3]。"游戏课程化这种新型课程模式的理论基础是：对于儿童来说，游戏的手段与目的是统一的；游戏等于学习；尊重儿童的游戏，就是尊重儿童的学习和发展；在儿童的游戏中，能落实五大领域的教育内容。"[4]总之，课程游戏化和游戏课程化最终目的都是为了全面落实《幼儿园教育指导纲要（试行）》和《3～6岁儿童学习与发展指南》的精神，都是为了幼儿有益经验的获得与增长，都是为了实现儿童健康、和谐、完整的发展与成长。

（二）践行幼儿园以游戏为基本活动的理念

从1996年颁布的《幼儿园工作规程》到2022年出台的《幼儿园保育教育质量评估指南》，一直强调"幼儿园要以游戏为基本活动"的理念。课程游戏化与游戏课程化都是寻求和落实这一理念的理论与实践

---

① 虞永平.课程游戏化的意义和实施路径[J].早期教育（教师版），2015（03）：6.

② 王振宇.论游戏课程化[J].幼儿教育，2018（12）：4.

③ 王振宇.论游戏课程化[J].幼儿教育，2018（12）：5-6.

④ 王振宇.实现游戏手段与目的的统一——再论游戏课程化[J].幼儿教育，2019（Z3）：5.

尝试。幼儿的生活需要游戏，游戏是幼儿身心发展的需要，伴随新的自然的学习，幼儿园教育必须给予游戏以应有的地位，充分保障幼儿作为游戏主体应有的权利，保障幼儿充足的自由游戏时间，真正践行以游戏为基本活动。"课程游戏化不是把幼儿园所有活动都变为游戏，而是确保基本的游戏活动时间，同时又可以把游戏的理念、游戏的精神渗透到课程实施的各类活动中。也就是说，专门的游戏活动时间要确保。确保是指幼儿每天有自选活动的机会，能自选游戏，自由游戏时间应得到保证""儿童应有自由游戏时间，这种游戏时间不能被'教学'及其他教师直接指导的活动所替代"。①"游戏课程化，就是要大力开展活游戏。所谓活游戏，就是幼儿自己掌握游戏的权利，开展自由、自觉的游戏。幼儿是游戏的主人，游戏成为幼儿的主导活动，成为幼儿园的基本活动。"②"我们的目标是在幼儿园里实现游戏课程化，即在幼儿园里建构自主游戏和工具性相结合的游戏体系，使两类游戏相辅相成、交相辉映，使游戏真正成为幼儿园教育的基本活动，并寓教育于生活和游戏之中。"③由此不难看出，课程游戏化与游戏课程化所追求的就是努力践行幼儿园真正以游戏为基本活动的理念。

（三）动态平衡师幼主体关系

课程游戏化与游戏课程化从显性层面看是追求幼儿园游戏和课程的整合，其实质却涉及幼儿园教育中师幼的关系，即教师主导与幼儿主体的关系。

---

① 虞永平.课程游戏化的意义和实施路径[J].早期教育(教师版),2015(03):5.
② 王振宇.论游戏课程化[J].幼儿教育,2018(12):8.
③ 王振宇.论游戏课程化[J].幼儿教育,2018(12):6.

幼儿园课程是有目的、有计划地引领幼儿获得有益学习经验，促进其身心和谐发展的各种活动的总和，计划性、目的性更强。课程游戏化希望课程中游戏的特质更多一些，课程离游戏更近一些，其背后就是倡导放下传统课程中教师的控制与主导，让幼儿的主导更强一些，主体地位更凸显一些，甚至游戏精神能融入幼儿园课程的各类活动之中。"幼儿园课程要聚焦儿童积极性、主动性、创造性。只有儿童的积极性、主动性、创造性得到调动，儿童才能成为学习的主人，成为学习的主体。"[①]当然课程游戏化并非消解教师的价值，而是强调幼儿园课程"要鼓励游戏，要服务游戏，学会观察游戏，合理指导游戏"[②]。这是因为幼儿园游戏作为游戏，首先必须具备游戏的自主、愉悦、强调过程、非功利的自然特点，但幼儿园游戏的教育性又决定了它不仅仅是疯玩，与游乐场的游戏有所不同。

相比较而言，游戏课程化希望游戏中课程的价值更显现一些，教师的合理引领与指导更多一些，让游戏承载经验的发展更多一些。"在幼儿园里，幼儿在自主游戏或工具性游戏中发挥着自主性，同时还得到教师的监护、观察和支持，在出现学习点时能及时得到教师的引导和帮助。而游乐场一般是没有幼儿园的这些功能的。也许还有其他的不同，但游戏课程化肯定的是幼儿园游戏与游乐场游戏之间最本质的区别。"[③]"游戏课程化的意义在于最大限度地发挥儿童在游戏中的主动性和创造性，同时也最大限度地发挥教师的专业作用，形成新型师幼关系，通过游戏的力量促进儿童的学习与发展，从而建立一种'儿童就是

---

① 虞永平.课程游戏化的意义和实施路径［J］.早期教育（教师版），2015（03）：6.
② 虞永平.课程游戏化的意义和实施路径［J］.早期教育（教师版），2015（03）：5.
③ 王振宇.论游戏课程化［J］.幼儿教育，2018，（12）：5.

目的'的新型幼教模式。"①

由此我们也就清楚明了了课程游戏化与游戏课程化都是在寻求幼儿园教育中教师引导与幼儿主体的平衡关系，避免单纯的教师控制和一味地放纵幼儿，让双主体关系处在一个平衡的状态。

总之，幼儿园课程视域中的游戏必须把握好放手与介入、留白与填充的关系。放手、留白并不意味着教师退场，而是需要教师基于观察，适时指导与引领，需要教师有计划地去介入、填充，"需要花大量的时间制订游戏计划，认真布置游戏区，精心挑选游戏材料，适时添置新材料，以维持幼儿的游戏兴趣，通过与幼儿互动，鼓励幼儿的言语交际，提高幼儿发现问题、解决问题的能力"②。总之，放手与介入、留白与填充及其背后的师幼关系，在游戏的过程中永远处于动态平衡之中。

---

① 王振宇.实现游戏手段与目的的统一 —— 再论游戏课程化［J］.幼儿教育，2019（Z3）：5-6.
② 郭元祥，杨洋，张越.论游戏课程化的游戏观：游戏的课程本质、边界与层次［J］.教育理论与实践，2020，40（04）：62.

第二章

幼儿园游戏指导的向度

从游戏的核心特质"未完成性"可以推导出幼儿园游戏指导的"留白"与"填充"两大向度。这两大向度类似于太极图中的"白"与"黑"，遵循"反者道之动"的原则。这为审视与处理幼儿园游戏中儿童与教师的动态关系提供了新的思路与启示。

一位从教十多年的教师听到"放手游戏"后，几次当面询问园长"是否真的放手游戏"。虽然每次都得到了园长肯定的答复，但是这位老教师还是先后询问了三次。这位习惯了介入幼儿游戏的老教师听到"放手游戏"后内心的困惑甚至挣扎，可想而知。游戏实践中经常出现"一管就'死'，一放就散"的"非此即彼"的现象。众所周知，"师幼互动对支持和推进儿童的学习至关重要"[①]。"与教师结成呼应性的人际关系有利于幼儿养成学习性向，促进幼儿能力的发展。"[②]儿童游戏空间的两大主体是"儿童与教师"，本质属性是"关系性"[③]。师幼关系在幼儿园游戏指导中具体体现为教师在游戏中的地位和作用以及介入和退出等问题。如何正确认识和处理教师在游戏中的介入与退出，成了"困扰"实践者的一个"难题"。本章将从幼儿园游戏的"母体"——游戏的核心特质"未完成性"这一"原点"出发，提出与剖析同是源于游戏"未完成性"的幼儿园游戏指导的留白向度与填充向度，以及二者之间类似于太极图中"白"与"黑"、"一枚硬币的两面"的动态关系，以试图为破解这一"难题"找到线索。

---

① 【英】朱莉·费希尔. 互动还是干扰：有效提升师幼互动的质量 [M]. 张永英，塘路阳，等，译. 北京：中国轻工业出版社，2022：1.

② 【美】芭芭拉·鲍曼，苏珊娜·多诺万，苏珊·勃恩兹. 渴望学习 [M]. 吴亦东，周萍，罗峰，等，译. 南京：南京师范大学出版社，2005：6.

③ 吕进锋，曹能秀. 关系社会：幼儿园儿童游戏空间新论 [J]. 陕西学前师范学院学报，2018，34 (07)：80-81.

第 一 节

游戏的核心特质：未完成性

"儿童民间游戏精神的核心与灵魂是'未完成性'，即儿童民间游戏是永远向着'无限'开放的'有限'，是开放的与灵活的，永远允许与鼓励儿童创新游戏。"①"未完成性"不仅仅是儿童民间游戏的核心特质，也是包括儿童民间游戏在内的所有游戏的核心特质。

一、"未完成性"是游戏的核心特质

虽然哲学、心理学、文化学等不同学科领域的众多学者试图从不同角度探索游戏，但迄今为止，关于"游戏"的定义可谓众说纷纭。这主要缘于"游戏"的庞杂性与复杂性。难怪有学者在对游戏的相关定义进行梳理后指出，"鉴于游戏有着庞杂的多样性，这也就难怪游戏难以被精确定义了"②。哲学家维特根斯坦更是提出了"家族相似性"的观点："试考虑下面这些我们称之为'游戏'的事情吧。我指的是棋类游戏、纸牌游戏、球类游戏、奥林匹克游戏等……如果你观察它们，你将看不到什么全体所共同的东西，而只是看到相似之处，看到亲缘关系，甚至一

---

① 秦元东，等. 浙江儿童民间游戏：现状与传承 [M]. 杭州：浙江大学出版社，2011：233.
② 【英】伊丽莎白·伍德. 游戏、学习与早期教育课程 [M]. 李敏谊，杨智君，郭宴欢，等，译. 北京：教育科学出版社，2018：17.

整套相似之处和亲缘关系……我们看到一种错综复杂的互相重叠、交叉的相似关系的网络，有时是总体上的相似，有时是细节上的相似。我想不出比'家族相似性'更好的表达式来刻画这种相似关系：因为一个家族的成员之间的各种各样的相似之处，如体形、相貌、眼睛的颜色、步姿、性情等，也以同样的方式相互重叠和交叉 —— 所以我要说：'游戏'形成一个家族。"[①]虽然"游戏"这个大家族中的不同成员存在诸多差异，但在"未完成性"这点上却是共同的，也因此才能被称为是"一个家族"。

（一）游戏本质多元阐释的共同关切

关于游戏的阐释虽多种多样、不尽相同，但内驱、主动、自由等关键词直接或间接出现的频率却比较高，而这些关键词又从不同方面聚焦和共同指向了"未完成性"。

"内驱"主要涉及游戏的动机，在不同学者的话语体系中有不同的表述。虞永平和王春燕在谈到学前儿童游戏的特征时明确提到了"内驱性和非强制性"，认为"儿童游戏是由内部动机驱使，儿童自发、自愿参与的活动"[②]。邱学青在谈到游戏的描述性特征时指出，"游戏是内部动机控制的行为"[③]。纽曼的游戏特征"三内说"、克拉思诺和佩培拉的游戏四因素说、鲁宾等人的游戏行为的六倾向说等均使用了"内部动机"[④]。

① 【奥】维特根斯坦. 游戏规则：维特根斯坦神秘之物沉默集[M]. 唐少杰，杨玉成，黄正东，等，译. 西安：陕西师范大学出版社，2003：232-233.

② 虞永平，王春燕. 学前教育学（第2版）[M]. 北京：高等教育出版社，2022：236.

③ 邱学青. 学前儿童游戏（第六版）[M]. 南京：江苏凤凰教育出版社，2022：10.

④ 刘焱. 儿童游戏通论[M]. 福州：福建人民出版社，2015：154-156.

"主动"主要涉及游戏者的状态，和"内驱""内部动机"密切相关，某种意义上是"内驱"在游戏者行为层面所呈现出的一种状态。"当我们内部或外部有什么事情发生，而我们就是这事的正确原因，这样我们便称其为主动，这就是说，所谓主动就是当我们内部或外部有什么事情发生，其发生乃出于我们的本性，单是通过我们的本性，对这事便可得到清楚明晰的理解。"①黄人颂等学者认为，"游戏是儿童主动的自愿的活动"，并进一步指出"儿童的主动性是游戏的主要特点"，"游戏从心理层面而言……由儿童的直接需要而产生，由内部动机而产生"。②纽曼也明确指出"游戏的特征是内部控制"，加维的游戏行为五特征说也提到"游戏是自发自愿的"，鲁宾等人的游戏行为六倾向说中也提到了"游戏者积极参与"这一倾向。③邱学青在谈到游戏的本质特征时也明确指出，"游戏是一种自发的行为，具有主动性"④。

"自由"主要涉及游戏精神层面，和"内驱""主动"之间有着千丝万缕的联系。刘焱就指出"游戏是人的自由活动的需要"，游戏活动符合马克思关于自由的两条标准，即"活动的意愿出自主体的自我选择"与"活动的目的由主体自我设计"。游戏满足了人自由活动的要求，给人以身心两方面的享受。⑤克罗伊斯的游戏行为六特征说中将"自由"放在首位。⑥在探秘"游戏"过程中，部分学者强调从游戏精神的角度理解游戏。"可以说，在儿童那里，浪漫主义的童话意识、天马行空的奇思

---

① 【荷兰】斯宾诺莎. 伦理学 [M]. 贺麟，译. 北京：商务印书馆，1958：90.

② 黄人颂. 学前教育学 [M]. 北京：人民教育出版社，1989：235-236.

③ 刘焱. 儿童游戏通论 [M]. 福州：福建人民出版社，2015：154-156.

④ 邱学青. 学前儿童游戏（第六版）[M]. 南京：江苏凤凰教育出版社，2022：12.

⑤ 刘焱. 儿童游戏的当代理论与研究 [M]. 成都：四川教育出版社，1988：20-23.

⑥ 刘焱. 儿童游戏通论 [M]. 福州：福建人民出版社，2015：156.

妙想、轻松自在的玩笑幽默、泛灵主义的物理观念、毫不掩饰的爱恨情仇、无拘无束的活泼天性等，都可看作游戏精神的呈现。"[①]"我们可以从精神的角度来理解游戏，即儿童游戏就是一种真诚平易、严肃专注、自在玩耍和生发跳跃的游戏精神。"[②]其中提到的"自在玩耍"和"生发跳跃"的核心就是"自由"。

内驱、主动、自由等游戏阐释中的高频词，虽表述角度和侧重点有所不同，却共同指向和集中展现为"未完成性"。具体地说，基于内部动机的主动参与，使游戏者可以自我选择与自我设计进而无拘无束地自在玩耍与自由活动，呈现出生发跳跃、不断更新、开放和创造的特点。这便是"未完成性"的要义所在，即向着无限开放进而使一切皆有可能。

（二）游戏自我生成与更新的特性使然

"儿童游戏作为一种社会文化现象，是在一定的社会的影响下产生和发展起来，必定受到诸多因素的影响，主要体现在游戏活动中外在的客观条件和游戏者自身条件影响等方面"，其中，外在客观条件的影响主要包括游戏机会、游戏时间、游戏场地、游戏材料，游戏者自身条件的影响主要包括同伴、儿童自身的年龄、性别、健康状况、认知风格，此外，还会受到来自父母、电视等家庭的影响。[③]在众多影响因素中，儿童只是其中之一。因此，作为游戏者的儿童，和其他多方面因素共同影响游戏的产生与展开。换言之，作为游戏者的儿童往往并不能单一决定

[①] 丁海东. 论儿童游戏的教育价值：基于游戏存在的双重维度 [J]. 幼儿教育（教育科学版），2007（2）：10.

[②] 毛曙阳. 儿童游戏与儿童文化 [M]. 南京：江苏凤凰教育出版社，2020：36.

[③] 邱学青. 学前儿童游戏（第六版）[M]. 南京：江苏凤凰教育出版社，2022：105-121.

游戏的走向，而只是影响游戏的某一方面因素。正如伽达默尔所言，"游戏是从主观性和自我控制中解脱出来的活动。游戏活动的真正主体，就是游戏本身"，而非游戏的人。因此，"游戏的运动并没有能使游戏中止的目标，相反，游戏总是不断地使自己更新"。①总之，"游戏具有一种自我生成与更新的特性。在游戏过程中，由于多种因素（如游戏材料的增减、游戏中其他儿童的言行或一些其他刺激等）的影响，儿童有可能生成与更新游戏，但这种生成与更新是'被迫'的，也就是说，是这些因素'驱使'儿童生成与更新游戏，是一种游戏的自我生成与更新"②。

　　这就决定了游戏活动展开的过程充满了不确定性、开放性和生成性，向着无限可能开放，呈现出"未完成性"。这对于游戏者而言意味着是一种冒险，同时也会收获因冒险而获得的惊喜的体验，这也恰恰构成了游戏的独特魅力。诚如伽达默尔所指出的那样，"游戏本身对于游戏者来说其实就是一种风险……游戏对于游戏者所施以的魅力正存在于这种冒险之中"③。此时，游戏规划更多体现出了表2-1中"类型二"④的特质，是"为无限的可能性而规划"。这种取向的"规划的诞生是基于每个儿童的模式、兴趣和图式的，并受他们当前所处的文化（Athey，2012）、关系和环境所构成的情境性因素的影响"⑤。这种规划并非一开

---

① 【德】伽达默尔. 哲学解释学 [M]. 夏镇平，宋建平，译. 上海：上海译文出版社，1994：14.

② 秦元东. 关于游戏指导的理论思考 [J]. 学前教育研究，2001（2）：24-25.

③ 【德】伽达默尔. 诠释学 I：真理与方法 [M]. 洪汉鼎，译. 修订译本. 北京：商务印书馆，2021：156.

④ 【英】安妮·伍兹，等. 儿童发起的游戏和学习：为无限的可能性而规划 [M]. 叶小红，译. 北京：中国轻工业出版社，2020：2-18.

⑤ 【英】安妮·伍兹，等. 儿童发起的游戏和学习：为无限的可能性而规划 [M]. 叶小红，译. 北京：中国轻工业出版社，2020：18.

始便确定，而是在过程中不断生成与调整。这实质是"对学习的可能性进行规划，而不是规划学习的结果，这就使规划变成了一种动态的过程"，是"为儿童的无限可能性而规划"。[①]

表2-1 两种游戏规划比较一览表[②]

类型	儿童	教师	内容	目的
类型一	被动、配合	主导、控制、负责	学习的结果	有限的结果
类型二	主动、决定、责任	促进者（追随而非引领）、支持、帮助	学习的可能性	包容性的、无限的学习

游戏自我生成与更新的特性在下面的案例中得到了较好体现。一次，我们看到一个4岁的小男孩和9岁的小女孩在一起玩。小男孩拿起一张纸，边随意地撕边说："我可以撕成很多碎片。"小女孩也拿起纸，边撕边说："我还可以撕成很多形状呢，你看，三角形、正方形……"小男孩也不示弱，赶紧说："你看，我能撕成圆形呢。"后来不知什么原因，两人开始争抢纸，小女孩将纸举得高高的，小男孩来抢。小女孩看到小男孩快要够到的时候就稍微举得更高一些，这反倒激起了小男孩进一步抢纸的兴趣。就这样，两人玩起了"抢纸"游戏。小女孩一不小心将纸掉了下去，小男孩非常开心地去追和抓飘落而下的纸。就这样，小女孩将较大的纸片扔起，小男孩去追和抓，规定在落地之前抓到为赢。后来

---

① 【英】安妮·伍兹，等. 儿童发起的游戏和学习：为无限的可能性而规划 [M]. 叶小红，译. 北京：中国轻工业出版社，2020：2.

② 根据"第1章 为儿童的无限可能性而规划"（【英】安妮·伍兹，等. 儿童发起的游戏和学习：为无限的可能性而规划 [M]. 叶小红，译. 北京：中国轻工业出版社，2020：2-19.）中相关内容提炼绘制。

他们的游戏又演变成小女孩将纸片揉成团从空中抛落，小男孩用自己一只手的大拇指与食指围成一个圈，让纸团从这个圈中落下就算赢。当他们发现了一个矿泉水瓶后，小男孩将瓶盖取下，让小女孩将纸团向瓶中抛，抛进算赢，否则算输。玩的过程中，两人发现这样难度太大，小女孩就提议说："瓶口太小了，不好抛，我们可以把瓶底剪开成一个大口，将瓶盖盖住瓶口，倒过来，让大口朝上，再把纸团往里扔。"在玩的过程中，小男孩因拿得不稳，导致小女孩有时会投偏。就这样，小女孩说："这样吧，我随便扔纸团，你用那个瓶底去接，能让纸团落入瓶中，就算你赢。"……该案例中，小男孩和小女孩一开始并不知道要玩什么，从随意地"撕纸"逐渐演变为"抢纸""抓纸""接纸团""抛纸团"……游戏没有固定的材料与玩法，游戏者不经意间的一个动作或一句言语、新材料(案例中的"矿泉水瓶")的介入，都会引发更多新的玩法。这就是游戏在多种因素影响下自我生成与更新特性的生动体现。

（三）游戏是儿童文化"心脏"的要求

游戏和文化之间关系密切。荷兰学者胡伊青加就指出，"很多年来，我已形成这样一种信念，即文明是在游戏中并作为游戏而产生和发展起来的"[①]。在谈到儿童游戏和儿童文化的关系时，毛曙阳曾用"发动机""心脏"形象地比喻游戏："游戏就好像是一辆汽车的发动机，文化就像是汽车的外壳。有了游戏这台发动机，汽车得以驱动，同时，文化这个车壳子也在保护和滋养着游戏这个发动机……我们也可以把一个生物体的心脏看作是游戏，把文化看作是生物体的躯体，有了心脏，机

---

① 【荷】胡伊青加. 人：游戏者：对文化中游戏因素的研究 [M]. 成穷，译. 2版. 贵阳：贵州人民出版社，2007：原作者序.

体才具有生命力，而没有了机体，心脏也很难存活下去。在儿童那里，儿童的游戏就是心脏，儿童的文化就是包裹心脏的躯体，两者相互支持、相互滋养。"①"发动机"和"外壳"、"心脏"和"躯体"之间不仅相互滋养，同时也要相互匹配，才能相得益彰。换言之，有什么样的"躯体"（儿童文化）内在就需要什么样的"心脏"（儿童游戏），反之，有什么样的"心脏"就会支持什么样的"躯体"。

儿童文化的上位概念"文化"，是一个高频词，但同时也是一个意义混乱的概念。"在西方已有的文化概念中存在着两种相互补充的观念：一种观念把文化客观地看作决定某个人类群体生活的独特性的行为、制度、物质和精神方面创造的总和，另一种观念则注重于这些行为、制度和创造物对人类群体和个人所产生的积极作用。"②这两种观念中，前者相对更中性，而后者则含有较为明显的价值期待。由此也相应推演出了两种各有侧重的儿童文化的概念。由第一种观念推导出的是相对中性的儿童文化，如边霞就认为，"儿童文化就是指儿童特有和共有的思想方法、行为方式和心理特点、世界观等，它是儿童自己在其中决定其标准和价值的文化"③。由第二种观念推导出的是具有价值期待因而相对更积极的儿童文化，如毛曙阳就认为，"我们可以把儿童文化理解为 0—18 岁的儿童群体为了生存、发展、适应环境和让儿童自身更加美好而生发和展现出来的素质、能力和倾向，往往表现为：儿童一系列的努力姿态、行为倾向、细小过程和微妙变化等，儿童文化是儿童群体共有和特有的问题，是儿童内隐精神和外在表现的总和，是儿童群体

① 毛曙阳. 儿童游戏与儿童文化 [M]. 南京：江苏凤凰教育出版社，2020：133.
② 边霞. 儿童的艺术与艺术教育 [M]. 南京：江苏教育出版社，2006：9.
③ 边霞. 儿童的艺术与艺术教育 [M]. 南京：江苏教育出版社，2006：10.

的言行、神态和思维方式的总和"①。

这种相对更加积极的儿童文化具有关系性与互育性、身体性与整体性、真诚性与表现性、梦想性与创造性、开放性与潜能性、生活性与环境性、差异性与过渡性②，内在需要与之匹配并能为之提供强大动力的更加积极主动的儿童游戏作为"心脏"。尤其是儿童文化中的梦想性与创造性、开放性与潜能性，内在需要具有生发这些特质并为之提供滋养的潜质的儿童游戏与之匹配。这样的游戏从精神的角度看，体现为"一种真诚平易、严肃专注、自在玩耍和生发跳跃的游戏精神"；从实体的角度看，表现为"非真实的和超越的、儿童自主调控和自愿选择的、有稳定内在规则的、能带来愉快情绪体验的、有同伴的、趋向于健康和美善的一类活动"。"在游戏中，内在现实超越了外在现实，儿童让寻常事物具有了新的色彩，构建起梦想的王国……让他们瞬间逃离缺少可能性的旧现实而步入到具有多种可能性、充满激情与喜悦的新现实中去。"③这种更加积极主动的游戏中的自在玩耍、生发跳跃、超越、自主调控、自愿选择、构建梦想的王国等特质均从不同方面共同指向游戏的"未完成性"。总之，这种更加积极的儿童文化内在要求一种具有"未完成性"的更加积极主动的儿童游戏作为"心脏"，为其源源不断地提供创新与发展所需的"动力"与"营养"。

二、未完成性的外在表现与内在规定

在揭示与论证了"未完成性"作为游戏核心特质的基础上，下面将

---

① 毛曙阳. 儿童游戏与儿童文化 [M]. 南京：江苏凤凰教育出版社，2020：63.
② 毛曙阳. 儿童游戏与儿童文化 [M]. 南京：江苏凤凰教育出版社，2020：65-92.
③ 毛曙阳. 儿童游戏与儿童文化 [M]. 南京：江苏凤凰教育出版社，2020：36-37.

借鉴对话思想进一步探析"未完成性"在实践中的具体表现以及这些表现背后的根源。

（一）外在表现：创生性

"未完成性"在实践中主要体现为游戏展开的开放性、不确定性与灵活性，即创生性。这在一些学者关于游戏特征的描述中也有所提及，如克拉思诺和佩培拉的游戏四因素说中提到的"灵活性"（即"游戏活动在形式与内容上的多变化性"），克罗伊斯的游戏行为六特征说中所提及的"松散"（即"游戏不是精确的，没有事先预定的限制"）和"易变"（即"没有预定的进程或结果，游戏者具有随机应变的自由"）[①]。这种创生性在"海盗船的传奇变身"[②]案例中得到了较好体现。又到了营区轮换的时间了，大六班孩子在前期的儿童访谈中聊到对"幻想地带"新游戏的设想。辰辰说："以前的游戏一点都不刺激，我们玩什么游戏好呢？"这时，琪琪灵机一动："我在游乐场玩过海盗船，很刺激，我们可以玩海盗游戏。"大家纷纷对琪琪的提议表示同意。搭建海盗船的游戏开始了……

> 第一次游戏：初建海盗船。孩子们带着精心设计的海盗船设计图进入了"幻想地带"的空地。琪琪和哲熠搬来了轮胎、木板。辰辰、哲熠马上将轮胎平铺，用木板平铺的方式搭建了海盗船的船身，又用PVC管搭建了船的框架。琪琪随后用木块叠高，围成了船沿，在船沿的镂空处用弯管接口和木棒当作排水口和炮口，其他小朋友又用塑料圆盘和塑料铁环组合成船的

---

① 刘焱. 儿童游戏通论［M］. 福州：福建人民出版社，2015：155-156.
② 本案例由浙江省杭州市萧山区衙前镇第一幼儿园提供，在此表示感谢。

方向盘。一艘"海盗船"呈现在他们面前。但在游戏后的分享交流中，幼儿提到了"海盗船"空间低矮的问题，琪琪说到"在搭建时轮胎高低不一，不平衡。船上不能坐很多人，太小了"。

第二次游戏：扩大船身，改建"海盗船"。结合第一次搭建中出现的船的空间问题，辰辰等孩子们又对"海盗船"进行了新的设计。他们将矮矮的轮胎替换成了8只高高的油桶，两两并列摆放，将8块木板平铺在油桶上，接着利用PVC管、奶粉罐、黑圆盘在船内进行简单布置并对船顶进行设置。这时，辰辰突然说："你们看，船身的空间还是有点小，它没有办法撑起船顶。我们需要再扩大一点船身。"于是，琪琪和哲熠在辰辰的提议下又利用油桶、木板和轮胎组合的方式扩大了船身面积。之后他们发现船身另一侧用4个轮胎叠高的支撑处与船身有一定的距离。辰辰立即去材料库找来各种长短、厚薄不一的木板进行铺接，可是他在铺接时发现这种零碎木板很容易掉。最后，辰辰通过比较发现长长的木板更加合适，铺在上面相互衔接得更加稳固。当成功铺好木板后，孩子们又发现船的框架倾斜了。于是在辰辰的指挥下，琪琪、哲熠用不同厚薄、长短的木块进行不同方式的叠高，船的框架不再倾斜了。正当高兴时，哲熠走过来，说："我发现轮船侧边用轮胎叠高的两个角落虽然能较好地支撑船顶，但刚才我用很多小积木块垫高的时候，有好几块木块掉进轮胎中间的大孔里了，如果有人不小心踩上去会发生危险。"于是，在辰辰的带领下，他们又一起合作用不同长短、厚薄的积木块开始平铺垒高，但是尝试多次后发现积木块还是很容易掉进孔里。这时，辰辰灵机一动，马上转身从材料库里搬来了一块短木板，4人合作抬船顶、铺木板、塞木块、递木块、踩一踩，在几次尝试后终于成功解决了角落有大孔的问题。

第三次游戏：扩大空间，完善设备。根据上次游戏中遗留的问题，辰辰从筐里拿来PVC管，还想为"海盗船"设计一个"排污管"，哲熠和琪琪用PVC弯管接口和PVC直管进行衔接，又用胶带缠绕粘贴、固定衔接口，成功组合成"海盗船"的排污管。但是，辰辰发现"排污管"一直不牢固，摇摇晃晃，此时他嘴里嘀咕着："能不能找个重一点的东西压住它？"就在这时，他想到了轮胎，靠轮胎来抵靠住"排污管"底部，但是他操作后发现因为泥地高低不平，轮胎放不平，"排污管"底部还是会摇晃。正在烦恼时，琪琪从草地上捡来很多鹅卵石，试着垫在不平的地方，发现轮胎平稳了，"排污管"不摇晃了。孩子们发出了欢呼声："耶，排污管终于稳固了。"辰辰又提议道："我们在'船'上还需要喝水，再装一个'饮水管道'吧。"接着他从塑料筐里找来一根PVC管，竖着放在"轮船"的尾端，但是手一松管子就倒了，他又从筐里找来稍大点的PVC弯管，让哲熠扶着弯管，将长管放进弯管后，效果比之前略微好点，但还是容易倒。正当大家用手扶着管子时，琪琪发现了刚才用过的胶带，辰辰回应："我们可以先将两根管的衔接处用胶带粘起来，然后将PVC直管插入黑色圆盘的口子中 ，这样就可以固定'饮水管道'了。"最后，他们成功了。

第四次游戏：船顶再现。辰辰发现"海盗船"缺少了船顶，他觉得没有船顶，下雨天会被淋湿，大太阳的时候会很晒，他提出把船顶铺起来。他随即去材料库里找材料，发现一块长的薄木块，于是他拿了几块尝试放上去，经过试铺，发现刚刚好。于是，辰辰叫琪琪和哲熠再去搬运一些木块，大家一起合作铺船顶。当铺到一半后，他们突然发现船头前侧的木板掉下来了，辰辰立即过去查找原因，发现有些小朋友在木板衔接处的边缘上又叠加了几块木块，导致左右重量不平衡，所以木板掉下来。他说："木板太多、太重了，船架支撑不住这个重量，我们需要更换更轻便的材料。"在辰辰的提议下，琪琪和哲熠迅速去共享材料库里找更轻薄的材料。他们找来了一卷遮阳布，觉得这块布更合适做船顶。他们兴奋地将遮阳布搬来，一起合作将布铺在船顶上，琪琪用剪刀在正好合适的地方剪下布块，哲熠马上拿来胶带固定四个角，当他粘好第一角时，辰辰说："用胶带粘不太美观，我们换成用细绳子绑会更好一些。"于是他找来了细绳，和琪琪一起将四个角分别用绳子绑在船的支撑架上，船顶铺好了。

（二）内在规定：对话性

上述案例中"海盗船的传奇变身"缘于诸多因素的影响，包括幼儿的提议（如"我们可以玩海盗游戏""我们在船上还需要喝水，再装一个饮水管道吧"……）、发现的问题（如"船上不能坐很多人""有好几块木块掉进轮胎中间的大孔里了，如果有人不小心踩上去也会发生危险"……）、寻找的新材料（如"8只高高的油桶""长薄木块""遮阳布"……）。正是多种因素的共同介入和作用，引发与成就了"海盗船的传奇变身"。总之，游戏在具体展开过程中呈现出的创生性，实则是游戏各要素之间交流、碰撞进而生发、跳跃的外在表现。滕守尧曾对"创造"与"创生"这对概念进行了区分：创造的实质是从无中生有，而创生的实质则是从有中生有。"人的创造只能来自各种不同信息、不同文化、不同要素的对话和融合，而不是凭空出现……这样的行为只能是一种创生，而不是一种创造。"①因此，这种创生性的外在表现背后是游戏各要素（即各种旧"有"）之间的对话和融合，进而生发出新"有"的过程，"这种通过异质要素的联系、融合和对话生发新生事物的能力，是创生性智慧的奥妙"②。

游戏展开过程中的旧"有"主要涉及哪些方面呢？或者说游戏的构成要素与影响因素主要有哪些？伽达默尔认为，"虽然游戏者好像在每一种游戏里都起了他们的作用，而且正是这样游戏才走向'表现'，但游戏本身却是由游戏者和观赏者所组成的整体"③。"由此，游戏本身、游戏参与者和游戏观赏者便组成了一个统一体和共同体，每一个共同体的成员都在其中发挥了独特的作用。"④总之，游戏的各组成要素和影响因素，处于彼此开放与交流的"边缘"地带。"'边缘'是文化种种对立二元之间或多元之间相互对话和交流、不断生发出新气象的地带，也是一个开放的和多元共存的地带。这个'文化的边缘'就像文化的'核子'，不同要素在这里接触和融合，滋生出新的东西，并迅速向周边扩散，有效地改变着人们的意识和文化本身。"⑤处于"边缘"地带的游戏各要素

---

① 滕守尧. 艺术与创生［M］. 西安：陕西师范大学出版社，2002：58.
② 滕守尧. 艺术与创生［M］. 西安：陕西师范大学出版社，2002：132.
③【德】伽达默尔. 诠释学Ⅰ：真理与方法［M］. 洪汉鼎，译. 修订译本. 北京：商务印书馆，2021：161.
④ 毛曙阳. 儿童游戏与儿童文化［M］. 南京：江苏凤凰教育出版社，2020：19.
⑤ 滕守尧. 文化的边缘（修订本）［M］. 南京：南京出版社，2006：4.

之间不断对话进而生发"新质"。真正的对话至少需要两个要素：第一要素是"愿意并能够听取别人的意见"，这要求"对话的甲方要承认对话的乙方，所谓承认，就是承认对话伙伴的平等权利"。第二要素是，"参与对话的人必须公开承认自己的'所想'，对他人不作保留"。[①]"因此，真正决定一种交谈是否是对话的，是一种民主的意识，是一种致力于相互理解、相互合作、相互共生和共存，致力于和睦相处和共同创造的精神的意识，而这就是'对话意识'。"[②]

总之，处于"边缘"地带的游戏各要素之间的对话性，是纷繁复杂的外在创生性表现的内在根源与机制，即"未完成性"的内在规定。

---

① 滕守尧. 文化的边缘(修订本)[M]. 南京：南京出版社，2006：177-178.
② 滕守尧. 文化的边缘(修订本)[M]. 南京：南京出版社，2006：157.

第二节
游戏指导的向度：留白与填充

从游戏的"未完成性"可以自然推导出幼儿园游戏指导的留白向度和填充向度。其中，留白是游戏"未完成性"的题中之义，填充是游戏"未完成性"的弦外之音。留白和填充共同构成了幼儿园游戏指导两个内在交织的向度，为审视与处理幼儿园游戏中教师的地位与作用、介入与退出提供了新的思路与新的启示。

一、留白："未完成性"的题中之义

游戏"未完成性"的对话性与创生性，内在要求教师"放手游戏"，这就是"留白"。徐复观在"释气韵生动"谈到"气韵向山水画的发展"时，引用了王翚、恽格的观点："人但知有画处是画，不知无画处皆画。画之空处，全局所关……空处妙在，通幅皆灵，故云妙境也。"[①]"留白"就是从以上思想借鉴与发展而来，主要聚焦于"教师'不做什么'"（放手），是游戏指导的"全局所关"，是游戏"未完成性"的题中之义，赋予游戏活动以灵性。幼儿园游戏指导中的留白，主要体现在游戏的时间、空间、材料与评价等方面。这里以游戏空间为例作简要分析。

---

① 徐复观. 中国艺术精神 [M]. 上海：华东师范大学出版社，2001：112.

　　"空间留白的核心是教师不要将活动室内外可以利用的游戏空间全部事先安排与设置好，而应保留一些空间，使之处于未被'开发'与'利用'的'空白'状态，以吸引、鼓励与支持幼儿参与未被利用空间的开发，即由幼儿主导与决定这些'空白'空间的开发与利用。总之，空间留白的核心与实质是，游戏空间的设置权由教师独霸转向教师与幼儿共享，甚至幼儿主导。"①游戏空间留白主要体现为游戏空间的灵活性与模块化。

　　游戏空间的灵活性主要指向空间功能方面，指游戏空间的功能不固定，更不固化，而是根据游戏需要灵活多变。这契合了留白理念，为幼儿根据游戏需要灵活确定某一具体游戏空间的功能提供了可能和必要。如在安吉游戏环境中，"不会把某个区域的环境定位成主要是促进幼儿某个领域的发展，而是每个区域的环境都应当具有促进幼儿各个领域发展的可能性"，其"最大特点就是给幼儿自己创造玩法以无限的可能性"。②为此，安吉游戏中"场地功能不限定"，"以材料特质或场地特征对室外游戏场地进行命名。这种命名方式的改变，避免因区域功能命名而造成对儿童游戏内容及形式的限制"。③例如，"当以梯子、长板、木箱、垫子、滚轮为主要材料的塑胶场地不再以'运动场'命名后，儿童的游戏不再局限于体能运动。他们或钻、爬、滚、跳，或设计并搭建作品，或安静躺在角落休息，尽享真游戏的快乐"④。安吉游戏中，游戏区域命名方式从依据区域功能向依据材料或场地特征的根本转变，使区域

---

① 秦元东，白碧玮，庄盈媚，等. 幼儿园游戏指导方法与实例：游戏自主性的视角 [M]. 北京：中国轻工业出版社，2018：139.

② 韩康倩. 华爱华教授访谈录之二"安吉游戏"中的环境创设 [J]. 幼儿教育，2021（07）：10.

③④ 程学琴. 放手游戏　发现儿童 [M]. 上海：华东师范大学出版社，2019：81.

功能获得了"解放",具有无限可能性。这就是游戏空间灵活性的核心所在。

　　游戏空间的模块化主要指向空间划分方面,指游戏空间的划分与设置尽量避免碎片化,采用不同程度的模块化。这为幼儿在模块化的游戏空间中"再建构"或"再生产"空间提供了必要与可能,实质也是留白理念的体现并为其实现提供了条件。如安吉游戏中"场地之间无边界"①,尤其"当幼儿园户外空间并不大时,为了给幼儿跨区域游戏创造条件,幼儿园打开了区域之间的隔断边界"②。原本碎片化的不同游戏区域之间"隔断边界"的拆除,使其彼此之间连成一个整体,呈现出模块化的状态。在谈到安吉游戏室内游戏环境创设时,华爱华教授指出,"略有空间区隔,但无明确的区域功能定位……只是用玩具材料架分隔成三四个活动区间……这三四个区域也没有按学习功能命名,因为他们的观点是,区域的功能是由幼儿实际开展的活动来决定的,幼儿可以在任何区域玩任何他们想玩和可能玩的游戏,所以每个区域的功能是随幼儿的活动而变化的……在同一个区域,幼儿既可以画画,也可以下棋玩牌,既可以玩橡皮泥,也可以拼图搭建……"③如浙江省杭州市萧山区衙前镇第一幼儿园"营地游戏课程"中游戏空间的创设,开始时以"营中区"的方式创设了"三营九区",包括"草坪畅想营"(分设"山坡野战""沙水沟渠""树屋历险""3号餐库"四区)、"辅道奇趣营"(分设"快乐骑行""第六空间""创想广角"三区)和"丛林探险营"(分设"奇想探险""科探秘林"两区)。但在实践中教师发现这种碎片化取向

---

① 程学琴. 放手游戏　发现儿童 [M]. 上海:华东师范大学出版社, 2019:80.

② 韩康倩. 华爱华教授访谈录之二"安吉游戏"中的环境创设 [J]. 幼儿教育, 2021(07):11.

③ 韩康倩. 华爱华教授访谈录之二"安吉游戏"中的环境创设 [J]. 幼儿教育, 2021(07):13.

的游戏空间不利于幼儿游戏玩法的创新，因而调整为了"三营N区"，保留了原来的"三营"，但每个营不再细分为若干区，而是由幼儿根据游戏需要在模块化的"营"中"再建构"所需的游戏空间。这种模块化取向的游戏空间设置内在需要、允许并支持幼儿根据游戏需要进行游戏空间的"再建构"，进而在"营"中生成多个"区"。如"草坪畅想营"中，大六班幼儿由"海盗游戏"引发、生成了一个新的游戏区"幻想地带"，在此开展了系列"海盗战舰"的建构与角色游戏。

二、填充："未完成性"的弦外之音

聚焦于"教师'不做什么'"（即放手）的"留白"虽能契合游戏"未完成性"的不确定性与开放性，但可能导致游戏价值方向的"迷失"，或囿于游戏固化倾向而"重复"。这就内在要求留白的同时，还要考虑如何"介入"（即"填充"）以引领游戏方向和助推游戏发展。因此，如果说"留白"是游戏"未完成性"的题中之义，那聚焦于"教师'做什么'"（介入）的"填充"，便是游戏"未完成性"的弦外之音。

（一）幼儿园游戏发展价值实现的必要条件

留白虽有助于幼儿"真游戏"的发生，但"真游戏"是否就等于"好幼儿园游戏"？"游戏的'真''假'是事实判断，游戏的'好''坏'是价值判断……幼儿园游戏不同于幼儿园之外的游戏之处，正在于它具有教育性。我们评价幼儿园游戏活动的标准，不能仅仅局限于事实判断，止步于'真游戏'；更重要的是，我们要考察游戏活动对于儿童发展的价值，与教育目标的联系，倡导'好游戏'。"①总之，包括"真游戏"在内的游戏中虽总会伴随和导致儿童多方面的"变化"，但这些"变化"既可能是"积极变化"，也可能是"消极变化"。鉴于"儿童的发展朝着可预测的方向迈向更高的复杂性、更多的自我调控，以及更强的符号和表象运用能力"②，唯有契合这些"可预测的方向"的"积极变化"才是"发展"，而"消极变化"非但不是"发展"，反而可能是"退步"。这就决定了"游戏并不总是能带来想要的发展结果"，"自由的选择以及开放式的游戏可能只服务于儿童而非成人的目的"③。

"好的、高质量的幼儿园游戏既要体现'游戏性'，又要体现'发展性'或'教育性'。这种游戏，无论是其过程还是结果，都应当体现'游戏性'和'发展性'或'教育性'的融合。正是这种'融合'，才使这种游戏无论对于幼儿还是教育者，都是'有意义的'。"④显然，这种"好的、高质量的幼儿园游戏"除了留白之外，还内在需要教师的介入（即"填充"）。诚如有学者所指出的那样，"具有发展适宜性的游戏并不只是自由的和有趣的，它也同时具备复杂、长时间、全体儿童参与的特点。这种类型的游戏需要教师的促进和指导。教师需要进行周密计划，关注游戏环境和材料，对游戏进行指导，才能让具有发展适宜性的游戏发生

---

① 刘焱.也谈幼儿园游戏与课程[J].学前教育，2021（19）：4-13.

② 【美】卡罗尔·科普尔，休·布雷德坎普. 0—8岁儿童发展适宜性教育（第三版）[M].刘焱，等，译.北京：中国轻工业出版社，2021：16.

③ 【英】伊丽莎白·伍德.游戏、学习与早期教育课程[M].李敏谊，杨智君，郭宴欢，等，译. 北京：教育科学出版社，2018：58.

④ 刘焱.什么样的游戏是好的或高质量的游戏[J].学前教育，2000（10）：8.

和持续下去"①。

主张幼儿园游戏中教师介入的观点，在一些相关政策中也有所体现。如，我国2001年颁布的《幼儿园教育指导纲要（试行）》中明确指出："幼儿园的空间、设施、活动材料和常规要求等应有利于引发、支持幼儿的游戏和各种探索活动，有利于引发、支持幼儿与周围环境之间积极的相互作用。"其中所提到的对幼儿游戏的"引发、支持"实质就体现在游戏中教师介入的必要性或作用，"幼儿园的空间、设施、活动材料和常规要求等"就是教师介入的主要维度或内容，"有利于"就是对教师介入的要求。这在国外的一些相关政策中也有所体现。如，有学者梳理了英国（英格兰、苏格兰、北爱尔兰和威尔士）的政策框架关于游戏的立场（见表2-2）。其中提到的"有计划""有目的""有挑战""规划清晰的目标"等，无不体现了对幼儿园游戏中"填充"必要性的强调。

表2-2 英国早期教育政策中的游戏②

	英格兰	苏格兰	北爱尔兰	威尔士
政府部门	教育部	苏格兰学习与教学部	课程、审查与评估委员会	儿童、教育、终身学习与技能部
政策文本	早期基础阶段教育纲要	卓越课程	基础阶段教育纲要	基础阶段教育纲要
年龄	0—5岁	3—6岁	4—6岁	3—7岁

① 【美】盖伊·格朗兰德. 发展适宜性游戏：引导幼儿向更高水平发展［M］. 严冷，译. 北京：北京师范大学出版社，2014：1.
② 节选自"英国早期教育政策中的游戏"（【英】伊丽莎白·伍德. 游戏、学习与早期教育课程［M］. 李敏谊，杨智君，郭宴欢，等，译. 北京：教育科学出版社，2018：59-60.）中部分内容。

续表

	英格兰	苏格兰	北爱尔兰	威尔士
关于游戏的立场	游戏必须是有计划、有目的的，课程要通过游戏开展，成人主导的与儿童自发的活动相结合	主动学习是让儿童投入学习中并挑战其思维的学习，主动学习可以充分利用自发的、有计划的、有目的的游戏	儿童应在有计划的、有挑战的游戏中体验学习的过程	儿童在自由游戏中遵循自己的兴趣和想法。应该高度重视游戏，并为儿童的学习规划清晰的目标

难怪有学者认为，"在幼儿园，'真正的游戏'可能有两种：一种是教师不加任何指导的'放羊式'游戏，它只是低水平的游戏；另一种是有教师指导但又很好地体现和发挥了幼儿作为游戏主体的主动性、积极性、独立性与创造性的'教育性游戏'，这种游戏才是高水平的游戏。虽然在'放羊式'自由游戏中，幼儿也可能从中受益，但幼儿在这种游戏中的学习与发展还有较大的盲目性与偶然性。"[1]虽然这个观点中关于"放羊式"游戏"只是低水平的游戏"的判断可能存在武断之嫌，但至少"放羊式"游戏可能是高水平的好的幼儿园游戏，也可能是低水平的不好的幼儿园游戏，存在较大的不确定性。而幼儿园游戏作为幼儿园课程的有机组成部分，旨在"帮助幼儿获得有益的学习经验，促进其身心全面和谐发展"[2]。这就内在要求教师适宜地介入进而使游戏成为兼具"自然性"与"教育性"的"高水平的游戏"。换言之，"填充"是幼儿园游戏

---

[1] 刘焱.什么样的游戏是好的或高质量的游戏[J].学前教育，2000（10）：7.

[2] 王春燕，秦元东.幼儿园课程概论（第3版）[M].北京：高等教育出版社，2019：15.

发展价值有效实现的必要条件。

（二）幼儿园游戏固化倾向破解的措施之一

游戏的"未完成性"对于内驱、主动和自由等的强调，一方面使其"向着无限开放，进而一切皆有可能"，并因而具有并表现出了"自我生成与更新特性"；但另一方面，又因对过程的偏爱并主要从中获得满足而容易"诱使"甚至导致游戏者过分"留恋"于游戏过程，进而出现重复"进行更多同类的活动"的现象。这从杜威关于游戏和工作关系的观点中可以窥见一斑：游戏的基本属性是"活动即目的，探索自然的趋势及意外性"，工作的属性是"目的是主要的，结果是可预见的"。[①]工作和游戏"两者都有意识地抱着一定的目的，并对材料和过程的选择和适应进行设计，以实现所期望的目的。……在游戏中，活动就是它自己的目的，而不在于它具有将来的结果……像游戏一样，工作是一种有目的的活动，它和游戏的区别……在于结果的观念引起较长过程的活动。……在游戏中，目的在于进行更多同类的活动"[②]。这种"进行更多同类的活动"的"目的"或倾向，即游戏的重复性。刘焱在梳理已有学者（如萨顿·史密斯）相关研究的基础上，比较"探究""掌握"和"游戏"。谈到"游戏"特点时，他也指出，"游戏的结构"主要表现出"夸张、洋洋得意、假装、重复、动作的变化、新异性动作、非常兴奋"。[③]总之，游戏"未完成性"中内在蕴含着重复性的潜质或倾向，这就使得幼儿园游戏具有了一种固化倾向。

---

① 刘晓东，卢乐珍，等. 学前教育学［M］. 南京：江苏教育出版社，2004：367.

②【美】杜威. 民主主义与教育［M］. 王承绪，译. 北京：人民教育出版社，1990：219-223.

③ 刘焱. 儿童游戏通论［M］. 福州：福建人民出版社，2015：166.

有研究者曾区分了三种不同水平的游戏，即"混乱失控的游戏""简单重复的游戏"和"有目的的、复杂的、能够让儿童聚精会神的游戏"[①]，其中"简单重复的游戏""经常包含重复行为，并且参与度不高"[②]，这就是固化倾向的一种体现。若只是留白，就有使游戏长期停留于"简单重复的游戏"而停滞不前的风险。那如何才能破解这种固化倾向呢？这就需要教师的介入，即填充。"教师可以通过精心创设环境，让儿童使用有趣的、可促进创造性和想象力的材料，为儿童的游戏提供框架和设定期望，从而引导幼儿将混乱无序和过度简单的游戏发展成更高水平的游戏。"[③]如在娃娃家游戏中，教师发现"妈妈"一直抱着"宝宝"哄"宝宝"睡觉。这一现象持续了一段时间。教师就可以以"邻居"的角色，通过"串门"自然进入娃娃家游戏中，发现"宝宝"生病并建议"妈妈"带"宝宝"去"医院"看病，自然地拓展娃娃家游戏的角色与内容。在"妈妈"带"宝宝"到"医院"看病和"医生"互动过程中，在其他"邻居"闻讯后前来"探望"引发的更多人际互动中，娃娃家游戏的教育性得到了极大拓展与丰富。

总之，游戏的固化倾向使其具有和表现出了重复性，并因而可能停留于"简单重复的游戏"。对于"兼具自然性和教育性"[④]的幼儿园游戏而言，长期停留于"简单重复的游戏"显然是不可取的。那如何破解幼

---

① 【美】盖伊·格朗兰德. 发展适宜性游戏：引导幼儿向更高水平发展 [M]. 严冷，译. 北京：北京师范大学出版社，2014：10.

② 【美】盖伊·格朗兰德. 发展适宜性游戏：引导幼儿向更高水平发展 [M]. 严冷，译. 北京：北京师范大学出版社，2014：17.

③ 【美】盖伊·格朗兰德. 发展适宜性游戏：引导幼儿向更高水平发展 [M]. 严冷，译. 北京：北京师范大学出版社，2014：3.

④ 刘焱. 儿童游戏通论 [M]. 福州：福建人民出版社，2015：368.

儿园游戏的固化倾向进而助推其成为一种"有目的的、复杂的、能够让儿童聚精会神的游戏"呢？适宜有效的"填充"（即教师的介入）便成为措施之一。

第 三 节

留白与填充的关系之道：反者道之动

同是源于游戏"未完成性"的留白与填充两个向度，看似矛盾甚至对立，实则相辅相成，尤其在实践中经常交织在一起，处于此消彼长的动态关系之中，并随园所条件、游戏类型等多种因素而动态变化。

一、关系："白"与"黑"

留白与填充不是幼儿园游戏指导中两个彼此独立的部分，而是处于相互交织与此消彼长的动态变化中的两个向度。类似于"横看成岭侧成峰"中的"岭"与"峰"看似不同，实则是不同角度中的"庐山"。留白与填充实则也是从不同角度透视幼儿园游戏指导的产物，是幼儿园游戏指导在不同角度的不同显现，各自揭示了幼儿园游戏指导的不同特质。从一定意义上可以说，留白中有填充，填充中有留白，没有了填充的留白就成了"虚无"和"放纵"，没有了留白的填充可能会堕落为"控制"和"操纵"。诚如有学者关于"真空不空"的阐释："与'色即是空，空即是色'（《般若波罗蜜多心经》）同义，其意思是不能偏于空，如果什么也没有了，就成为虚无主义；但又不能偏于色，偏于色就成为现实主义；更不是真空，只有保持一种不空不色状态，才是真实的空。"[①]

---

① 滕守尧. 文化的边缘（修订本）[M]. 南京：南京出版社，2006：36.

留白与填充之间的复杂关系，恰似太极图中"阳"与"阴"、"白"与"黑"之间的关系。"这黑白两个区域却不是互相排斥和对立，而是紧密拥抱，成为正在相互作用的两'部分'，并形成一种直接的、非常容易辨认的'相互关系'""这种区别是如此奇特，以至一眼便可看出其中的一个乃是另一个的反转或'负值'。不仅是它的反转或'负值'，还是它的'补足'"。①

二、原则：反者道之动

"在伽达默尔那里，游戏成了艺术的基本结构。"②"笔墨相生之道，全在于势；势也者，往来顺逆而已，而往来顺逆之间，即开合之所寓也。生发处是开，一面生发，即思一面收拾，则处处有结构而无散漫之弊。收拾处是合，一面收拾，又即思一面生发，则时时留余意而有不尽之神。"③"往来顺逆"与"开合"之中所蕴含和体现的"反"，是艺术基本结构的特质之一。"老子所说的'反'，其实就是通过一种'反常规'意向，把习俗中一方压倒另一方的关系颠倒过来。简单地说，就是反常，就是要在社会和心理领域建立起一种反对习俗、反对常规、反对一成不变的强大意向。"④这在太极图中的S形曲线中也得到了充分体现："它似乎永远是欲上先下，欲左先右，因为在它向上或向下的力中，总好像有一种向下或向上的力与之对抗；在它那向左或向右的力中，又总好像有一股

---

① 滕守尧. 艺术与创生［M］. 西安：陕西师范大学出版社，2002：110.

② 聂振斌，滕守尧，章建刚. 艺术化生存［M］. 成都：四川人民出版社，1997：68.

③【清】沈宗骞，述. 齐振林，写. 芥舟学画编［M］. 史怡公，标点注译. 北京：人民美术出版社，2016：84.

④ 滕守尧. 文化的边缘（修订本）［M］. 南京：南京出版社，2006：29.

向右或向左的力对之牵制。……它是老子'反者道之动'原则的形象写照，使我们看到了宇宙之生发原则的闪光和宇宙本体的躁动。"①

"成了艺术的基本结构"的"游戏"也必然体现和遵循"反者道之动。"具体到幼儿园游戏指导中的留白与填充，恰似笔墨的开合，时刻保有一种"反向"意识，以使游戏"生机勃勃"。对此，有学者用"退出"和"介入"刻画与揭示了类似观点。"为了保证儿童的游戏质量，他们（指教师——引者按）会介入也会退出儿童的游戏。"②"对有效的教师而言，介入和退出儿童游戏的过程，是一个要认真对待的过程。……教师通过观察游戏进展来判断，这群儿童中是否存在能成功推动游戏发展的领头人，抑或是他们是否需要教师介入并短时间领导游戏，帮助他们提高游戏水平或是增加游戏难度。但教师很快又会退出游戏，让儿童重新主导。"③

游戏中教师的"退出"（即留白）和"介入"（即填充）实则是"开"与"合"，"天地之故，一开一合尽之矣"④。诚如笔墨相生之道，留白时即思填充，填充时即思留白，在留白和填充的"往来顺逆"之间尽显"开合之道"。这就是"反者道之动"。

类似于太极图中"白"与"黑"之间关系的留白与填充及其"反者道之动"的关系之道，决定了留白与填充在游戏实践中类似于"一枚硬币

---

① 滕守尧. 文化的边缘（修订本）[M]. 南京：南京出版社，2006：37-38.

② 【美】盖伊·格朗兰德. 发展适宜性游戏：引导幼儿向更高水平发展[M]. 严冷，译. 北京：北京师范大学出版社，2014：139.

③ 【美】盖伊·格朗兰德. 发展适宜性游戏：引导幼儿向更高水平发展[M]. 严冷，译. 北京：北京师范大学出版社，2014：63.

④ 【清】沈宗骞，述. 齐振林，写. 芥舟学画编[M]. 史怡公，标点注译. 北京：人民美术出版社，2016：84.

的两面"，你中有我，我中有你，彼此交织在一起。这种复杂的关系，决定了幼儿园游戏指导在本质上是一门艺术而非技术。正是在留白与填充的"反者道之动"中，幼儿园游戏得以不断拓展与深化。这从"山坡野战之趣玩'战车'训练营"①案例中可以窥见一斑。

　　梳理问题，创设"战车"训练营。教师和孩子们在一次游戏分享中提出"废旧汽车除了作为隐蔽点之外还可以怎么玩"的疑问。孩子们分别发表了自己的观点，觉得可以把废旧汽车作为用来训练的"战车"。承启说："我们可以爬到车顶上，然后再跳下来。""车顶太高了，直接跳下来会比较危险。"有孩子说。那怎样利用"战车"进行安全的训练呢？孩子们想到了可以利用各种材料组合的方式进行"战车"训练。点点说："我们可以用其他材料铺一些路，从这些路上去和下来。"对于点点的意见，大家纷纷表示赞同。"那我们可以利用哪些材料呢？""可以用木板、轮胎、梯子、三角锥。""怎么组合铺路？""可以把梯子架在车上，然后爬上去。""可以用轮胎在下面叠高，上面放架短梯，然后上去。"孩子们分成6组，每组选择了一些材料，设计了自己组上"战车"的路线。游戏开始后，孩子们按照自己组的设计搭建了6条路线。卫奕萱和小伙伴一起拿来了垫子和短梯，把短梯架在车子的前门处固定，将垫子铺在地上，一条简单的路搭建完成了。赵承启和张书铭拿来木板、短梯和油桶，把油桶放在车身边缘处，把短梯架在油桶上，然后把木板架在车顶和油桶上面，又搬来轮胎作为固定

---

① 本案例由浙江省杭州市萧山区衙前镇第一幼儿园提供，在此表示感谢。

的点……就这样，6条不同的路线搭建完成了，"战车"训练营由此产生。

隐性指导，链接"战车"训练营。孩子们多次玩"战车"训练营游戏之后，都能以较快速度上车和下车，渐渐对"战车"训练失去了兴趣，而一部分孩子仍喜欢在山坡上、草坪上跑来跑去，玩战斗的游戏。于是，教师化身队长喊道："战士们，快，我们需要一些工具爬上山坡。"孩子们听到喊声就一哄而上，跟着教师去搬材料往上爬。爬上山坡后，萱萱说："我们把这个山坡也当作训练营的一个场地吧，这样我们训练的地方就多了。"书铭说："好的，我们还可以在这个草坪上放上跨栏，也可以来这里训练。"这时，所有的孩子围过来，你一言、我一语的讨论着。点点说："可是，这样我们有些人从'战车'上出发训练，有些人从上坡出发，等会到跨栏这边可能会撞在一起，那不是很糟糕。""那我们就规定一下，'战车'作为起点，先挑战'战车'训练，然后去挑战其他的。"随着孩子们的讨论，山坡与"战车"之间架起了一些障碍，游戏场地渐渐扩大，他们将"战车"作为起点，并设置了规定的路线进行训练游戏。

多元支持，丰富"战车"训练营。游戏中，孩子们将草坪、山坡、"战车"有效结合，场域扩展到了整个山坡后，单一的挑战对孩子们而言已经不是什么难事，那么怎样让游戏变得更加好玩，更有趣味性？在餐后活动时，教师组织孩子们观看了《特警力量》《地道战》等影片。随后，孩子们通过积极讨论，最后决定玩"敌方我方"的游戏。"我们可以分成两派，一派是好人，另一派就是敌人。"张书铭说。"我们可以选出一个队长，来指挥我们。""我觉得我们还需要一些侦察员来帮我们探路。"……讨论过后，孩子们分成两队，每队自主设计队徽、武器、路线等。他们决定用纸揉成团当作炸弹，把纸板当成防护盾，让游戏的情境变得更加丰富。"快，跟上，穿过这片山坡就到我们的根据地了。"队长沈点心带着"战友们"根据自己设计的路线图经过各个训练项目，最后到达了自己的根据地。"赵承启，我们需要一些炮弹，快，这里要坚持不住了。"沈点心一边往前"进攻"一边朝赵承启喊道。赵承启听到喊声，急忙从弹药库中取出了自制的"炸弹"给沈点心。"报告队长，我侦察到了敌人，他们就躲在'战车'后面。"诺诺两手扶住自制的侦察器说。

本案例中，幼儿一开始只是将山坡野战中的废旧汽车作为一个隐蔽点或置高点，缺乏对汽车的有效利用。为此，教师通过抛出问题（如"废旧汽车除了作为隐蔽点之外还可以怎么玩"）、利用思维导图帮助幼儿梳理经验，引发和支持幼儿利用一些低结构材料与废旧汽车组合的方式自主设计了不同难度的路线，进而展开了"战车"训练营的新游戏。此时，教师适时退出和放手，支持幼儿尽情地开展"战车"训练营游戏。当教师发现幼儿对之前的"战车"训练营游戏逐渐失去兴趣时，适时以队长的身份（"战士们，快，我们需要一些工具爬上山坡"）引入新的游戏情节，引发并支持幼儿根据已有经验进行思维拓展，把山坡、草坪利用起来，连接"战车"训练营，扩充训练场地。后续，教师通过适时组织幼儿观看相关影片来丰富与拓展幼儿经验，增强游戏的情境与角色意识，使幼儿对游戏的玩法有了更深层次的创新。总之，本案例中教师将大胆的留白与适时的填充相结合，有效引发与支持了幼儿游戏的不断丰富与拓展。

第三章
幼儿园游戏指导留白条件

　　基于对我国长期以来幼儿园游戏中师幼关系不对等、教师执着于介入乃至高控，因而经常发生儿童"被游戏"现象等诸多问题的审视，"放手游戏"逐渐被广大幼教工作者认可，并付诸实践。在此背景下，以赋权、放手为核心特质的"留白"，开始走入人们的视线并日益受到重视，其真正有效落地与付诸实践有赖于广大幼教工作者儿童观与教师观的变革与更新。

第 一 节

留白的前提：科学儿童的形象

在意大利瑞吉欧幼儿教育中，"儿童的形象"（Image of the Child）"就是他们的儿童观，他们所做的一切，从政策的制定、园舍的设计，对儿童教学过程的设计、记录和呈现，家长／社区的参与，到教师、厨师和教辅人员的身份角色确认，等等，所有的理论和实践都是在这个价值取向的指引下发展生成的"①。"有关儿童教育的观念，如果没有自觉地建立在儿童观之上，那么它便自发地建立在儿童观之上。儿童教育总是以一定的儿童观为前提的。"②因此，不同"儿童的形象"会影响游戏中教师的选择。以赋权、放手为核心特质的"留白"，是以承认"儿童具有无限游戏潜力"为前提的；同时，"儿童是潜在的游戏高手"又赋予和内在要求"留白"以适度性。

一、儿童具有无限游戏潜力

瑞吉欧幼儿教育思想尤其是方案教学（project approach）或称项目活动，自21世纪初开始传入我国大陆，并对我国幼教领域产生了广泛影

---

① 瑞吉欧·艾米利亚幼儿园和婴幼园学会.瑞吉欧·艾米利亚市属幼儿园和婴幼园指南［M］.沈尹婧，李薇，译.南京：南京师范大学出版社，2014：总序，5.

② 刘晓东.儿童教育新论［M］.南京：江苏教育出版社，1998：1.

响，其中一个重要理念是"幼儿是专家"，认为"儿童是主导自己成长发展的主角"，"拥有进行学习和变化的非凡潜力"①。这对于我们长期以来秉持教师是专家进而在师幼关系中教师主导甚至控制的观念尤其是实践产生了巨大冲击。自此，"儿童是活跃的、富有创造力的社会行动者"②"儿童是主动的学习者"③等观念开始被幼教工作者尤其是实践工作者广泛理解、认可与内化。在此过程中，以安吉游戏为代表掀起的"真游戏革命"所主张的"放手游戏"，"从园长到老师都认识到儿童是主动的、有能力的学习者"④。

（一）游戏是儿童的生活方式

我们经常发现，儿童在生活中随时将在成人看来平淡无奇甚至枯燥的事情变成游戏。一次放学时间，孩子们在家长的带领下陆续往家走。在众多孩子中，我发现有一个小女孩跟在妈妈的后面，慢悠悠地走路。当她发现路面是由石块铺成时，便玩起"跳格子"的游戏。只见她每一次都跳到一个石块"格子"中，有时会跳到正前方的"格子"中，有时又会跳到右前方或左前方的"格子"中，有时甚至还会试图越过一个或多个"格子"，跳到更远的"格子"中。正当这个小女孩完全沉浸在自己的"跳格子"游戏中时，小女孩妈妈回头看到了这一幕，生气地大声说到："你就不能好好走路吗？"小女孩听后有些沮丧，灰溜溜地跟在妈

---

① 瑞吉欧·艾米利亚幼儿园和婴幼园学会.瑞吉欧·艾米利亚市属幼儿园和婴幼园指南［M］.沈尹婧，李薇，译.南京：南京师范大学出版社，2014：4.

② 【美】威廉·A.科萨罗.童年社会学（第四版）［M］.张蓝予，译.哈尔滨：黑龙江教育出版社，2016：3.

③ 虞永平，王春燕.学前教育学（第2版）［M］.北京：高等教育出版社，2022：63.

④ 程学琴.放手游戏 发现儿童［M］.上海：华东师范大学出版社，2017：12.

妈后面走回了家。从中我们可以发现：同样是走路，小女孩将其变成了有趣的"跳格子"游戏，但小女孩的妈妈将其看成枯燥的以到家为目的的"走路"。有研究者从教育人类学视野出发，将这些儿童在日常生活中就地取材、即时发生的游戏称为"玩耍"。"玩耍和游戏均是指一种自愿的活动或消遣，以自身为目的同时又伴有一种紧张、愉快的情感。二者之间的区别在于，游戏是有规则的。但是，在这种有规则的活动之外，儿童还有其他的玩耍活动，如无所事事的活动或偶然的行为。具体来说，如在椅子上、床上或炕上爬来爬去，摆弄家里的锹、铲子、扫帚等东西，到屋外随意地走走，等等。"[1]

总之，"游戏是儿童重要的生活方式"[2]，也是"儿童的一种存在方式"[3]。儿童喜欢游戏。"在孩子的世界里，游戏是重于一切的，而游戏正是童心的闪现。在孩子的眼中、心中，珠宝、财富都是不重要的，重要的是要有开心的游戏，重要的是游戏如何快乐地进行。"[4]这从泰戈尔《新月集》中的散文诗《最后的买卖》中可以窥见一斑。

最后的买卖[5]

早晨，我在石铺的路上走时，我叫道："谁来雇用我呀？"

皇帝坐着马车，手里拿着剑走来。

他拉着我的手，说道："我要用权力来雇用你。"

---

① 涂元玲.一个西北村庄传统儿童玩耍和游戏活动的教育人类学研究[J].湖南师范大学教育科学学报，2009，8（4）：25-26.

② 刘晓东.儿童精神哲学[M].南京：南京师范大学出版社，1999：255.

③ 秦元东，等.浙江儿童民间游戏：现状与传承[M].杭州：浙江大学出版社，2011：159.

④ 秦元东，等.浙江儿童民间游戏：现状与传承[M].杭州：浙江大学出版社，2011：161.

⑤【印度】泰戈尔.泰戈尔散文诗全集[M].冰心，等，译.北京：北京燕山出版社，2000：108.

但是他的权力算不了什么，他坐着马车走了。

正午炎热的时候，家家户户的门都闭着。

我沿着屈曲的小巷走去。

一个老人带着一袋金钱走出来。

他斟酌了一下，说道："我要用金钱来雇用你。"

他一个一个地数着他的钱，但我却转身离去了。

黄昏了，花园的篱上满开着花。

美人走出来，说道："我要用微笑来雇用你。"

她的微笑黯淡了，化成泪容了，她孤寂地回身走进黑暗里去。

太阳照耀在沙地上，海波任性地浪花四溅。

一个小孩坐在那里玩贝壳。

他抬起头来，好像认识我似的，说道："我雇你不用什么东西。"

从此以后，在这个小孩的游戏中做成的买卖，使我成了一个自由的人。

——【印度】泰戈尔　郑振铎　译

（二）儿童的游戏潜力无限

放手游戏后，"教师们也在观察儿童游戏、回忆自己童年游戏的过程中，看到了'了不起的儿童'"[1]，深刻体会到了"儿童的游戏潜力无限"，也经常捕捉到精彩的游戏瞬间和"哇时刻"。大班"趣探喷泉"[2]

---

① 程学琴.放手游戏 发现儿童[M].上海：华东师范大学出版社，2017：13.
② 本案例由浙江省杭州市萧山区衙前镇第一幼儿园提供，在此表示感谢。

中，孩子们萌发了设计与制作喷泉的想法。舟舟和泽泽把两根粗的透明PVC管竖着插入沙池。珂珂拿来一小桶水，慢慢将水倒进竖着的PVC管，沙子变湿了，不一会儿管子里的水就消失了。后来孩子们用大矿泉水瓶取水与灌水，但管子中的水面最高也才达到5厘米左右，之后PVC管里的水就消失了。珂珂提议到："如果管子细一些，管子里是不是能一下子灌满水呢？"孩子们找来细的PVC管并埋进沙子里，用石头将软管的一头垫高、抬高并灌水，一股水瞬间涌了出来，泉水初现了。孩子们后来又用细管、弯头、两通、三通组合成有三个出水口的管道，并尝试用胶带、布条等解决了漏水问题，水柱终于悄然出现。紧接着出现了"加大水压，泉眼变化"和"降低高度，惊现水花"的精彩片段。

片段一 "加大水压，泉眼变化"

第一次尝试，吹气加大压力。解决了水管漏水问题后，孩子们希望水管中的三个喷水口都能喷出水来，但经过多次尝试，还是未能达到预期。正当大家快要放弃时，珂珂拿起软管，在水龙头下清洗了一下，又将软管在水龙头下接满水。珂珂深深吸足一口气，双手紧握软管，用嘴对着管口用力吹气，水在PVC管内发出咕噜、咕噜的声音。珂珂又深吸一口气，向软管中吹气。泽泽用手轻轻蒙住第一个出水口，其他孩子在另外两个出水口等待。珂珂开始吹气了，他突然发现管子缠在一起了，他快速地将管子理顺，然后继续吹。他又使劲吹了几下，第二个出水口的水喷了上来，第三个出水口也喷出水来。泽泽一直用手蒙着出水口，随着珂珂的用力吹气，第一个出水口喷出了一段水柱，一下子冲到了泽泽的脸上，这比之前成功时的泉眼高很多。孩子们纷纷围住了第一个出水口，水喷在脸上时，孩子们发出了一阵阵兴奋的尖叫声。

第二次尝试，水枪加大水压。几个孩子又聚在一起讨论，他们觉得用嘴吹气不仅累而且喷泉只能持续很短时间。泽泽说看到工人叔叔洗车时用高压水枪喷，能让水流喷得又急又大。他们需要寻找一种能加大水压的工具——高压水枪。孩子们按照之前的设计，在三个喷泉口的接口缝隙处用胶带缠绕。喷泉口距离地面保持一定距离，软管的一头被固定在水龙头上，另一头连接高压水枪。有的孩子抬起PVC管，泽泽手拿高压水枪对准PVC管，水迅速冲入，离水龙头接口最近的第一个喷泉口没有出水。舟舟边观察边焦急地说："为什么第二个出水口也不出水啊？枪里的水一直在喷进去，为什么几个管子都没有反应？"珂珂去检查高压水枪和水龙头的衔接处，他发现水枪管子和水龙头之间有很大缝隙，大量的水都漏出来了。他仔细检查漏水处，发现问题后及时将水枪上的铁片拉紧，固定好水管，漏水问题解决了。

片段二 "降低高度，惊现水花"

第一次尝试，降低管口高度。珂珂边观察边说："我记得上次玩的时候，用粗的PVC管和弯头组成的喷泉口，有很多水涌出来。我们把第一个喷泉口竖着的PVC管拿掉，看看水会不会出来。"他们继续尝试着。拿掉竖着的水管后，水果然又像之前一样涌出来，而且比之前的水流得更急促。珂珂从材料库中找来一个乒乓球，他把乒乓球放到喷口处，静静观察着，发现乒乒球随着水流上下浮动起来，乒乓球四周有水花散开。

第二次尝试，出现花样水花。珂珂自豪地说："第一根水管拿掉一截竖的PVC管后，就有水喷出来了！"舟舟说："那如果第二根、第三根也用同样的方法，喷泉还能出来吗？"孩子们有不同的猜测。珂珂说："那我们先拿掉一半管子试试。"孩子们求助于保安叔叔，将管子截掉了一半，就这样其他两个喷泉口的高度比之前短了一半。在水枪持续加压的情况下，第二个和第三个水管口也都持续有水喷出来。泽泽说："我们可以把矿泉水的瓶盖戳几个洞，盖在喷泉口上，让水花散开来。"珂珂找来瓶盖，一只手握紧盖子边沿，另一只手戳瓶盖。他把戳好的瓶盖放在了第三个管口上，然后缠上胶带。水枪里的水进入后，第三个出水口有低矮的水柱沿着小孔喷出来。舟舟说："我们用胶带试试第二个喷水口。"珂珂将第二个PVC口用胶带封口，并戳了几个洞。打开水龙头后，第二个出水口出现了高高低低的、往不同方向喷出的喷泉，孩子们兴奋地叫着，享受着水花飞溅到脸上那凉爽的感觉。

幼儿在趣探喷泉的过程中展现出了令人赞叹的游戏潜力（见表3-1）。如，珂珂从开始的一根管道与软管连接，发现一个喷口太少，为了让多个喷口能同时喷出高高的喷泉，后调整为尝试两通、三通多种管道的连接。在对沙、水和多种材料的持续探究中，幼儿发现喷泉管口的不同高度、不同粗细会影响水压大小，在尝试中发现水枪的水压比人工吹气的压力更大；想要让喷泉持续喷出高高的水花，需要借助一定的水压；还发现软管弯折时，水压会受到一定影响。在反复调试和探究中，幼儿展现出并提升了创造性使用材料解决问题的能力。

表3-1　趣探喷泉中幼儿遇到的问题、猜想、验证与结果

游戏进程	遇到的问题	猜想	验证	结果
初次组合，探索泉涌	水倒进去后，马上被沙子吸收了	沙子与水隔开，水不会被沙子吸收	斜埋水管，增加弯头	成功。有大量的水以较低的高度涌出
三通组合，水柱渐长	水龙头与软管、pvc管之间的连接处有水漏出	水龙头与软管、pvc管的接口之间连接不够紧密	调整软管位置，尝试用布条、彩泥等解决漏水问题	失败。两个喷口均未流水，中间一个喷口中有水缓缓流出
加大水压，泉眼变化	管子之间的连接处漏水，水喷不出来	水龙头的水太小，连接处还有大量漏水现象	用胶带缠绕解决漏水，用嘴吹气增大管内压力，增加高压水枪，加大水压	成功。用嘴吹气，三个喷口均出现了高高的"泉眼"，调整成高压水枪，未见"泉眼"
降低高度，惊现水花	水枪与水龙头连接处漏水，水在管口打转，水未喷出	水枪与水龙头接口连接不够紧，管口太高	拉紧铁片，降低水管高度	成功。三个管口均出现了持续的喷泉

二、儿童是潜在的游戏高手

儿童天性喜欢游戏，具有无限的游戏潜力，但是否意味着每个儿童天生就具有不学而能的高超游戏水平或技能，即"游戏高手"？"游戏高手是具有想象力的儿童，他有能力运用各种材料，进行持续且复杂的扮演游戏。他可以与人协调，使游戏持续进行，并解决社交及材料的难题。"[①]

（一）儿童并非天生就是游戏高手

实践中，一些幼儿在游戏中经常出现争抢玩具、肢体冲突、无所事

---

① 【美】伊丽莎白·琼斯，格雷琴·瑞诺兹.小游戏，大学问[M].陶英琪，译.南京:南京师范大学出版社,2006:25.

事、加入游戏被拒绝等现象。例如，一次区域活动时间，很多幼儿在自己喜欢的活动区内开心地游戏，但有个别幼儿还在"游离"。娃娃家里有说有笑的热闹场景吸引了小宝的注意。只见小宝走到娃娃家门口向里面的人问道："我可以加入你们的游戏吗？"但被娃娃家里的小朋友们"无情"地拒绝了。此时，豆豆也被娃娃家所吸引，来到娃娃家门口做出敲门的动作并发出敲门声，里面的人听到敲门声便"开门"问道："你有什么事？"豆豆说："我是抄煤气表的，要进屋抄煤气表。"就这样，豆豆很自然地进入了娃娃家并加入了游戏。

有学者曾将"进入游戏小组"这一游戏技能划分为六种水平[1]，即不尝试进入游戏小组、使用暴力进入游戏小组、站在小组旁边观望、模仿小组行为、对游戏主题做出相关评价、在评价前吸引另一个儿童的注意。很明显，上述案例中的两名不同幼儿在试图加入娃娃家游戏过程中，展现出了不同的水平并导致了不同的结果。这表明，不同幼儿的游戏水平存在差异，也从另一个角度印证了高超的游戏水平并非天生的，而是需要后天学习获得的。

此外，即使幼儿在某一游戏中展现出了比较高超的游戏水平，但并非意味着在其他游戏中也是游戏高手。这从游戏活动中幼儿同伴群体领导者[2]在擅长的游戏和非擅长的游戏中的不同表现[3]可以得到印证。研究者在告诉幼儿园老师"幼儿同伴群体"以及"幼儿同伴群体领导者"

---

[1]【美】桑德拉·海德曼，迪波拉·休伊特.游戏：从理论到实践[M].邱学青，高妙，译.南京：南京师范大学出版社，2015：84.

[2] 指在3人或3人以上的同伴群体中自发形成并具有稳定地位，能采用各种策略影响群体成员的行为和情绪，努力实现个人或群体目标的幼儿。(杨梅.游戏活动中幼儿同伴群体领导者同伴交往行为的个案研究[D].浙江师范大学，2019.)

[3] 杨梅.游戏活动中幼儿同伴群体领导者同伴交往行为的个案研究[D].浙江师范大学，2019.

概念内涵的基础上，请其帮忙推荐几位满足条件的幼儿，然后对教师推荐的四名幼儿在一日活动中的同伴交往情况进行了为期两周的观察，在此基础上结合幼儿访谈，最终确定了晨晨和佳妮作为研究对象。研究发现，幼儿同伴群体领导者在其擅长的游戏中，在与同伴互动时经常提出新点子，想出解决问题的办法，帮助同伴解决难题。如，晨晨在其擅长的建构游戏中，积极为游戏出谋划策，通过维系团队、提醒同伴错误、组织同伴确定目标、提醒同伴游戏时间、改进游戏错误等多种方式影响与引领同伴，努力实现目标。"幼儿同伴群体领导者"虽在其擅长的游戏中表现出了很高的游戏水平并往往可以领导同伴，但在其非擅长的游戏中，往往在同伴面前显得拘束、被动，更多的是等待同伴发起互动，然后给予同伴一定的回应，也会接受并遵从同伴的安排，却很少表达自己的意见和想法。如，晨晨在其非擅长的手工游戏或绘画活动中，需要同伴发起互动，较多使用联合性言语对同伴的建议表示赞同。更多的是听从能力较强的同伴（如青青、杭杭等人）的指令，自己充当一个追随者。

总之，儿童虽具有无限的游戏潜力，但并非天生就是游戏高手。游戏高手是需要后天通过努力达成的。正因如此，有学者才会指出，"3至5岁幼儿的优质教育目标应朝向协助所有的儿童成为游戏高手"[1]。

（二）儿童是逐渐成长为游戏高手的

"儿童是人"，同时又"是一个全方位不断发展的人"[2]。同样的，儿

---

① 【美】伊丽莎白·琼斯，格雷琴·瑞诺兹.小游戏，大学问 [M].陶英琪，译.南京：南京师范大学出版社，2006：25.

② 刘晓东.儿童教育新论 [M].南京：江苏教育出版社，1998：64.

童具有无限的游戏潜力，是潜在的游戏高手，但需在外界支持下，才能主动成长为现实的游戏高手。有学者分析了幼儿社会戏剧游戏的10项技能（包括物品假装、角色扮演、游戏情境的语言表达、游戏情节的口语交流、游戏的持续性、互动、进入游戏小组、问题解决、轮流、同伴支持）并区分了每项技能的不同水平，如"同伴支持"可以区分为对同伴没有兴趣、对同伴的困难能够给予注意、表现出同情或提供帮助、有时能够提出建议和接受同伴的建议、鼓励或赞扬同伴等五个水平，[1]并据此进一步提出了聚焦游戏技能提升的持续循环改进图，包括观察和评估、评价游戏技能，拟定目标、计划和实施活动，重复这一过程。[2]这表明儿童包括社会戏剧游戏技能在内的游戏技能不是天生不变的，而是需要经历一个持续循环改进的过程才能得以不断提升。这也从一个侧面印证了儿童需要在外界支持下，经历漫长的过程才能主动成长为游戏高手。

实践中，幼儿经常在外界支持尤其是教师支持下，不断拓展与深化游戏活动，展现出高超的游戏水平，成为一名游戏高手。例如，大班"平衡车"游戏[3]中，幼儿经历了"绳子借力，单车滑行"的初次尝试后，有幼儿提出再增加一辆滑板车的新玩法，并得到了大家的积极响应。为此，教师增加了木板、拱门、滑板车等材料。随后，幼儿进行了"同伴助力，双车交替"的新尝试。

---

① 【美】桑德拉·海德曼，迪波拉·休伊特.游戏：从理论到实践 [M].邱学青，高妙，译.南京：南京师范大学出版社，2015：96-107.

② 【美】桑德拉·海德曼，迪波拉·休伊特.游戏：从理论到实践 [M].邱学青，高妙，译.南京：南京师范大学出版社，2015：84.

③ 本案例由浙江省杭州市萧山区衙前镇第一幼儿园提供，在此表示感谢。

孩子们在泥地上用两块木板相接的方法铺成了一条长长的路，但把滑板车放上去后发现路不够宽，将两块木板拼在一起还是觉得不够宽。于是他们尝试将三块木板拼起来，发现刚刚好，"新路"就这样完成了。"点心"先来尝试新玩法，只见她肚子朝下紧贴滑板车，移动手脚让滑板车在木板拼成的小路上向前滑行。换第二辆滑板车后，她站上车、拉好滑索勾环，小赵帮她边拉滑索上的绳子边观察着。当到达凹凸不平的地面时，车轮马上被卡住了，孩子们开始讨论怎么样才能顺利滑过去。一旁的梦洁赶紧帮忙推动车子，站在车上的"点心"边努力控制自己身体的重心，边提醒小赵"拉慢一点，你们一起把我拉过去"。经过三人的齐心协力，"点心"终于成功到达终点。接着，其他同伴也纷纷尝试起来。小伙伴们分工合作，一个帮忙拉、一个帮忙推、一个护住身体，一次次轮流游戏，并且生成了新的玩法和规则。

为此，教师引导幼儿讨论："怎样才能顺利滑过不平整的泥地？"

徐羿："我建议先把地面弄好，因为这个地面摩擦力很大。"

"小树林的地本来就是有摩擦力的呀，我们可以把树叶填在坑里。"梦洁说。

逸欣说："树叶有什么用？树叶很软的，只要把滑板车放上去，树叶就全被压扁了。"

铮炜反驳道："因为地面有太多凹凸不平，很大的摩擦力，轮胎就卡住了。"

徐羿说："可以用铲子把大坑填满。"

点点说："我有一个办法，我们可以把一个三角锥放在坑的上面，绕过三角锥就不会被卡住了，速度快的话可以直接通过，拉的小朋友要多用点力气。我们也可以换一条其他路线。"

该案例中，当幼儿提出两辆滑板车的新玩法时，教师鼓励和支持他们的创新想法，并跟进提供了所需材料。幼儿用木板平铺的方法设置了一条新路并尝试了双车交替的新玩法。在此过程中他们遇到了一些挑战与困难时，教师通过提问"怎样才能顺利滑过不平整的泥地"引发幼儿的讨论，进而帮助幼儿梳理问题解决的策略。总之，教师适宜的支持助推幼儿的滑板车创意玩法不断迭代升级。在此过程中，幼儿也展现出了高超的游戏水平。

第二节

留白的关键：适宜的教师角色

师资是影响幼儿园教育质量的一个关键因素，对于幼儿园游戏留白而言同样如此。留白对于习惯了介入乃至高控的教师而言，到底会产生怎样的冲击？为了有效应对这一冲击和挑战，教师角色需要做出怎样的根本性转变？教师又需扮演怎样的角色？接下来我们将试着对这些问题进行探索并尝试提出一些观点。

一、留白对教师的挑战：从冒险游戏"跳水"中一位教师的心理历程谈起

以赋权、放手为核心特质的留白，对于长期习惯于介入乃至高控的教师而言，是一个巨大挑战。在应对这一挑战的过程中，教师往往需要莫大的勇气与智慧，同时还会伴随着复杂的心理变化。这从衙前镇第一幼儿园一位教师在幼儿冒险游戏"跳水"中经历的"焦急—害怕—矛盾—喜悦"一系列变化[1]中可以窥见一斑。

摆材料，探线路——焦急心理。户外游戏时间到了，孩子们高高兴兴地来到爬笼——绳索桥场地。只见他们有的两两

---

[1] 本案例由浙江省杭州市萧山区衙前镇第一幼儿园提供，在此表示感谢。

合作抬梯子，有的三四个人一起抬梯子。绿衣男孩在搭建过程中成了"小小领导者"，他指挥搬运器材的小朋友摆放器材，并用语言引导他们把梯子两头的凹陷处卡在攀爬架上。如遇到卡不住的地方，他会跟其他小朋友说"调整，调整，卡住""把上面的卡住，往右"，以此来调整梯子的位置，一直到合适为止……搬器材的两个孩子还把木块系在绳子上，待用"往上""按一下"等指令检查完毕后，再开始游戏。在"小领导"的指挥下，他们很快就完成了器材搬运，并安装好攀爬架，然后开始自己小组的游戏。在这一阶段中，"焦急"是教师心理的关键词。教师看到孩子们在选择、摆放材料和选择路线时，恨不得跑过去替他们弄好，但最后还是忍住了。在此过程中，教师也反复纠结"要不要上去帮他们弄好"。

走索桥，试跳水 —— 害怕心理。绿衣男孩想从斜坡木板到绳索桥，他借助爬笼上的一根绳子，拉着绳子往上攀爬，爬到木板最上端，抓住爬笼的钢管，走绳索桥。他走到桥的中间，试图往下跳，绳索桥不停摇晃导致绿衣男孩不敢往下跳，最终"跳水"失败。后来同伴们想了一个办法，找来垫子，把垫子竖起来，像"人"字一样分开放置，让绿衣男孩从"人"字垫上往下跳。在这一阶段中，没有比"害怕"更能准确描述教师的心理了。说实话，当看到绿衣男孩爬到木板最上端并在不停摇晃的绳索桥上走，甚至还要试图往下跳时，教师的心都提到嗓子眼了，多次出现上前制止绿衣男孩继续"跳水"游戏的冲动。

找支点，试挑战 —— 矛盾心理。绿衣男孩再次挑战"跳水"。第一次，绳索桥不断摇晃，加上其离地面比较高，男孩走了几步就开始喊："我不敢往下跳。"同伴们提出"我们需要其他的材料帮忙",最终找来了木板,搁在绳索上。第一次,由于木板太低,绿衣男孩够不到,"跳水"失败。第二次,木板放高一些,绿衣男孩一手扶住木板,另一手拉着绳子,等重心平稳了再往下跳,最终"跳水"成功。在这一阶段中,教师的心理是"矛盾"的。经历了前几阶段的"攀""跳"游戏,面对摇晃的绳索桥和高离地面的跳台,是否让绿衣男孩继续"跳水"游戏,令教师倍感"矛盾"。

搭跳台,再体验——喜悦心理。游戏中,好几个孩子也想尝试"跳水",但又有点害怕。"要是跳台的绳子不会晃动,我也会成功的。""是啊,我觉得换成钢管就不会晃动了。""老师,老师,能在这装一根钢管吗?"教师答应了孩子们的要求。绳子换成了钢管后,大家再次游戏,之前没挑战成功的孩子这次也挑战成功了。他们觉得用钢管比绳子难度低一点,孩子根据自己的能力,选择不一样的跳台。最后他们又用油桶搭建了高低跳台,让游戏更加有趣。经过了前面的焦急、害怕、矛盾心理,教师在这一阶段终于体验到了"喜悦"。

"传统儿童观基本上是属于工具主义的,把儿童当作工具,而没有看到儿童自身也应当作为目的。传统文化是一种成人的自我中心主义,儿童只能从属于成人,围绕成人运转。这是中国传统文化中儿童观的主流。"[1]虽然中国自近现代以来,在不断自觉审视与批判传统文化中工具主义儿童观的基础上,批判性地吸收、借鉴中国传统文化以及其他各种

---

[1] 刘晓东.儿童教育新论[M].南京:江苏教育出版社,1998:51.

文化中儿童观的合理观念，目前在理论层面基本确立了科学儿童观，即学术理论形态的儿童观[①]，并逐渐成为社会主导形态的儿童观[②]，但从总体看还没有完全成为大众意识形态的儿童观[③]，更没有完全成为实质性儿童观[④]。换言之，传统文化中的工具主义儿童观还在实质性儿童观中占据和发挥着不容小觑的地位与作用。这导致了长期以来师幼关系处于一种不平等状态，从总体看是教师主导甚至控制。在这种背景下，幼儿园游戏实践中教师的介入乃至高控便是理所当然的，成了一种习惯，即教育常识。人们经常在两种意义上使用常识：一是指人的一种基本能力，人借此可以在真实世界经验的基础上进行基础判断（elemental judgments）；另外指那些通过上述基本能力获得的被广泛共享并似乎不证自明的结论，这些结论为所有人同意且无任何争论或讨论。[⑤]Livi主要在后一种意义上理解常识，认为常识是建立在每个人最初的经

---

① "也称理性的儿童观，是哲学、心理学、文化学、教育学、人类学等学术领域中的研究人员在深入思考和研究的基础上提出并持有的儿童观，一般以著作、论文等形式加以发表与传播，具有多元性和非强制性。"（虞永平，王春燕.学前教育学（第2版）[M].北京：高等教育出版社，2022：57.）

② "一定社会中的政府机构、法律机构及其他支配地位的人们所持有的儿童观，一般以法律、政令、规章等形式加以正式确认，具有一元性、稳定性和强制性。"（虞永平，王春燕.学前教育学（第2版）[M].北京：高等教育出版社，2022：57.）

③ "一定社会中广大国民所持有的儿童观，是一种最具有实际意义的儿童观，一般通过实际的教育行为体现出来，具有实感性、差异性和零散性。"（虞永平，王春燕.学前教育学（第2版）[M].北京：高等教育出版社，2022：57.）

④ "也称功效性儿童观，指不但能从观念上掌握一定的儿童观，而且具有足以使这种儿童观得以贯彻的内在素养和技能，已经成为一种和爱心、责任心、活动组织技能等情感、品质和技能有机结合的一个综合观念……是任何科学儿童观转化为具体教育行为的关键所在。"（虞永平，王春燕.学前教育学（第2版）[M].北京：高等教育出版社，2022：58.）

⑤ ROSENFELD S A. Common sense: A political history[M]. Cambridge MA: Harvard University Press, 2011.

验基础上，并作为之后一切知识基础的那些最初的必然之事（primary certainties）。①但"实践中的'常识'逐渐远离了其最初的意义，即'个体的原初经验以及基于此的基础判断'，而逐渐演变为'在一定群体内被广泛认可与共享且不证自明的知识'"②。总之，教育常识的优先性、渗透性、单向度性和流行性不同程度地削弱甚至剥夺了教师对其进行反思、批判与超越的意识和能力。③

因此，一般情况下教师借助原有教育常识"介入乃至高控"便可有效应对和解决幼儿园游戏实践中遇到的各种问题。在这种平稳的"和平期"，期望或要求教师自觉主动地对原有教育常识进行质疑、批判与变革通常是困难的，甚至有时会被认为是荒谬的、不可思议的。"异常"（如"放手"等）的出现犹如在原本平静的湖面上投入一颗石子而引起波动，当"异常"不断频繁出现时便会彻底打破"和平期"而导致一种"危机"状态。"危机"的出现使得教师对原有教育常识的质疑成为可能与必要。因此，"危机"是打破原有教育常识主宰地位的导火索。但"危机"本身并不会自然引发教育常识的"革命"。在此过程中，教师对原有教育常识因其失效而出现信心减弱乃至丧失，以及由此出现不满，进而开始对教育常识提出质疑与进行辩论，最终才可能实现对原有教育常识的颠覆与超越。④

---

① LIVI A.A philosophy of common sense: The modern discovery of the epistemic foundations science and belief[M]. WAYMEL P, 译. Aurora, Colorado: David Group, Publishers, 2013.

② 秦元东.教育常识的基本特性及其对幼儿园教师专业成长的潜在消极影响[J].幼儿教育，2016（09）：28.

③ 秦元东.教育常识的基本特性及其对幼儿园教师专业成长的潜在消极影响[J].幼儿教育，2016（09）：31.

④ 秦元东.教育常识对幼儿园教师专业成长潜在消极影响的转化机制[J].幼儿教育，2016（18）：22.

二、成为批判性研究者：教育诗学的启示

教育常识所具有的优先性、渗透性、单向度性和流行性，对幼儿园教师专业成长最大的潜在消极影响是强化教师对教育常识的顺从意识，削弱甚至剥夺教师对教育常识的反思、批判与超越的意识与能力，容易使教师不同程度地主动放弃通过自觉地对自我（包括自身所秉持的教育常识）进行反思与超越进而实现自身专业成长的契机、意识与能力，甚至会使教师（经常自愿与自发地）成为教育常识的"奴隶""传递者"与"执行者"，这在根本上与教师专业成长的核心理念背道而驰。Carr等人就明确指出，目前应该摒弃的是无反思的态度，进而采纳一种对待已有教育信条更加富有批判性与科学性的态度。①总之，化解教育常识潜在消极影响的核心与关键是实现从对教育常识自发地顺从、无反思与无批判向自觉地以教育常识为对象进而反思、批判与超越的根本转变。②换言之，成为批判性研究者，是化解教育常识"介入乃至高控"束缚的关键所在。

（一）教育诗学的起点、对象与特质③

Gitlin在总结已有相关经验和借鉴已有相关理论（尤其是美学理论）的基础上，从美学的视角审视知识，聚焦于想象、艺术和美学，提出并

① CARR W, KEMMIS S. Becoming critical: Education, knowledge and action research[M]. New York: Falmer Press, 1986: 123.
② 秦元东. 教育常识的基本特性及其对幼儿园教师专业成长的潜在消极影响[J]. 幼儿教育，2016（09）：31.
③ 秦元东. 教育常识对幼儿园教师专业成长潜在消极影响的转化机制[J]. 幼儿教育，2016（18）：22.

阐释了作为一种知识生产方法的"教育诗学"(educational poetics)。[①②③]

1.教育诗学的独特起点：文化的边缘

为避免"新瓶装旧酒"现象的发生，教育诗学采取了一个非传统的独特起点，即已有不同文化共同体之间的中间地带(the borderlands between established cultural communities)，即文化的边缘[④]。这使得研究者可以和已有的不同文化共同体保持足够距离，能跳出并超脱于任何一个已有的文化共同体视角的局限，进而产生不必和已有的任一文化共同体和谐相处的新的综合体与视角(new syntheses and perspectives)。正是这种文化的边缘的视角，可使研究者以一种重要性与效度在于创新的研究方法取代模仿的方法。这也是教育诗学创新性的起点、源泉与核心。

这一文化的边缘的独特视角，实质是强调不简单照搬或依赖任何已有文化共同体的视角，而是在其基础上融合创新进而形成一种新的视角。由此从新的视角进行审视，便会有不一样的发现。具体到教育常识，教育常识本身就体现并预设了一定的视角，若从此视角出发，教师经常会不断强化原有教育常识。若能跳出原有教育常识规定的那种视角并与其保持足够距离，从文化的边缘的视角进行审视，便能帮助教师

---

① GITLIN A, PECK, M. Educational poetics: an aesthetic approach to action research [J]. Educational Action Research, 2008,16(3): 309-319.

② GITLIN A. Cultivating the qualitative research borderlands: educational poetics and the politics of inclusivity [J]. International Journal of Qualitative Studies in Education, 2008,21(6): 627-645.

③ GITLIN A. Rethinking action research: Commonsense and relations of freedom [A]. NOFFKE S, SOMEKH B. The SAGE handbook of educational action research [C]. Thousand Oaks, CA: Sage Publications, 2013: 442-452.

④ 滕守尧区分了"边界"与"边缘"，认为"'边界'是将对立双方隔离开的界线。隔离、封闭和阻碍双方交流"。与之相对，"'边缘'是将阻碍双方交流的界墙拆除后的边界，可以容纳或包容敌对双方，并促进交流和交融，开放、繁荣、多样，容易产生新生事物"。(滕守尧.文化的边缘 [M].北京：作家出版社，1997：1.)

发现新的可能，进而使得对教育常识的超越成为可能。

2.教育诗学的独特对象:(教育)常识

滕守尧先生在一次题为"生态式艺术教育:意义与方式"的学术报告中谈到"艺术的人格含义"之"反俗性"时指出:"每个真正的艺术家都具有强烈的个性，绝对不愿人云亦云，鹦鹉学舌。其追求的人格不单纯是善良、守法或讲道德，而是具有一种反世俗、反功利的'反者道之动'精神。他们常常自称或被人称为痴人、怪人、狂人、异人等……对于他们来说，是痴是癫都行，就是不能俗。"而教育常识恰恰是一种"俗"的体现。为此，这种富有美学基因与特质的教育诗学自然也就非常强调将教育常识作为其重要的探究对象。教育诗学将教育常识作为探究对象的一个目的是在常识中那些令人窒息的方面与历史性未来的建构方面创造出一些空间，也就是说将历史的经验教训整合进对未来的展望之中，而不是让历史规定我们认为什么是正确与可能的，进而能从思想与实践方面开展超越目前已有规范性文化实践与观念的尝试。因此，教育诗学将教育常识作为探究对象，就是将目前的现状作为建构与创造一个新的未来的起点。

3.教育诗学的核心特质:自由的联系

除了"以教育常识为探究对象"之外，教育诗学的另一个核心议题或原则便是自由的联系(relations of freedom)，也就是研究者创造、创新，从已知到未知的能力。文化的边缘的视角使得研究者得以从任一已有文化共同体的视角的局限中解脱出来，从而以一种新的视角重新审视教育常识，最终获得了一种以新的视角展望与建构新的教育常识而非简单重复原有教育常识的可能与契机。在此过程中，自由的想象、创新等是不可或缺的核心特质。在这种自由地质疑原有教育常识与想象、创造新的教育常识的过程中，不确定、无序、混乱是必然的，被教育诗学视为进步的开始和想象展翅之寓。

（二）批判性研究者应对留白的挑战[①]

教育常识对幼儿园教师专业成长的潜在消极影响，除缘于教育常识自身特性之外，主要缘于教师对待教育常识的态度。成为一名批判性研究者，实质就是转变对待教育常识"盲从"的态度，取而代之以批判性的态度，为摆脱原有教育常识"介入乃至高控"的束缚提供可能。借鉴库恩"范式"思想[②]与"教育诗学"思想，作为批判性研究者，教师可通过三个要素或阶段化解教育常识"介入乃至高控"的束缚，进而应对留白的挑战。

1.教育常识的确认

教育常识的确认是起点，其核心是将教育常识作为研究对象。"异常"以及由此导致的"危机"状态，是教师不同程度地"被迫"将教育常识作为研究对象的一个重要契机与导火索。"异常"的核心与实质是教师凭借原有教育常识无法有效应对当前的教育问题或要求，甚至失效，换言之，反映了教育常识和教育问题或要求之间关系的失调、冲突。例如，教师凭借原有教育常识"介入乃至高控"无法有效应对"放手游戏"的要求，是有冲突的。因此，在教育常识自身不变的情况下，当教育问题或要求发生了变化时就可能引发这种"异常"。

---

① 秦元东.教育常识对幼儿园教师专业成长潜在消极影响的转化机制［J］.幼儿教育，2016（18）：22-24.

② 库恩认为，范式是一特定的"概念框架"，规定了科学共同体中研究成员的"世界观"；范式"革命"过程中，"危机"是导火索，"批判"是关键。（秦元东.教育常识对幼儿园教师专业成长潜在消极影响的转化机制［J］.幼儿教育，2016（18）：21-22.）

根据"异常"主要引发因素的来源，可粗略划分为内发性"异常"与外发性"异常"。①内发性"异常"：主要是由教师自己引发的，如教师通过学习新的理论观点、通过参观学习而获知新的实践策略，或通过对自己教育活动的记录与分析而使一些教育问题由隐性走向显性，进而可能会引发"异常"。②外发性"异常"：主要是由教师之外的他人（包括本园的同事、幼儿及家长，其他园的教师，理论研究者，教研员，幼教行政人员等）引发的。在外发性"异常"中，他人的组成很关键，最好能体现不同的视角与兴趣或利益。因合作探究所具有的潜在创造性的源泉存在于个体的差异之中①，包括视角、兴趣或利益诉求等方面的差异。教师与这些"他人"最好能组成一个基于平等与自由的学习共同体，进而便于成员之间能开展一种对称性交流，即一种积极力争克服高压与自欺的理性讨论的过程。②具体地说，就是一方面克服因职位、学识等权利因素而对处于不同权利关系中的个体的观点进行厚此薄彼，不能利用这种权利而强加于某人的观点或使其观点显得更重要；同时，另一方面又要克服由对他人权利的"消解"与相应的自我权利的"膨胀"而可能导致的对自己观点的过分"自信"或"迷恋"，进而导致的自欺状态。

"异常"既可以自然产生也可以积极创造。当"异常"的出现在频次方面不断增多并（或）程度方面不断加重时，就可能会引发"危机"状态。此时，教师往往即使为了被迫应对"危机"，也不得不去审视教育

---

① WINTER R. Developing relationships, developing the self: Buddhism and action research [A]. NOFFKE S, SOMEKH B. The SAGE handbook of educational action research [C]. Thousand Oaks, CA: Sage Publications, 2013: 339.

② CARR W, KEMMIS S. Becoming critical: Education, knowledge and action research [M]. New York: Falmer Press, 1986: 148.

常识，将教育常识作为研究对象。当然，也可能有些教师在出现了轻微"异常"时就会积极地审视教育常识。更有个别教师会在没有"异常"出现时就自觉地审视教育常识。作为批判性研究者，更倾向于后两种情况，会更为主动地将教育常识作为研究对象。总之，一般情况下"异常"以及由此而导致的"危机"状态是多数教师被动或主动地将教育常识作为研究对象的重要起点与契机。

2.教育常识的解构

将教育常识作为研究对象后，教师需对其进行反思。Winter谈到佛教中"无常"（impermanence）的启示时指出，反思是对我们自发经验的固定形式的一种解构过程。教师对教育常识的反思也应该是这样一种解构过程。①被一定的教育常识所占据或包围的教师，其观察、分析与解决问题的方式、方法均已不同程度地打上了教育常识的印记，甚至被其控制。因此，实现教育常识解构的一个重要条件是实现视角的转变，从原有教育常识所规定的视角转变为一种文化的边缘的视角。在此过程中，切忌简单地以另一已有理论视角直接代替原有教育常识的视角。这虽然也能实现因视角转变而带来的教育常识的解构，但教师实质是从原有教育常识视角的限制陷入另一个已有理论视角的限制的境地，实质还是已有视角的"奴隶"。与此具有质的差异的是，文化的边缘的视角强调教师在考虑自身所处具体教育情境的基础上，与包括原有教育常识的视角在内的不同视角之间交流、碰撞，进而不同程度地创造出一种新的视角。这种新的视角既源于又超越于原有视角，更重要的是它具有了情

---

① WINTER R. Developing relationships, developing the self: Buddhism and action research [A]. NOFFKE S, SOMEKH B. The SAGE handbook of educational action research [C]. Thousand Oaks, CA: Sage Publications, 2013: 340-341.

境适宜性。这也是批判性研究者的核心所在。

教育常识的渗透性不仅体现在行为层面，更体现在深层的观念层面，包括教师观察、分析与解决问题的方式。这就决定了教师需要运用上述新的视角，对教育常识进行全方位的反思与解构。Carr等人就指出，从批判性的视角看，教师需要对那些塑造、局限以及决定其行为的各种条件有一个系统的理解。[①]在此基础上，教师才可能对其进行系统的深层次的解构。

3.教育常识的重构

鉴于教育常识是一种"理所当然"的进而被大家习以为常的现状，因此，要对其进行重构，想象的参与是核心。正如Gitlin所认为的那样，想象是人类本质中的一个重要品质，因想象可以帮助我们以不同于被过去与现在完全结构化的方式展望未来。[②]换言之，人正是借助于想象才能摆脱与超越过去与现在的束缚，进而创造一种全新的未来。因此，教育常识的重构是一种教师基于自身所处具体教育情境，在自由想象的参与和帮助下，利用已有各种理论与实践资源积极创造的过程。这同时也就决定了教育常识重构过程中必然伴随着不同程度的无序、混乱，并且这种无序、混乱的程度往往和教育常识重构过程中创造的程度有关。

教育常识的重构在富有自由创造特质的同时，也因教师立足于自身所处的具体教育情境而具有情境适宜性。Carr等人认为，教育研究的任务应该是产生实质性理论（substantive theories），这种理论基于实践现实

---

① CARR W, KEMMIS S. Becoming critical: Education, knowledge and action research [M]. New York: Falmer Press, 1986: 152.

② GITLIN A. Cultivating the qualitative research borderlands: educational poetics and the politics of inclusivity [J]. International Journal of Qualitative Studies in Education, 2008, 21(6): 630.

的复杂性，并且没有因那种会有效预先决定相关研究问题及类型如何发展的形式性理论（formal theories）的强加而被扭曲。[1]已有形式性理论只能是教师创造实质性理论的有益资源而非可以直接照搬的源泉。因此，教育常识重构过程中，教师必须立足于自身所处的具体教育情境，积极利用包括已有理论、实践在内的各种资源，善加利用自由想象，进行不同程度地创造。

需要注意的是，这种情境适宜性既是教育常识重构的合理性，也是其局限性所在，为教育常识再次的解构与重构埋下了"伏笔"。具体地说，教育常识重构会产生一些富有情境适宜性、自由创造性的知识、实践等，当其合理性与有效性逐渐被一定教育群体中的成员所认可与秉持，进而最终又可能成为新的教育常识。当新的教育常识一旦形成，又会因其自身所具有的特性而对幼儿园教师专业成长具有了一些潜在的消极影响，进而又有必要将这些教育常识作为探究对象，进行新的重构与解构。由此，教育常识的确认、解构与重构三要素或阶段是一个连续不断的螺旋式过程。这对处于和填充向度彼此交织、此消彼长的动态关系中的留白向度而言，更是如此。作为批判性研究者的教师，在"反者道之动"原则的指导下，根据教育情境随时对原有教育常识进行确认、解构，进而重构出富有情境适宜性的新的策略与做法，即一种实践智慧，才能更好地应对留白的挑战。

---

[1] CARR W, KEMMIS S. Becoming critical: Education, knowledge and action research［M］. New York: Falmer Press, 1986:125.

三、教师核心角色：回应式儿童研究者和引领性游戏支持者

教师在实现了从"教书匠"到批判性研究者的根本转变后，可通过多种角色应对留白的挑战，其中核心角色涉及回应式儿童研究者和引领性游戏支持者。

（一）回应式儿童研究者

"教育儿童的最大困难在于成人自己的无知。"[①]为此，人们逐步开始将"儿童"视为教育的起点。[②]因此，"教育的大智慧正是认识儿童，发现儿童，促进儿童发展；教育的愚蠢与错误也正是因为'儿童缺场'，对儿童的漠视和误读"[③]。所以，"教学即儿童研究"，"儿童研究是我们的第一专业"[④]。目前，儿童研究的重要性已经被大家广泛认可，但"如何研究儿童"却众说纷纭。面对下面的场景，教师会如何观察与解读呢？

在游戏活动时间，"小医院"里的"医生""护士"们正忙着给"病人"看病、打针、喂药，忙得不亦乐乎。此时，一名"医生"拿着画笔在地上专心致志地画画。

如果从游戏分类的角度看，"小医院"游戏显然属于角色游戏。"角色游戏是幼儿以角色扮演为主要表征手段，自主地表现和表达自己对现实生活和环境的认识与体验、想法和愿望的一种象征性游戏活

① 阿尔弗雷德·阿德勒.儿童教育心理学 [M].海韵，译.北京：中国纺织出版社，2018：2.
② 刘晓东.发现儿童：破解"双负"等一揽子教育痼疾的必由之路 [J].湖南师范大学教育科学学报，2023，22（02）：20.
③ 成尚荣.儿童立场 [M].上海：华东师范大学出版社，2017：2.
④ 成尚荣.儿童立场 [M].上海：华东师范大学出版社，2017：14-16.

动。"①"角色游戏以想象和模仿性的角色扮演为特征"，社会性主题角色游戏包含六个有价值的关键因素，即"想象的角色扮演""想象的以物代物""有关动作与情景的想象""角色扮演的坚持性""社会性交往"和"言语交流"。②如果据此对上述场景中画画的"小医生"进行观察与解读，必然会得出他游戏水平较低甚至"不务正业"的结论，因其"画画"的行为至少不符合甚至违背了"想象的角色扮演"，在其他五个有价值的关键因素上的表现也不佳。如果运用桑德拉·海德曼等人提出的聚焦于幼儿"物品假装""角色扮演""游戏情境的语言表达""游戏情节的口语交流""游戏的持续性""互动""进入游戏小组""问题解决""轮流""同伴支持"等10项社会戏剧游戏技能的"游戏检核表"③来分析，我们会发现这名画画的"小医生"的得分也会比较低，因其在10项游戏技能上的表现均不理想，甚至有不同程度的"跑题"了。

这是一种典型的基于一定结构框架（如"六大有价值的关键因素""游戏检核表"等）对游戏中的幼儿进行观察与解读的方法，是一些学者所说的基于"观察渗透理论"④的"教师专业观察力"。"教师专业观察力（professional vision）是作为专业人员的教师运用专业知识有效识

① 刘焱.儿童游戏通论［M］.福州：福建人民出版社，2015：510.
② 刘焱.儿童游戏通论［M］.福州：福建人民出版社，2015：528.
③【美】桑德拉·海德曼，迪波拉·休伊特.游戏：从理论到实践［M］.邱学青，高妙，译.南京：南京师范大学出版社，2015：93-95.
④ 主要观点有三个：一是理论在观察前就已发挥作用，体现着观察者的主动性和目的性；二是理论的影响持续在观察的过程中，体现着科学观察的情境性和规范性；三是理论的作用体现在观察的结果解释中，体现着观察的意义和价值。｛高宏钰，霍力岩.幼儿园教师观察能力的理论意蕴与提升路径——基于"观察渗透理论"的思考［J］.学前教育研究，2021（05）：76.｝

别和解释课堂中关键事件的能力。"[1]总之,"理论引领观察的价值取向和结构框架","理论指导观察的情境设计与技术路线",并且"理论决定观察的结果解释与意义应用"。[2]观察是幼儿园教师研究儿童最常见和基本的方法,其所依据的"结构框架"一方面增强了儿童研究的目的性、方向性与可操作性;另一方面却给研究者戴上了一副"有色眼镜",只捕捉到能透过"结构框架"这一"有色眼镜"的内容或维度,获得的是被"结构框架"所"过滤"与规约的"片面儿童"。基于这种儿童研究所获得的"片面儿童"的幼儿园游戏往往具有比较明确的方向性,结构化程度相对较高,只允许、鼓励幼儿在"结构框架"中有限度的自由。这种情况下,虽然也可能会有留白,但只能是在"结构框架"所规约的范围和限度内有限的留白。

如何才能发现真正的完整的儿童?"我们要回到儿童中去认识真正的儿童,发现真正的儿童",要"回到儿童原来的意义上去","回到儿童最伟大之处去","回到儿童完整的生活中去","回到儿童的生活方式和游戏方式上去"。"这四个'回到',让真实的儿童浮现在我们面前。"[3]顺着这一思路,"小医院"游戏中专心画画的"小医生"所展现出的专注、对画画的喜好等不再是"不务正业",而是同样很"美好"。更准确地说,此时的"小男孩"不再是"小医生",而是一个"小画家"。这也恰恰是教育现象学所倡导的回应式儿童研究[4]的应有之义和必然结果。

---

[1] 高宏钰,霍力岩.教师专业观察力及其提升策略:"观察渗透理论"的视角[J].当代教育科学,2020(04):33.

[2] 高宏钰,霍力岩.幼儿园教师观察能力的理论意蕴与提升路径——基于"观察渗透理论"的思考[J].学前教育研究,2021(05):78-79.

[3] 成尚荣.儿童立场[M].上海:华东师范大学出版社,2017:17-21.

[4] 摘自杨妍璐、秦元东所著《从理解到回应:儿童研究的现象学转向》(内部资料,待发表)。

作为回应式儿童研究者，教师首先要对童年灌注"惊奇"。适度的陌生感、惊奇感，有助于教师拉开并保持和儿童之间的"距离"。这为真实、完整的儿童浮现在我们眼前提供了条件与可能。"现象学研究开始于惊奇，惊奇于给予自身的是何物，以及某物如何给予自身。"[①]其次，教师要意识到回应儿童不依赖于任何理论，"引领我们研究前进的，不应该是我们在理论承诺的前提下所预期要找到的东西，而应该是实际被给予的东西"[②]。因此，要"悬置"已有理论，这也正是教育现象学所秉持的推却理论的态度。所以，"与其让既定理论来框定我们的体验，不如应该让对于对象的体验来引领我们在理论上的选择"[③]。此外，教师在推却与悬置理论的基础上也摆脱了由理论所框定的意义诠释方式，进而采取一种"非单一化的意义诠释"，进而才能不带"回应套路"地回应儿童。正是这种"非单一化的意义诠释"，使"小医院"游戏中那个专心画画的小男孩更丰满、真实地浮现在我们眼前，也无限拓展了幼儿园游戏中留白的空间与可能，并为幼儿在一个场域中开展游戏留下了无限可能。

总之，基于"观察渗透理论"的"教师专业观察力"中，理论既定的"结构框架"一方面使其更具方向性、计划性与可操作性，尤其是为基于此的幼儿园游戏指出了明确目标，为"填充"提供了重要基础；但另一方面也使其具有了片面性与封闭性，教师只能揭示与把握理论既定"结构框架"过滤与呈现出的"片面儿童"，基于此的幼儿园游戏中只可能有"结构框架"所规约的有限的"留白"。相比较而言，基于教

---

① 马克斯·范梅南.实践现象学：现象学研究与写作中意义给予的方法［M］.尹垠，蒋开君，译.北京：教育科学出版社，2021：15.

② 丹·扎哈维.现象学入门［M］.康维阳，译.北京：商务印书馆，2023：60.

③ 丹·扎哈维.现象学入门［M］.康维阳，译.北京：商务印书馆，2023：61.

育现象学的回应式儿童研究，因其悬置与摆脱了已有理论及其既定"结构框架"的束缚，进而实现了对儿童"非单一化的意义诠释"。这一方面使其获得了完整性、丰满性与开放性，教师能看到更加丰富、完整的儿童，基于此的幼儿园游戏"留白"在广度与深度方面均得到了极大拓展，为"留白"提供了重要基础；但另一方面也容易使其缺失明确的方向性和计划性，不利于"填充"。鉴于幼儿园游戏指导中"填充"和"留白"是彼此交织在一起的"一枚硬币的两面"，因此，这两种儿童研究都有其各自的独特价值，都是必要的和必需的，并且是相互补充的。但如果从"留白"角度看，基于教育现象学的回应式儿童研究相对更重要。

（二）引领性游戏支持者

我们看到过一个需讨论的话题 ——"孩子在玩'出格'游戏"[①]：这天，恰逢清明节，孩子们自发生成了一个"祭奠死人"的游戏：一个孩子躺在地上扮演死者，其他孩子下跪、哭泣、烧"纸钱"、举行"葬礼"……看得出来，孩子们玩得十分投入。此时教师直觉这个游戏需要引导。于是，教师假扮医生进入娃娃家询问情况，并拿出"听诊器"在"死者"身上听了听，告诉孩子们此人没死，让大家马上组织抢救。于是，孩子们有的拿针筒，有的拿药，有的喂水，有的抬来担架……很快，孩子们转入了"救人"的游戏中。该教师"对自己的做法是否妥当并不确定"，才有了这个需讨论的话题。对此，有的人认为要"顺其自然，妥善引导"[②]，有的人认为"游戏源于生活，是真游戏"，"那么，我们是不是就听之任之呢？"紧接着，研究者对本案例引出的"生命教育"

---

① ② 孩子在玩"出格"游戏 [J].幼儿教育，2011（31）：32.

进行了思考并指出,"如果成人能加以科学引导,他们也许就能把兴趣和关注点转移到对生命奥秘的初步探索上"。①虽然不同人对该教师的做法评价各异,但有一点是共通的,即需要教师的"引导",对于看上去似乎"出格"的游戏更是如此。事实上,本话题中的教师也正是为了让游戏发挥更大价值,才进行了"引导"。只是对于游戏中价值的认识不同,并由此引发了不同的"引导"行为。

"游戏的'真''假'是事实判断,游戏的'好''坏'是价值判断……我们评价幼儿园游戏活动的标准,不能仅仅局限于事实判断,止步于'真游戏';更重要的是,我们要考察游戏活动对于儿童发展的价值,与教育目标的联系,倡导'好游戏'。"②总之,"好的、高质量的幼儿园游戏既要体现'游戏性',又要体现'发展性'或'教育性'"③。换言之,好的、高质量的幼儿园游戏应是"真的""好游戏"。其中,"真的"(即"真游戏""游戏性")内在需要教师扮演"支持者"赋权和放手,但"好游戏"(即"教育性""发展性")又内在需要教师的价值引领。因此,这就需要教师扮演"引领性游戏支持者"的角色。

作为"引领性游戏支持者",教师可以通过材料投放、时空优化、组织针对性的有计划的活动(如教学活动、实践活动等)、角色互动等多种方式,实现对幼儿园游戏的系统性支持(见图3-1)。教师指导系统可粗略划分为彼此相互影响与内在联系的支持系统和保障系统两大类。其中,游戏的保障系统是基础,主要涉及相关规章制度的完善、教育观念的转变、良好氛围的构建等方面;游戏的支持系统是核心,可以

---

① 茅红美.对"孩子在玩'出格'游戏"的解读[J].幼儿教育,2011(31):34-35.

② 刘焱.也谈幼儿园游戏与课程[J].学前教育,2021(19):12.

③ 刘焱.什么样的游戏是好的或高质量的游戏[J].学前教育,2000(10):8.

进一步细分为彼此相对独立与内在有机联系的内部支持系统和外部支持系统。具体地说，游戏的内部支持系统主要指教师在幼儿游戏进程中做出的所有指导行为，如上述所讨论的话题"孩子在玩'出格'游戏"中，教师以"医生"身份与游戏中的幼儿互动，"出格"游戏进而转入"救人"游戏。游戏的外部支持系统主要指教师在对游戏进程中幼儿游戏的表现进行观察、理解的基础上，综合考虑课程目标等多种因素，在游戏进程之外做出的所有相关指导行为，主要涉及游戏时空的规划、游戏材料的投放、针对性的教学活动与实践活动等方面。①

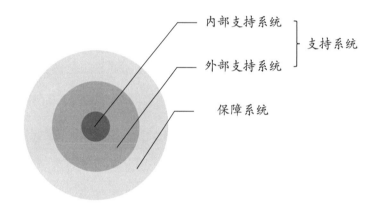

图3-1　幼儿园游戏教师指导系统②

　　教师可以通过多种角色实现对幼儿园游戏的支持。Johnson等人曾区分了六种不同介入强度的角色③，即未参与者、旁观者（onlooker）、游

① 秦元东，白碧玮，庄盈媚，等.幼儿园游戏指导方法与实例：游戏自主性的视角［M］.北京：中国轻工业出版社，2018：60-61.

② 秦元东，白碧玮，庄盈媚，等.幼儿园游戏指导方法与实例：游戏自主性的视角［M］.北京：中国轻工业出版社，2018：61.

③【美】JOHNSON J E，CHRISTIE J F，YAWKEY T D.儿童游戏——游戏发展的理论与实务（第二版）［M］.吴幸玲，郭静晃，译.台北：扬智文化，2003：373-383.

戏管理者（stage manager）、共同游戏者（coplayer）、游戏指导者（play leader）以及指挥者／教导者。这些角色从不参与到完全控制，构成了一个连续体（见图3-2）。其中，两端的两种角色（即未参与者和指挥者／教导者）属于问题介入的角色（precarious roles），而中间四种角色则属于支持性角色或辅助者角色（facilitative roles）。其中，旁观者不参与儿童游戏，在一旁观赏（看）儿童游戏，给予一些非言语互动的表情（如点头、微笑）表示支持，并且还会在口语上给予支持。游戏管理者介入程度略高于旁观者，主要协助儿童建构道具、准备扮演服装及协助组织游戏情节，也会提供相关主题游戏脚本的建议。共同游戏者会加入儿童游戏，但会让儿童扮演主角，自己则依循游戏进展与儿童一起游戏。游戏指导者在四种支持性角色中介入程度最高，会运用更多的影响及采取更精细化的步骤扩充、延伸游戏情节，也可以建议新的游戏主题或介绍新的道具、玩物以延伸现有游戏主题。

图3-2　成人在儿童游戏中之角色[①]

①【美】JOHNSON J E, CHRISTIE J F, YAWKEY T D. 儿童游戏——游戏发展的理论与实务（第二版）[M]. 吴幸玲, 郭静晃, 译. 台北: 扬智文化, 2003: 375.

第四章

幼儿园游戏设计的留白

　　课程设计是"课程的实质性结构、课程基本要素的性质以及这些要素的组织形式或安排"①。幼儿园游戏设计作为课程设计的下位概念，核心议题是幼儿园游戏基本要素的性质及其组织形式或安排。实践中，不同类型游戏的具体要素不同，如角色游戏"一般由主题、角色、材料、情境、规则等组成"②，而规则游戏"一般是由游戏的任务和目的、游戏玩法、游戏的规则及游戏的结果构成"③。这些不同要素的性质及其安排，即幼儿园游戏设计，主要受制于儿童观、教师观、游戏观等。那适宜于留白的幼儿园游戏设计是怎样的？在实践中又如何体现？对这些问题的思考与探索，构成了本章的核心内容。

---

① 钟启泉.课程与教学论[M].上海：华东师范大学出版社，2004：96.
② 邱学青.学前儿童游戏(第六版)[M].南京：江苏凤凰教育出版社，2022：281.
③ 邱学青.学前儿童游戏(第六版)[M].南京：江苏凤凰教育出版社，2022：305.

第 一 节
设计留白的取向：后工业设计

在一次观摩活动中，大班幼儿在建构游戏中利用自带材料生发了银行游戏、美甲店游戏、火锅店游戏。在银行游戏中，茜茜和小雨两人将一张桌子和两张椅子组合搭好，"银行"就开业啦，小顾客们纷纷来"银行"取钱。可小顾客没有"银行卡"，"银行"里也没有取钱的"单据"，这使得"银行"不得不暂停营业。茜茜随即从材料包里取出纸和笔，画一张取钱的"单据"，并告知小顾客需要有"银行卡"才可以取钱，随即大家开始制作"银行卡"。有了取钱的"单据"和"银行卡"，"银行"再次开业啦。对此，有些人提出了质疑，也有些人表示赞赏。争议的一个焦点是：在建构游戏中开展银行游戏、美甲店等角色游戏，是否是"不务正业"？这背后涉及关于游戏中主题、角色、玩法等要素的可变性、预设性或生成性等性质以及对这些要素主要由谁决定、如何组合等的不同理解。对这些问题的不同回答，就构成了不同的幼儿园游戏设计观。

杜威在《儿童与课程》中区分了旧教育和新教育，其中旧教育强调"训练""有逻辑的""指导和控制""规律"，而新教育则强调"兴趣""心理的""自由和主动性""自发性"。[①] 在这两种教育中，幼儿园

---

① 【美】杜威.学校与社会·明日之学校 [M].赵祥麟，任钟印，吴志宏，译.北京：人民教育出版社，1994：119.

游戏设计分别体现为"教师独霸型"和"儿童独霸型"。这两种设计虽具体表现截然不同，但实质都源于割裂和对立了教师和儿童的关系，源于杜威所批判的"非此即彼"思维方式。"人类喜欢采用极端对立的方式去思考。他们惯用'非此即彼（Either-ors）'的公式来阐述他们的信念，认为在两个极端之间没有种种调和的可能性。"①人们已日益认识到"非此即彼"思维的危害性，并逐渐转而采取一种"兼容并蓄"的思维。源于和基于科学的"儿童的形象"（"儿童具有无限游戏潜力""儿童是潜在的游戏高手"）和适宜的教师角色（"回应式儿童研究者""引领性游戏支持者"）之间的师幼关系必然不是对立关系，而是对话性与合作性的。基于此的幼儿园游戏设计也必然是一种"后工业设计"（见表4-1）。那后工业设计取向的幼儿园游戏设计是怎样的？或者说会有哪些核心特质？

表4-1　工业设计与后工业设计比较②

维度	工业设计	后工业设计
	专门性的	普遍性的
产品	目的单一的	多种目的的
	标准化的	用户化的
	适宜的	满意的
	独裁的	民主的
过程	排他的	包容的
	僵硬的	灵活的
	独创性的	合作性的
设计者	个人的	匿名的
	专业的	供人分享的

① 【美】约翰·杜威.我们怎样思维·经验与教育[M].姜文闵，译.北京：人民教育出版社，1991：248.
② 节选自"工业设计和后工业设计性质上的对比"。（【法】马克·第亚尼.非物质社会——后工业世界的设计、文化与技术[M].滕守尧，译.成都：四川人民出版社，1998：11-12.）

一、氛围的支持性

有学者曾分析了放任主义氛围（laissez-faire climate）、指导性氛围（directive climate）和支持性氛围（supportive climate）三种学习氛围。其中，放任主义氛围是一种极端，主张幼儿享有支配权，按照自己的意愿玩，教师保证幼儿安全与照顾他们的基本需要；指导性氛围是另一极端，是一种教师控制的氛围，此时，教师管理所有的活动与学习，告诉幼儿什么时候做与做什么。[①]这两种氛围虽具体表现截然相反，但共性是"独裁的"与"排他的"，或者幼儿"独裁"，"排斥"教师，或者教师"独裁"，"排斥"幼儿。这和工业设计的本质相契合。具体地说，在成人控制的指导性氛围中，教师独裁并排斥幼儿，扮演"指挥者"或"教导者"[②]而非基于"回应式儿童研究者"的"引领性游戏支持者"角色，控制游戏的过程与方向。此时，幼儿园游戏设计属于"教师独霸型"设计，经常导致"游戏儿童"或儿童"被游戏"的现象。此时的幼儿园游戏可能是有价值的活动，但很可能是"假游戏"。在另一种极端氛围"放任主义氛围"中，"儿童具有无限游戏潜力"的角色被强调和放大甚至膨胀，进而天真地将儿童视为"现实的游戏高手"而非"潜在的游戏高手"。因此，幼儿"独裁"并"排斥"教师，完全顺从自己的兴趣和意愿，出现无限可能性。教师主要扮演"未参与者"的角色，彻底"放手游

---

① 【美】安·S. 爱泼斯坦. 学前教育中的主动学习精要：认识高宽课程模式 [M]. 霍力岩，郭珺，等，译. 北京：教育科学出版社，2012：47-48.

② Johnson 等区分了六种不同介入强度的角色，即未参与者、旁观者角色、游戏管理者、共同游戏者、游戏指导者以及指挥者/教导者。(见【美】JOHNSON J E, CHRISTIE J F, YAWKEY T D. 儿童游戏 —— 游戏发展的理论与实务(第二版)[M]. 吴幸玲，郭静晃，译. 台北：扬智文化，2003：373-383.)

戏"，更准确地说是"放纵游戏"。此时，幼儿园游戏设计属于"儿童独霸型"设计，容易出现"脚踩西瓜皮，滑到哪里算哪里"的"随意性"现象。此时的幼儿园游戏可能是"真游戏"，但有时可能是价值甚微甚至负面的、"不好的"游戏。这种"不好的""真游戏"同样不可取。"幼儿园游戏不同于幼儿园之外的游戏的地方，正在于它具有教育性。我们评价幼儿园游戏活动的标准，不能仅仅局限于事实判断，止步于'真游戏'；更重要的是，我们要考察游戏活动对于儿童发展的价值，与教育目标的联系，倡导'好游戏'。"[①]

"好的、高质量的幼儿园游戏既要体现'游戏性'，又要体现'发展性'或'教育性'。"[②]很显然，这种"好的、高质量的幼儿园游戏"不可能是指导性氛围中"教师独霸型"设计的产物，也不会是放任主义氛围中"儿童独霸型"设计的必然产物，最有可能是支持性氛围中后工业设计取向的幼儿园游戏设计的产物。支持性氛围中，儿童虽具有无限游戏潜力却仅仅只是"潜在的游戏高手"，因而需要外界支持尤其是教师支持；相应地，教师基于对儿童的"回应式"研究把握了完整、丰满的儿童，并扮演"引领性游戏支持者"的角色。此时，"教师和幼儿分享控制整个学习过程"，"教师和幼儿在一天的任何时间都是合作者"。"幼儿主动发起多种学习"，教师的支持会基于幼儿的兴趣并使其扩展，教师设计活动时"会考虑幼儿感兴趣的活动目标、行为以及想法"。[③]例如，

---

① 刘焱.也谈幼儿园游戏与课程[J].学前教育，2021（19）：12.

② 刘焱.什么样的游戏是好的或高质量的游戏[J].学前教育，2000（10）：8.

③【美】安·S.爱泼斯坦.学前教育中的主动学习精要：认识高宽课程模式[M].霍力岩，郭珺，等，译.北京：教育科学出版社，2012：47-48.

在大班"平衡车"游戏①中，"平衡车"游戏的发起以及游戏过程中，从单车向绳子借力滑行、同伴助力双车交替滑行，再到增加坡度挑战独"力"滑行，主要由幼儿掌控。在宽松愉悦的支持性氛围中，幼儿不被束缚在（教师）规定的"玩法"中，而是可以创造性地坐着滑、站着滑、趴着滑，可以在平地上滑、木板上滑、斜坡上滑、凹凸不平的泥地上滑。与此同时，教师在此过程中通过记录、提问、讨论、提供视频等多种方式适时、适度地支持幼儿，也是幼儿创造性游戏不可或缺的一个因素。如，在进程三"坡度加大，独'力'前行"中，幼儿在讨论中多次提到"摩擦力"这一词，于是教师提供了一个相关动画视频，帮助幼儿直观感受车轮与不同材料、不同坡度产生的摩擦力大小不同。这助推了幼儿接下来关于"游戏路线中摩擦力大小问题"讨论的深化。夏逸欣说："上坡的时候有超级大的摩擦力，需要用力移动手和脚才能滑上坡。""中间那个大坑的摩擦力最最最最大了。""下坡的时候摩擦力最小，需要用手控制好自己的速度，慢慢滑下来。""我那时候的摩擦力就是两边都有风吹过来。"

总之，放任主义氛围和指导性氛围是以儿童或教师"独裁"为典型特征，是工业设计取向的"儿童独霸型"和"教师独霸型"幼儿园游戏设计中氛围的核心特质。相应地，支持性氛围是以儿童和教师"合作"为典型特征，是后工业设计取向的幼儿园游戏设计中氛围的核心特质。

---

① 本案例由浙江省杭州市萧山区衙前镇第一幼儿园提供，在此表示感谢。

二、人员的多元性

泰勒主张的"目标模式"虽存在诸多问题，但长期以来在课程开发领域占据重要地位。"这种方式称为'研究—开发—推广'模式。"[①]这种模式中，各学科领域的专家和课程专家是课程审议的核心，最熟悉学生的教师和学生自身被排除在课程开发之外，仅仅是专家审议和已开发好的课程的实施者与执行者。为此，施瓦布（J.J.Schwab）提出了课程审议，希望藉此可以让教师、学生等参与到课程开发中。众多课程审议具体界定的共通之处认为，课程审议是"课程主体通过平等对话、协商的方式，对特定的课程现象进行观察、讨论，进而达成'视域融合'，并作出判断与决策的实践过程"[②]。"教师是幼儿园课程审议的主要力量。"[③]具体到幼儿园游戏领域，通过审议对游戏设计的相关问题作出决策的过程中，教师很容易由"主要"力量变成"主导"甚至"唯一"力量，进而导致"教师独霸型"设计或表4-2中的"类型一"。

表4-2　两种规划比较一览表[④]

类型	儿童	教师	内容	目的
类型一	被动、配合	主导、控制、负责	学习的结果	有限的结果
类型二	主动、决定，责任	促进者（追随而非引领）、支持、帮助	学习的可能性	包容性的、无限的学习

① 佐藤学. 课程与教师［M］. 钟启泉，译. 北京：教育科学出版社，2003：34.

② 张家军. 论课程审议的内涵、价值取向与过程［J］. 课程·教材·教法，2012，32（06）：9.

③ 虞永平. 论幼儿园课程审议［J］. 学前教育研究，2005（01）：11.

④ 根据"第1章　为儿童的无限可能性而规划"（【英】安妮·伍兹，等. 儿童发起的游戏和学习：为无限的可能性而规划［M］. 叶小红，译. 北京：中国轻工业出版社，2020：2-19.）中相关内容提炼绘制。

在这种情况下，教师是幼儿园游戏的设计者，根据预设目标的达成度对游戏进行评估，对游戏质量负主要责任。此时，幼儿则主要是游戏的参与者（被动参与者或主动参与者），而非游戏的积极创造者。作为游戏的参与者，幼儿仅仅是参与既定的游戏，所不同的是被动参与者参与游戏的原因主要是被富有吸引力的游戏材料、"小红花"等教师提供的奖励等所吸引，主动参与者就是因为对游戏感兴趣而参与。[①]换言之，作为游戏的（被动或主动）参与者，幼儿只负责参与和消费游戏，并不参与游戏设计。随着教师逐渐认识到自己的第一专业是"儿童研究"[②]，不断理解与认同"教育的大智慧正是认识儿童，发现儿童，促进儿童发展；教育的愚蠢与错误也正是因为'儿童缺场'，对儿童的漠视和误读"[③]。教师在设计游戏的过程中，越来越重视基于"儿童研究"。在"教师独霸型"设计中，"控制权和责任都落在了教师那一头，教育质量取决于他们对儿童的了解程度，以及他们设计活动能力的强弱"[④]。但无论教师对儿童的研究多么深入，只能无限"接近"儿童，而无法真正"成为"儿童进而"想儿童所想和思儿童所思"，只能在通过多种方法研究儿童之后建构出"儿童视角"。儿童视角（child perspectives）是"实践者和学者试图采用'由外而内'（outside in）的方法进行的研究"，"将成人的注意力引向有关儿童在世界上的感知、经验与行动的理解"，"是由

---

① 秦元东，白碧玮，庄盈媚，等. 幼儿园游戏指导方法与实例：游戏自主性的视角[M]. 北京：中国轻工业出版社，2018：37-39.

② 成尚荣. 儿童立场[M]. 上海：华东师范大学出版社，2018：11.

③ 成尚荣. 儿童立场[M]. 上海：华东师范大学出版社，2018：3.

④ 【英】安妮·伍兹，等. 儿童发起的游戏和学习：为无限的可能性而规划[M]. 叶小红，译. 北京：中国轻工业出版社，2020：2.

寻求谨慎并尽可能真实地重构儿童的视角的成人所创造的"。①这也是为什么有时幼儿"完成"了教师费尽心思设计的游戏后会来问老师"我们现在可以去玩了吗"。这说明刚才教师设计的游戏对他们而言是"工作""任务""学习",唯独不是"玩"或"游戏"。这也是实践中经常被人批判的"游戏儿童"现象的一个重要根源。

随着"让儿童站在课程的中央"观念影响的日渐深入,在以安吉游戏为代表掀起的"游戏革命"浪潮中,"自主性、自由、放手游戏等逐渐汇聚成为我国幼儿园游戏领域中一股强大的'势力'","这股'势力'的核心是游戏中教师的'退后'与'放手'和儿童的'介入'与'主导'"。②儿童的视角(children's perspectives)日益受到关注与强调。"儿童的视角代表了儿童在其生活世界中的体验、感知与理解","是儿童作为他或她自己世界中的主体,是儿童自己的现象学"。③这在幼儿园游戏设计领域的"儿童独霸型"设计或表4-2的"类型二"中得到了充分体现。这种设计的"控制权和责任更多地落在孩子身上","是由儿童这个'局内人'决定的,同时受到教师的支持和帮助"。教师是"儿童学习的促进者(追随而非引领)"④。幼儿成了游戏的积极创造者,"不再仅仅是参与既定的游戏,而是能积极创新游戏,包括发现游戏材料的新特性

① SOMMER D,SAMUELSSON I P,HUNDEIDE K. Child Perspectives and Children's Perspectives in Theory and Practice[M]. Springer, 2010:Ⅵ.

② 秦元东.活动区与材料区:游戏空间规划的来"龙"与去"脉"[J].学前教育研究,2022(10):35.

③ SOMMER D,SAMUELSSON I P,HUNDEIDE K. Child Perspectives and Children's Perspectives in Theory and Practice[M]. Springer, 2010:22-23.

④【英】安妮·伍兹,等. 儿童发起的游戏和学习:为无限的可能性而规划[M]. 叶小红,译. 北京:中国轻工业出版社,2020:2.

与玩法、发明游戏的新规则与玩法等"①。但因缺少了教师的引领，这很容易导致幼儿园游戏实践中"放羊"现象以及价值甚微甚至负面的"真游戏"。

"教师独霸型"与"儿童独霸型"两种游戏设计主张的设计者只能是教师或儿童，将教师和儿童人为地对立起来。"课程、课堂的正中央，不只是学生站立，也不是说学生站立了，其他人就无法站立，只要是学习者都应站立于中央。"②事实上，虽然幼儿园教师是课程审议的主要力量，但并非"唯一"的力量。园长、幼儿、家长等都可以参与到课程审议中。"我们经常能见到教师与幼儿之间为活动计划和活动策略展开的讨论，他们从各自的立场出发充分说明理由，形成活动展开的具体思路和方法，这显然也具有审议的价值。"③这在幼儿园游戏设计领域中就体现为教师和儿童等多元主体之间"民主""包容"与"合作"的后工业设计取向。此时，幼儿是一名游戏的积极创造者，并在教师基于"回应式"研究的引领性支持下，积极创造出"好的""真游戏"。此时，教师和儿童之间是在彼此尊重的基础上"合作性"的关系，他们共同参与游戏设计，设计的过程是"民主的"和"包容的"创生过程。"人的创造只能来自各种不同信息、不同文化、不同要素的对话和融合，而不是凭空出现……这样的行为只能是一种创生，而不是一种创造。"④

总之，在工业设计取向的"教师独霸型"和"儿童独霸型"游戏设

① 秦元东，白碧玮，庄盈媚，等. 幼儿园游戏指导方法与实例：游戏自主性的视角 [M]. 北京：中国轻工业出版社，2018：39.

② 成尚荣. 儿童立场 [M]. 上海：华东师范大学出版社，2018：19.

③ 虞永平. 再论幼儿园课程审议 [J]. 幼儿教育，2008（21）：5.

④ 滕守尧. 艺术与创生 [M]. 西安：陕西师范大学出版社，2002：58.

计中，设计者是教师或儿童，彼此是"排他的"和"独裁的"，因而设计是"独创性的"与"个人的"。在此过程中，另一方也会偶尔参与游戏设计，但是在"控制—顺从"这一不平等关系框架中的参与，是"配合"而非"合作"。相比较而言，后工业设计取向的幼儿园游戏设计中，教师和儿童是在平等基础上"合作性"的设计者。游戏设计是一个教师和儿童多元主体参与的"民主的"并在"包容"各种不同观点基础上"创生"的过程。

三、控制的分享性

后工业设计取向的幼儿园游戏设计中，氛围的支持性和人员的多元性，决定了在游戏设计过程中，控制权和责任不再仅仅落在教师或儿童一方身上，而是共同落在教师和儿童双方身上。这就是控制的分享性。

控制的分享性首先意味着共同控制。长期以来，童年主要被视为步入社会前的一个准备阶段，是从属性和依附性的，因而其发展方向也是成人目标导向的。对此，新童年社会学明确指出，"童年是一种结构性存在"，"就像社会阶层和年龄群体一样，是社会的一种类别或一部分"，和成年是并列的而非从属或依附关系。"儿童是活跃的行动者，他们塑造自己文化的同时，也促进了成人社会的生产发展。"[1]这决定了儿童作为"主导自己成长发展的主角"[2]的有能力的学习者，必然积极参与和影响游戏设计。但另一方面，儿童还是"生长性存在"，"儿童的生长以未

① 【美】威廉·A.科萨罗. 童年社会学（第四版）[M]. 张蓝予，译. 哈尔滨：黑龙江教育出版社，2016：3.
② 【意】瑞吉欧·艾米利亚幼儿园和婴幼园学会. 瑞吉欧·艾米利亚市属幼儿园和婴幼园指南[M]. 沈尹婧，李薇，译. 南京：南京师范大学出版社，2014：4.

成熟性为条件"。未成熟性意味着"儿童对成人的依赖性"和"儿童发展的可塑性"。这决定了儿童虽参与但无法独自控制与决定游戏设计，内在需要教师的参与和支持。同时，鉴于"儿童是独特性存在"，"儿童的内在价值不能比较、不能评价，只能尊重、欣赏、保护与发展"①。因此，教师需要在尊重与欣赏儿童的基础上，在交互和合作中，与儿童共同控制游戏设计。

控制的分享性还意味着轮流控制。"在支持性氛围中，分享控制意味着幼儿和教师可以轮流担任领导者和被领导者、讲话者和倾听者、老师和学生。"②首先，这源于理性的权威的动态变化性。不同情境中游戏设计的"理性的权威"既可能是幼儿，也可能是教师。理性的权威"是建立在权威的拥有者与受权威制约者双方平等之基础上的，两者仅仅是在某个具体领域里有知识和技术程度上的不同而已"；产生于健全的能力之中，在一定程度上有助于他人；允许并要求督促、批评；是以职权为基础，是暂时的。③其次，这源于支架式教学的启示。支架式教学是建构主义者提出的一种教学模式，非常强调学生的主动性，同时也非常强调教师的作用。但教师在教学中的作用随着儿童学习能力的提高而逐渐弱化，并最终"退出"教学，使儿童独自探索、学习。具体地说，在支架式教学中，教师作为文化的代表引导着教学活动，使学生掌握和内化那些能使其从事更高水平的认知活动的知识技能，这种掌握与内化是与儿童的年龄与认知水平相一致的。当儿童一旦掌握与内化了这些知识

---

① 张华. 走向儿童存在论 [J]. 中国教育学刊, 2020 (10): 65.

② 【美】安·S. 爱泼斯坦. 学前教育中的主动学习精要: 认识高宽课程模式 [M]. 霍力岩, 郭珺, 等, 译. 北京: 教育科学出版社, 2012: 50.

③ 【美】弗洛姆. 为自己的人 [M]. 孙依依, 译. 北京: 三联书店, 1988: 30-31.

与技能之后，教师便从中"退出"，让儿童独自探索、学习。简言之，是通过支架（即教师的帮助）把管理调控学习的任务逐渐由教师转移给儿童自己，最后撤去支架。支架式教学包括三个环节，即预热、探索与独立探索。其中，在探索这一环节中，首先可以由教师为学生确立目标，以引发和展开情境的各种可能性，让学生进行探索尝试。这时的目标可能是开放的，但教师可以对探索的方向产生影响。在此过程中，教师可以给予启发、引导，但要逐渐增加学生的探索性成分，逐步让位于学生的自主探索。由此我们可以发现，支架式教学与有指导的发现法相似，都强调学生在教师指导下进行发现学习。"但支架式教学则同时强调教师指导成分的逐渐减少，最终要使学生达到独立发现的地位，将监控学习和探索的责任由教师为主向学生为主转移。它强调教师与学生的地位在教学中的动态变化，而不是按某种比例做静态的组合。"[1]因此，即使游戏中教师有时是"理性的权威"，但有时也会先"示弱"以给予幼儿尝试的空间和机会。

在基于支持性氛围的后工业设计取向的幼儿园游戏设计中，教师和幼儿分享控制。这在许多幼儿园游戏实践中有不同程度的体现，同时在幼儿园游戏课程构建中也有所体现。这从镇海宝山幼儿园在"源生活""循兴趣"和"做中学"课程理念指导下建构的"小能手课程"中可以窥见一斑。"小能手课程"[2]中，游戏活动在内容和实施中均占据重要地位。

（1）课程内容方面，鉴于游戏活动的低结构性，主要是以空间和材

---

① 张建伟，陈琦.从认知主义到建构主义[J].北京师范大学学报（社会科学版），1996（04）：80.
② 本案例由浙江省宁波市镇海区镇海宝山幼儿园提供，在此表示感谢。

料为载体。首先，空间方面，教师基于儿童研究和园内外空间资源，设置了美食吧、裁缝铺和木工坊三个功能室作为基本空间，每个功能室中设置了操作空间、库存空间和展演空间，架构了"基于三室的多元化空间"（见图4-1）。

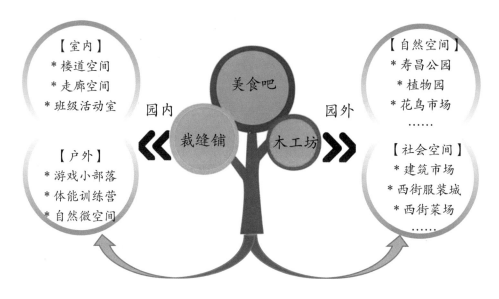

图4-1 基于三室的多元化空间示意图

在最初架构"基于三室的多元化空间"过程中，教师暂时控制的比较多，幼儿主要是通过向教师展现出兴趣、需要等方式间接参与。但在具体实施过程中，幼儿主要根据自己的兴趣与活动需要，影响甚至决定从"基于三室的多元化空间"中选择和使用哪个（些）园内外空间资源。如图4-2所显示的那样，幼儿在"合唱台"活动中以木工坊为主，根据活动需要自然链接了园内的班级活动室、裁缝铺和园外的体能训练营、建筑市场和西街服装城。在此过程中，幼儿又暂时发挥更多的控制作用。

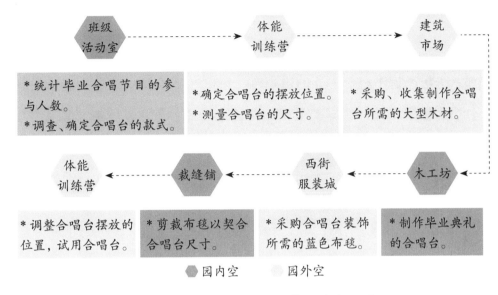

图4-2　木工坊"合唱台"活动流程图

其次，材料方面，教师在课程目标的指引下，基于儿童研究和可利用的资源，逐渐形成并完善以功能室材料库为中心，班级、走廊、户外等多点位材料库支撑的材料体系（见图4-3）。

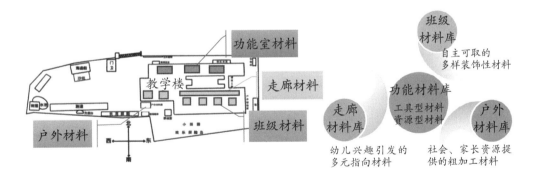

图4-3　材料体系图

如图4-3所示，在材料体系中，功能室材料库是相对稳定的，是基础，主要包括烹饪、裁缝和木工活动中常用的工具型材料和满足幼儿常态操作需求的资源型材料（见表4-3）。在材料体系形成过程中，以教师暂时控制为主。至于户外、班级、走廊等多点位的材料库,幼儿主要根据活动中的实际需求进行收集和投放,可以自主选取、组合①所需材料。例如:幼儿想制作一个户外的合唱台,可以在木工坊中完成支撑脚的制作,然后选取户外材料库的条状木材进行组合。在此过程中,又以幼儿暂时控制为主。

表4-3 三大功能室材料库材料一览表

材料类型	美食吧	裁缝铺	木工坊
工具型材料	【清洗类工具】按压瓶、杯刷、清洗刷子、清洁海绵、手动脱水篮 【调理类工具】刀具、砧板、刨刀、搅拌器、打蛋器、榨汁机、擀面杖、揉面垫、面盆 【烹饪类工具】汤勺、漏勺、锅、铲、空气炸锅、面条机、蒸锅、烤箱 【打模类工具】糕点模具	【剪裁类工具】大布剪、小布剪、线剪 【打模类工具】划粉、皮尺、竹尺、压布铁块、布剪 【缝纫类工具】针、线圈、缝纫机、拆线器、穿针器、珠针 【熨烫类工具】熨烫机、烫衣板、喷雾器	【测量类工具】直尺、测量板、笔 【切割类工具】手板锯、线锯、框锯、台虎钳 【打磨类工具】砂纸、木锉刀、手工刨 【装钉类工具】羊角锤、螺丝刀、手枪钻 【黏合类工具】502胶水、401胶水、白胶、C夹、G夹、F夹

---

① 组合的核心是根据游戏需要将原本分属于不同场地或位置的材料创造性地组合在一起。在此过程中,根据教师和幼儿的介入、参与程度不同,可以分为"教师参与的组合""师幼参与的组合"(又可以细分为"教师主导、幼儿配合的组合""教师与幼儿合作的组合"与"幼儿主导、教师支持的组合")与"幼儿参与的组合"。(秦元东,白碧玮,庄盈媚,等.幼儿园游戏指导方法与实例:游戏自主性的视角[M].北京:中国轻工业出版社,2018:163-167.)需要注意的是,三类组合中,教师和幼儿均以不同方式直接或间接、不同程度地参与,即使在"教师参与的组合"和"幼儿参与的组合"中也并非只有教师或幼儿独自一方参与。

材料类型			美食吧	裁缝铺	木工坊
资源型材料	半成品	粗加工	•面粉、糯米粉、小麦粉等 •水饺皮、春卷皮等 •水果、蔬菜、肉、蛋、奶等各类食材	•模板 •各类布料（麻布、不织布、棉布、绒布、纱布等） •各类用线（纱线、缝纫线等）	•软木片 •树枝 •长短、粗细、厚薄、软硬不一的木材（包括木板、木条、木块、木片等）
		精加工	•调味品（各类酱汁、调味粉等） •各类馅料 •芝麻、小摆件等装饰品	•蕾丝花边、刺绣图案等 •各色珠片、亮片、纽扣等 •半成品或成品布制品	•各种长度的直钉、螺丝钉 •木屑、刨花 •榫卯零件 •拼搭半成品材料
	成品		•成品食物 •食物模型	•成衣、成品饰物等	•成品木制品 •木制模型

（2）课程实施方面，在游戏时间安排和运行机制方面，以教师暂时控制为主。时间安排方面，采取多时段展开。综合考量课程的整体比重，兼顾幼儿的年龄特点，对游戏时段、频次等进行统筹规划（见表4-4）。主要以年段为单位，确保每个年段每周至少有两个单元时间段的活动机会，每次活动时长为25—40分钟。在此过程中，主要以教师暂时控制为主。运行机制方面，采取同龄混班制。同一时间，美食吧、裁缝铺、木工坊三个功能室活动全面展开。幼儿可以在自主考察后，通过预约的方式，确定参加哪个功能室的活动。在此过程中，又主要以幼儿暂时控制为主。

表4-4 "小能手"游戏活动分段时间表

活动时间	周一	周二	周三	周四	周五
上午	大班段	大班段	小班段	/	中班段
下午	小班段	/		中班段	/

  在游戏开展的"三步式推进"流程（见下页图4-4）的前、中、后三个环节中，均较好体现了控制的分享性。教师和幼儿参与游戏全程，处于中心的、主要由幼儿发挥更多控制作用的"个体预约，制订计划""自主游戏，积极探索"和"回顾分享，经验梳理"三个环节是核心，处于外围的、主要由教师发挥控制作用的"唤醒经验，丰富内容""把握时机，适宜支持"和"引发反思，提升经验"三个环节主要为处于中心的三个环节提供支持。因此，虽然教师和幼儿均全程以不同方式，不同程度地参与游戏，是共同控制，但总体而言，幼儿发挥更大的控制作用，教师相对更多地扮演"引领性游戏支持者"的角色。具体地说，游戏前的个体预约与制订计划环节，幼儿自主预约功能室，思考游戏内容，讨论游戏玩法，制订游戏计划，发挥更多的控制作用。在此过程中，教师可以通过多种方式唤醒和拓展幼儿的经验，让丰富的经验推动幼儿的游戏。游戏中的自主游戏与积极探索环节，幼儿自主把玩、摆弄、制作、创造等，与周围环境、材料等发生积极互动，并尝试解决所遇到的困难和问题，发挥更多的控制作用。游戏的全过程都伴随着工具使用技能的介入。在此过程中，教师会及时把握契机，适时支持幼儿的游戏需求。游戏后的回顾分享与经验梳理环节，幼儿主要通过口头描述、自由表征、作品欣赏等多种形式主动回顾游戏过程、梳理游戏经验，发现问题、反思方法，发挥更多的控制作用。在此过程中，教师主

要是引发和推动幼儿的自我反思与集体反思，帮助幼儿形成有益的经验链，为后续游戏的开展提供更有效的动力源。

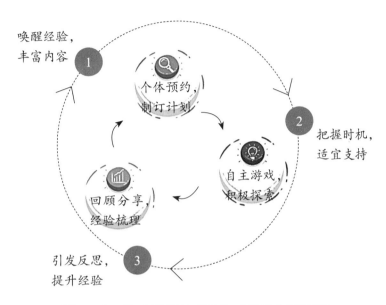

图4-4　游戏开展的"三步式推进"流程图

　　总体看，"小能手课程"中游戏活动设计的不同阶段中，教师和幼儿均共同参与和控制，只是在不同阶段的不同具体内容中，教师和幼儿发挥的控制作用有所不同，体现出轮流控制（见表4-5）。具体地说，在课程内容中游戏活动内容载体"游戏空间""游戏材料"的架构和课程实施中"游戏时间安排""游戏运行机制"方面，教师是主导性控制者，幼儿是辅助性控制者。但在课程实施主体部分"游戏'三步式推进'流程"中，幼儿是主导性控制者，教师则是辅助性控制者。

表4-5 "小能手课程"中游戏活动设计不同阶段的控制者一览表

设计阶段	设计内容	控制者	
		主导性控制者	辅助性控制者
课程内容	空间设置	教师	幼儿
	材料投放	教师	幼儿
课程实施	游戏时间安排	教师	幼儿
	游戏运行机制	教师	幼儿
	游戏"三步式推进"流程	幼儿	教师

　　除了氛围的支持性、人员的多元性和控制的分享性三大核心特质之外，后工业设计取向的幼儿园游戏设计还具有历程的贯通性等特点。历程的贯通性的核心是设计不再是游戏前的一个割裂的环节，而是贯穿于整个游戏过程中。在"教师独霸型"游戏设计中，经常是教师事先设计好游戏，然后幼儿参与游戏。此时，设计是游戏开展前的一个单独环节。但在后工业设计取向的幼儿园游戏设计中，游戏展开的过程就是游戏设计的过程，二者合而为一。这就赋予了游戏展开以极大的生成性。当然，这种历程的贯通性在"儿童独霸型"设计中也有所体现，甚至体现得更甚。总之，后工业设计取向的幼儿园游戏设计弥合了教师与儿童等众多二元之间的鸿沟，代之以二元对话，为解决幼儿园游戏实践中的许多困境提供了一个新的视角，也是幼儿园游戏设计留白的一种重要方式和不错的选择。

第 二 节
设计留白的实践探索：户外游戏场诞生

　　幼儿园游戏设计留白的基础是支持性氛围与多元化主体，关键与核心是分享性控制。实践中，已有不少幼教工作者对此进行了有益探索并梳理了宝贵经验。本节将以户外游戏场为例，探讨与呈现教师基于观察收集资料进行关注、引导与支持，幼儿基于学习与表征进行体验、探索与表达，教师和幼儿进而通过协商、交流与筛选、优化，最终实现对游戏场种类、（游戏场）空间位置、（游戏场）内部空间与游戏场材料四方面共同设计（见图4-5）[①]的一些经验。

---

① 根据浙江省杭州市萧山区江南幼儿园朱洁蓉、陈迪萍提供的结题报告《师幼共建：大班户外自主游戏场的设计与组织研究》中相关内容整理而成，在此表示感谢。

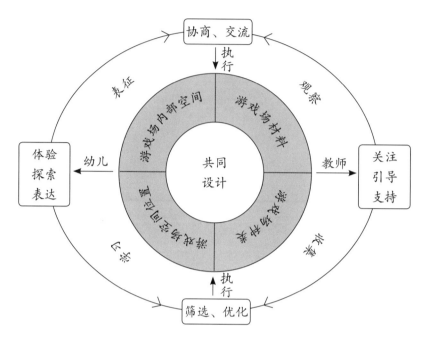

图4-5　户外游戏场师幼共同设计示意图

　　师幼在共同设计户外游戏场过程中，主要围绕三点推进：①明确幼儿问题。收集幼儿在游戏中的问题，针对问题对游戏场做出改进和调整，以小组调查、访谈、分享等方式帮助幼儿明确问题。②倾听幼儿观点。以幼儿多种表征为主要载体，支持幼儿通过各项学习获得对游戏场的共同认知和决策决定。教师通过幼儿的绘画、语录等倾听幼儿心声。③支持幼儿行动。支持幼儿完善观点并合理实现他们的想法。

一、游戏场种类确定①

　　九月刚开学，经过一个月施工改造"换新颜"的幼儿园户外操场引起了孩子们的关注。他们对新操场高高的小树屋、蜿蜒的小路、层叠的

---

① 根据浙江省宁波市镇海区镇海宝山幼儿园杨颖琰和陈霞提供的案例《户外游戏场诞生记》中的部分内容整理而成，在此表示感谢。

橙色箱子、高大的海盗船等充满了好奇，迫切希望去操场上体验一番。他们在参观新操场时，发现新操场与原操场在大型基础器械、空间场地、生态绿化等方面有了诸多不同（见表4-6）。

表4-6 幼儿园户外新操场与旧操场差异一览表

	幼儿发现	操场特征
新操场	问问：现在的操场变成蓝色和灰色，从高处看像大海一样。 玉米：操场多了树屋、泥坑还有海盗船，我非常喜欢。 康康：操场中间多了橙色箱子、白色的石凳子，还有小亭子。 轩轩：操场四周种了不同的植物。	1.操场色彩有整体规划，海洋主题凸显。 2.空间有层次，开拓更多探索空间。 3.功能多元，实现"1+N"功能。
原操场	小美：原来操场有许多颜色，但是地面是破旧的。 远方：原来操场上只有滑滑梯和长龙，周围比较空。 糖糖：原来操场上的沙坑很小，玩起来很拥挤。	1.操场色调杂乱，塑胶地为主，且破损严重。 2.场地空旷，大型器械独立，探索性不强。 3.区块划分合理性欠缺。

对于新操场，孩子们充满了渴望与期待，他们热烈地与同伴们讨论着自己脑海里构建了许久的游戏场景。结合自身已有的户外游戏经验，孩子们形成并提出了自己的游戏想法。

关关：我想跟小石头一起玩"警察总动员"的游戏，你逃我抓，非常有趣。

豆豆：我喜欢骑平衡车，我想跟我的好朋友一起到小山坡上比赛骑平衡车。

汤圆：我想玩消防员游戏，很刺激。

小宝：我想去树屋玩滑滑梯。

……

操场上新增设的海盗船、树屋、小山坡等大型设备在孩子们的心中留下了深刻印象，在唤醒他们原有游戏经验的同时，也激发了他们对于游戏更多的新奇想法。孩子们的游戏想法或许是新奇有趣的，虽然我们要充分尊重孩子们的已有经验和游戏意愿，但他们的游戏是否具有价值？尤其是作为户外运动游戏能否促进身体动作发展？能否顺利开展？这需要教师对其进行价值判断与筛选（见下页表4-7）。这也是游戏场设计中"控制的分享性"的体现，同时也彰显并有助于实现"儿童发展导向"。诚如秦元东在为镇海宝山幼儿园郑新苗园长带领其团队出版的《童心 童趣 童真：基于儿童立场的幼儿园物化环境创与思》书里所作的序中所言："儿童发展导向在赋予了儿童参与幼儿园环境创设合法性的同时，也赋予了教师、家长等多元主体积极支持的必要性，内在要求儿童、成人等多元主体的积极参与，并且彼此之间处于一种动态平衡与积极对话的关系之中。在此过程中，需要注意坚持'儿童发展导向'与发挥作为'平等者中首席'的教师的专业引领。"[1]

---

① 郑新苗. 童心 童趣 童真：基于儿童立场的幼儿园物化环境创与思[M]. 长沙：中南大学出版社，2021：序，2.

表4-7 幼儿设想的游戏场的游戏核心价值及其适宜性一览表

游戏场	核心价值分析	是否适宜
警察总动员	发展腿部肌肉力量，在跑动中学习躲避他人和保护自己；对阵游戏中，和同伴共同讨论游戏规则，提升社会交往能力。	√
超级赛车手	增强竞争意识、规则意识，以及腿和脚的协调性和力量。	√
勇敢的消防员	促进钻爬、平衡、翻滚等动作发展。	√
堆城堡	发展对于建筑物的空间感、手指小肌肉动作，提高使用泥坑工具和材料的能力。	√
小马过河	发展平衡能力，提升创造性运用游戏材料的能力。	√
疯狂接力赛	促进腿部大肌肉动作和耐力以及竞争意识和团队合作意识的发展。	√
有趣的滑滑梯	内容较为单一，挑战性不强，不能有效促进动作发展。	×

教师通过链接幼儿动作尤其是大肌肉动作（如走、跑、跳、钻爬、投掷、平衡、攀登和翻滚等）来发展核心经验（见表4-8），对幼儿设想的游戏场种类进行"取舍"与"查缺补漏"。

表4-8　幼儿大肌肉动作发展核心经验一览表[①]

大肌肉动作		核心经验
走	小班	1.走步时可以初步控制走步方向，平稳熟练地走步，但步幅较小且不稳定。 2.摆臂幅度较小，膝关节灵活性较差。 3.注意力易分散，排队走步时保持队形能力较差，注意力不集中。
	中班	1.步幅较稳定，大概在40厘米，上下肢配合协调，个人走步特点已初步形成。 2.排队走步能保持队形，并能随节拍走，但调节节奏能力稍差，注意力仍易分散。
	大班	1.走步的动作比较协调，轻松自如，平稳有力，个人走步特点明显。 2.初步按照信号节奏调节步频和步幅，能控制走步的幅度。 3.排队时能较好地保持队形并能掌握多种变化队形的方法，步幅已增至50厘米左右。
跑	小班	1.步幅较小且不均匀，控制跑动方向能力较差，直线跑不直，跑动中改变方向费力且迟缓。 2.启动和制动较慢。跑的稳定性有了明显提高，但稍有碰撞或地面不平时容易摔倒。 3.跑的耐力差，速度意识和竞赛意识缺乏，对自己跑速调节的意识较弱。
	中班	1.跑步时能力发展迅速，在跑的技能、速度和耐力以及心理素质方面都有明显进步。 2.跑速、步幅都快速发展，开始关注胜负。
	大班	1.速度意识和竞赛意识很强，对胜负的情绪反应较强。 2.跑步时能够有意识地克服疲劳，表现出较强的意志力，跑步的目的性比较明确。

① 郑新苗. 童心 童趣 童真：基于儿童立场的幼儿园物化环境创与思 [M]. 长沙：中南大学出版社，2021：3-4.

续表

大肌肉动作		核心经验
跳	小班	1.起跳动作的蹬伸意识较差，蹬地力量较弱，摆臂与蹬地动作脱节。 2.落地的缓冲意识较差，往往出现落地不稳的情况。 3.跳跃的距离近，在该年龄阶段主要是进行双脚连续跳跃练习。
	中班	1.跳跃的距离增长较快。 2.能较熟练地掌握徒手或者持轻器械的单双脚跳，而且跳跃动作基本规范、协调。
	大班	1.跳跃动作规范、协调，起跳时摆臂和蹬腿动作配合协调，在跳跃时节奏稳定，落地能屈膝缓冲，保持好身体的平衡性。 2.能掌握多种跳跃的方法，可以掌握跳圈、跳皮筋、跳绳、助跑跨跳等复杂的跳跃技能。
钻爬	小班	空间感知能力和判断能力较差，在屈腿、弯腰和团身方面还不能较好地运用动作技能，因此不能迅速、准确地通过障碍物。
	中、大班	身体的协调性、灵活性提高，幼儿能灵敏、协调、正确地钻爬过障碍物。
投掷	小班	1.投掷动作不协调，投掷时主要用的是上肢的力量，下肢和躯干动作配合不协调。多余动作较多，但能掌握双手头上、双手腹前、原地肩上投掷等动作。 2.投掷的距离近且出手角度和方向感较差。
	中班	1.在教师的引导下，投掷能力相对发展较快，全身能够比较协调地用力，可以掌握单手肩上正面投掷，双手头上、胸前、腹前投掷等动作。 2.投掷的出手角度和方向感有明显进步，但还是有不稳定的现象。
	大班	1.投掷动作协调有力，投掷的距离明显增长，准确度明显提高，部分能力较强的幼儿可以掌握侧向肩上投掷动作。 2.男女幼儿在投掷能力上出现差异。

通过和幼儿大肌肉动作发展核心经验的对比发现，幼儿设想的游戏场及其游戏，很少涉及投掷、攀爬等大肌肉动作。为此，在保留幼儿设想的有价值的游戏场及其游戏的基础上，师幼共同协商进行适当调整

与完善。对于不太符合幼儿年龄特征和未能有效促进其动作发展的"树屋滑滑梯"等，师幼共同商定将它与其他游戏内容进行融合。此外，针对投掷、攀爬等大肌肉动作比较薄弱的情况，教师利用沙包、粗麻绳、攀爬架等多样器械，通过提出"这些玩具可以怎么玩？怎样玩可以更有趣"等系列问题引导幼儿思考，并增设了"拯救小动物""红旗争夺战"等游戏场。

二、空间位置选取[①]

当户外游戏场种类确定后，游戏场位置的选择与确认成了幼儿关注和讨论的热点。"我们想去小山坡玩。""我们小队想去海盗船玩。""我们也想去小山坡玩警察总动员游戏。"……幼儿纷纷表达自己的想法。经过商讨后，他们一致认为要去操场进行实地考察，选择喜欢、适宜的游戏场地。

"这些游戏适合在操场的哪些区域开展？"带着问题，幼儿在实地考察前以游戏小队的形式制订了调查计划，讨论谁做什么、谁来记录、谁来收集场地资料等。在此过程中，教师作为引领性游戏支持者，提醒幼儿明确自己调查任务的同时，对实地参访地点做好行前勘查工作，确保调查地点的安全性与可探索性。

表4-9 游戏小队对各游戏场地的选择情况

游戏场地	小山坡	海盗船	树屋	沙（泥）坑	操场空地
选择情况	1队	1队	3队	2队	1队

[①] 本案例根据浙江省宁波市镇海区镇海宝山幼儿园杨颖琰和陈霞提供的案例《户外游戏场诞生记》中的部分内容整理而成，在此表示感谢。

从各游戏小队的分享中可以发现，选择"树屋"作为游戏场地的组别最多（见上页表4-9），因其独特的地理位置和场地结构，"树屋"成了幼儿眼中的"网红打卡地"。然而，面积最大、场地最为平整的操场中央，却成了"冷门场地"。为此，我们开展了"小小辩论会"，鼓励"警察总动员""小马过河"和"拯救小动物"三组游戏小队的队员针对出现的问题进行辩论（见图4-6），其他组幼儿作为"大众评审团"参与其中。

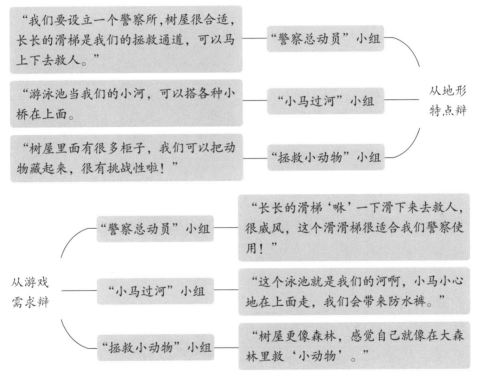

图4-6　"小小辩论会"观点思维导图

为了帮助每个小组的幼儿为自己组的游戏选取到适宜的游戏场位置，除了辩论之外，还需要引入关于户外游戏的新经验。其中，需要班级教师、体育特长教师、领域专家等助力团的力量支持。幼儿访问助力团的过程，即引入经验、拓展经验的过程。在此阶段，他们学习如何邀请助力团以及如何向他们提出具体、有针对性的问题。为保证幼儿此次访问的顺利、有效进行，访问前教师将本班幼儿的已有经验（见图4-7）和欲了解的内容与相关教师做好沟通。

"我们组选择的游戏场地是树屋，因为树屋的房间比较大，还有柜子，可以作为警察的基地。"	"我们组选择了海盗船，它像小桥一样，能让很多车子开过。"	"我们想去小山坡，那里很好玩，种了许多树木，而且消防员经常去森林里灭火的。"	"我们去沙坑和泥坑都可以，两个地方都可以搭城堡。"
"警察总动员"小组	"超级赛车手"小组	"勇敢消防员"小组	"快乐城堡"小组
"我们也想去树屋玩，因为树屋下面就是游泳池，我们可以造各种各样的小桥。"	"我们喜欢操场的跑道，玩接力赛真的太适合了。"	"我们选择的是树屋，一起去树屋上面救小动物，然后还可以从滑梯滑下来，太好玩了。"	"我们小队想去沙坑和泥坑玩，因为可以插红旗，其他地方不能插红旗。"
"小马过河"小组	"疯狂接力赛"小组	"拯救小动物"小组	"红旗争夺战"小组

图4-7　幼儿已有经验思维导图

经过多轮商讨，基于对户外场地的固定基础性器械、地形特点以及幼儿大肌肉动作发展需要三方面的综合考量，师幼确定了各个游戏场的空间位置（见图4-8）。

图4-8　户外游戏场地空间位置图

三、内部空间布局①

确定了各个游戏场的空间位置后，接下来的重点便是如何对每个游戏场的内部空间进行布局。

（一）实地拍摄，布局设想

我们借鉴马赛克方法②中的"儿童拍照"，带领幼儿拿着相机在户外游戏场"格子菜园"拍摄自己最喜欢的空间，利用远近、上下、里外等不同视角，对游戏场空间进行拆解，便于更好地关注空间中的微小局部，以产生对游戏场内部空间布局的更多想法。随后，教师支持幼儿将拍摄的照片进行分类摆放，共同讨论这些空间的特点，支持幼儿结合已有游戏经验，对从各个视角拍摄时所关注的微小局部空间进行创造性设计（见下页表4-10）。

---

① 根据浙江省杭州市萧山区江南幼儿园朱洁蓉、陈迪萍提供的结题报告《师幼共建：大班户外自主游戏场的设计与组织研究》中相关内容整理而成，在此表示感谢。

② "马赛克方法是一种融合了多元方法、多重声音的研究方式，它把不同的视角结合到一起，以便和儿童共同构建一幅有关儿童世界的图景。这个图景既可以是实践者和个别儿童一起构建的，也可以是实践者和成群的儿童、成人一起构建的，从而创造出既属于个人，又能彼此共享的故事。马赛克方法建立在一种积极的、全纳的儿童观的基础上。"马赛克方法使用的研究工具主要包括观察、儿童访谈、儿童拍照和图书制作、幼儿园之旅、地图制作、访谈。（【英】艾莉森·克拉克. 倾听幼儿：马赛克方法［M］. 刘宇，译. 北京：中国轻工业出版社，2020：3，24.）

表4-10 关于"格子菜园"内部空间布局的幼儿观点一览表

幼儿主要观点	观点分析
希望有各种材料以便在草地上游戏；希望草地上出现大件玩具；挑战性更强、更刺激；希望有可以躲藏、休息的地方	希望在草坪有一些自己的建构作品
我喜欢……我感觉……这个是……这是我在……然后我……	侧重表达自己的游戏体验
想要隐蔽的遮阴处；想爬到高高的树上；希望草地有高有低	喜欢隐蔽和高高的地点，有挑战性
喜欢各种游戏；不喜欢跟伙伴抢材料；不喜欢只有草地	喜欢玩，但不喜欢发生争执

梳理结果						
远近点	远处：设计成可以跑来跑去的、放很多材料的、没有障碍的空间	上下层	上层：用架上梯子等方法，可以想办法到上面去，或者把东西挂下来	里外圈	里面：做成一条条弯弯的小路，可以到灌木丛里面去玩
	近处：小小的，适合躲起来，可以设计成隐蔽的、易于躲藏的私密小空间		下层：设计成可以到处钻来钻去的地方		外面：和里面打通，可以躲躲藏藏，弯来弯去

（二）模型演绎，布局优化

幼儿可以利用各种材料，通过建构、拼搭的方式设计出游戏场"格子菜园"中需要的一些中型物品的小模型，然后利用这些小模型进行实践操作，优化游戏场内部空间布局方案。如，幼儿利用大型积木设计游戏场"格子菜园"的迷你模型。在搭建过程中，幼儿一边商量，一边调整搭建的思路。"我想在野餐桌边上安装一条烧烤长廊，可以放煮饭的煤气灶和放东西的架子。""我想在菜园子旁边搭建一个小小的动物园，里面养兔子和小羊。""我觉得还少了种菜的工具，我们可以把这里围起来，然后在这里放柜子，这样肥料、水壶就可以放进柜子，拿取很方便。"他们一边讨论着，一边搭建着自己想象中的"格子菜园"（见图4-9）。

野餐桌边上设置烧烤长廊、　　在小羊房子周边搭建兔子庄　　搭建围栏、架子等，放置
煮饭的灶台和一些置物架　　　园、昆虫屋，设立小动物园　　种植工具、肥料等

图4-9　"格子菜园"内部空间布局模型演绎图

（三）创意拼图，方案初定

引导幼儿利用长方形、圆形、三角形等形状材料代替游戏场"格子菜园"内部空间布局中的一些大件物品，并绘制游戏场"格子菜园"平面图，通过小组讨论绘制一份简意的创意拼图。如：晨间入园时段，幼儿围坐在一起，用长方形材料搭建了小菜园子，并利用圆形材料在菜园子旁边搭建了秋千，在秋千的前面设计了小羊房，再确定入口和野餐桌的位置。这样，"格子菜园"的创意拼图就完成了（见下页图4-10）。幼儿在原有的菜园子基础上，增加了小羊房、野餐桌和秋千设备，利用创意地图，可以直观呈现"格子菜园"原有的平面布局，将增设的三个重点内容放入平面布局图中。这种方法的优势是材料可以灵活变动，并以此确定布局方案。

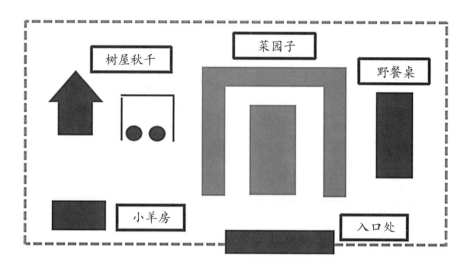

图4-10 "格子菜园"创意地图

（四）细化需求，角落优化

再次带领幼儿到游戏场"格子菜园"进行实地参观记录，梳理对游戏场内各个角落的观点（见表4-11），细化需求，明晰利用不同空间特质的价值点，便于进一步细化游戏场内各角落。

表4-11 "格子菜园"各角落内幼儿需求一览表

名称	数量	具体位置	幼儿主要观点
转角处	4	菜园子两边和入口处两边	可以放除草、浇水等工具；菜园子两边的转角可以接水管，方便我们接水。
留白处	1	菜园子左侧的树屋与小羊房之间的空地	可以种花，我们的菜园子里还少了花。把家里的乌龟、鱼、植物等带过来，我们可以在这里观察。
交织处	1	野餐桌右侧的跑道	用围栏围起来，把"格子菜园"和跑道分开，因为那里总是有球会滚过来。
隐蔽区	2	菜园子左右两边的大树下	大树后可以躲起来，但是周边有很多植物，我们走不进去。

续表

名称	数量	具体位置	幼儿主要观点
通道区	3	菜园子通道	为"格子菜园"搭建围栏，然后把美工区的颜料拿过来，就可以在这里画美丽的图案。
伸缩区	1	入口处可向外伸缩	"格子菜园"的外面就是我们的蔬菜超市，大家可以买菜。

四、游戏场材料投放[①]

儿童的智慧源于材料，而材料的选择主要源于儿童。儿童参与游戏材料投放是儿童参与游戏设计的重要一环，主要涉及"需要哪些材料""材料怎么收集"和"材料怎么配置"三大核心问题。

（一）了解需求，确定材料

教师可以通过随机访谈（尤其是可以通过对一个或几个幼儿在不同时间段的持续随机访谈）了解幼儿对游戏材料的需求并及时锁定"关键词"，进而帮助幼儿整理、明晰所需材料（见下页表4-12）。

---

① 根据浙江省杭州市萧山区江南幼儿园朱洁蓉、陈迪萍提供的结题报告《师幼共建：大班户外自主游戏场的设计与组织研究》中相关内容整理而成，在此表示感谢。

表4-12　幼儿对游戏材料的需求与教师分析一览表

访谈对象：宁宁		访谈地点：格子菜园	
游戏后随机访谈	第一次 20201015	教师：你喜欢在哪些地方玩？ 宁宁："格子菜园"那边。	教师：你在这里会玩些什么？ 宁宁：烤番薯游戏，我可以开店当老板。
	第二次 20201023	教师：你今天玩了什么？ 宁宁：我开了饭店，我是老板。	教师：你感觉今天的游戏怎么样？ 宁宁：感觉我们店的菜太少了，没有顾客。
	第三次 20201030	教师：今天的生意怎么样？ 宁宁：加了许多菜，但客人不多。	教师：那你接下来可以怎么办？ 宁宁：感觉我们店不是很好看，我想把店装修一下。
教师分析	在访谈过程中，教师锁定对话关键词，帮助幼儿一起整理需要的材料。		

教师还可以组织幼儿开展"桌边会议"，围绕"玩了什么、缺了什么、想要什么、为什么、能怎么玩"五个开放式问题展开讨论，并在探讨中衍生更多新的材料需求。

诚如瑞吉欧幼儿教育所主张的那样，"儿童表征的一个重要方面是他们进行表征时会使用多重符号系统（交流方式），比如说，混合使用口语、绘画、黏土、电线、涂色、手势以及诸如此类的方式来交流"[1]，"但他们用一种思维方式，将不同维度的经验联系起来，而非割裂它们"。因此，"幼儿园和婴幼园有责任给予所有口头和非口头语言同等的肯定

---

[1]【美】丹尼尔·沙因费尔德，凯伦·黑格，桑德拉·沙因费尔德.我们都是探索者：在城市环境中运用瑞吉欧原则开展教学 [M].屠筱青，戴俊毅，译.南京：南京师范大学出版社，2014：7.

与尊重"①。因此，除了通过随机访谈的方式之外，教师还可以支持幼儿通过绘画表征（包括单次表征与连续表征）来描述游戏材料的外形、特征、细节的方式，了解幼儿对游戏材料的需求。其中，单次表征更注重个别需求。幼儿以单次绘画表征自己对游戏材料的需求。这种方式、过程更注重幼儿的个别化需求，形式相对随意、自由。相比较而言，连续表征则更易于发现幼儿需求的变化。幼儿针对同一问题进行多次绘画表征。通过观察、比较，教师可以发现幼儿对游戏材料需求的变化。这种方式为幼儿自主表征和教师引导记录相结合的方式。如：幼儿在设计小羊房游戏时，对"喂食"产生浓厚兴趣。但很快幼儿发现，喂食的小伙伴越来越多，喂食游戏变得拥挤。于是，大家想到可以像动物园一样，买票入场，排队喂食（见图4-11）。从中可以发现，随着游戏中出现的一系列问题，幼儿想要对游戏规则进行一些调整，从原来的"自由喂食"调整为"买票入场，排队喂食"。其中也暗含了幼儿对游戏材料的需求，如制作"门票"所需相关材料、喂食的"食物"等。

3月21日：我拿着树叶喂小　　3月23日：大家都想喂小羊，　　3月29日：我们需要买门票，
羊，感觉很开心　　　　　　　非常拥挤　　　　　　　　　大家按买票顺序排队喂食

图4-11　小羊房游戏三次绘画连续表征图

---

① 瑞吉欧·艾米利亚幼儿园和婴幼园学会.瑞吉欧·艾米利亚市属幼儿园和婴幼园指南[M].沈尹婧,李薇,译.南京：南京师范大学出版社,2014：4-5.

（二）变废为宝，多元取材

牛奶盒、废纸箱、奶粉罐等生活中习以为常的废旧材料，却可能是幼儿最宝贵、也最易获取的游戏资源。《3～6岁儿童学习与发展指南》明确指出，要"多为幼儿选择一些能操作、多变化、多功能的玩具材料或废旧材料"。此外，"就地取材"也是幼儿园游戏材料投放的一个重要原则。"就地取材主要是从材料的来源角度说的。就地取材不等于自然材料，也不仅仅局限于当地特色材料。材料的就地取材一方面强调从当时、当地幼儿常见的、熟悉的现有材料中选取游戏材料；另一方面强调富有地域特色，增强文化熟悉感和亲切感。"[1]因此，我们通过多种途径将废旧物进行回收、分类，或直接利用，或组合再造，鼓励幼儿变废为宝。如幼儿园利用微信公众号发布"收集东，收集西"文章并转发到各个微信群，通过家园合作收集奶粉罐、纸筒、纸盒、旧布、果实等材料；园内回收牛奶盒、废旧纸、绳子等材料；对接社区，收集大型纸板箱、泡沫垫、砖块等材料。

此外，针对幼儿园原有户外游戏场的材料大多以高结构材料为主的现状，教师和幼儿一起自制户外游戏场"材料配货清单"（见下页表4-13），开展有针对性的收集或定制，满足幼儿对低结构材料的需求。

---

[1] 秦元东，白碧玮，庄盈媚，等.幼儿园游戏指导方法与实例：游戏自主性的视角[M].北京：中国轻工业出版社，2018：153-154.

表4-13 户外游戏场"材料配货清单"

名称	具体材料
自然类材料	石头、木片、鹅卵石、干花、灌木、谷穗、板栗、橡子、岩石、花盆、吊篮、花、堆肥、木屋、动物、凳子、隧道、树皮、干草、贝壳等。
玩具类材料	积木、纽扣、毛绒玩具、小汽车、毛线、望远镜、放大镜、收集盒、滴管、服装等。
生活类材料	纸杯、奶粉罐、牛奶盒、零食盒、洗涤用品、化妆品空瓶、饮水桶、瓶盖、旧家电、木桶、锅子、勺子、碗、竹篮、筷子、调味盒等。
运动性材料	球、毽子、滑板、自行车（单轮、双轮、多轮）、沙包、推车、呼啦圈、高跷、球拍、球网、泡沫飞镖、轮胎、垫子、梯子等。
工具性材料	纸、扭扭棒、皮筋、彩色笔、颜料、拖把、抹布、水桶、勾线笔、超轻黏土、固体胶、透明胶、双面胶、刮画纸、颜料盘、手套等。
其他类材料	塑料管、软管、PVC管、罐子、纸袋、蛋托、纸筒、纸管、旧布、绳子等。

（三）因场制宜，分类投放

在"运用材料提升课程质量"时，"有意义摆放材料，引起儿童关注和兴趣"很重要，要重视"提供与材料相关的背景信息"。"所谓背景，可以是托盘、布料或木框，它提供了在特定背景下的关注点和儿童适用材料的清晰范围。背景既可以提示哪些材料可用，也为探索提供了空间。"[1]游戏场的场地特征、幼儿对游戏场的命名等，都是重要的"与材料相关的背景"，同时也会影响着材料的具体投放。为此，教师引导与支持幼儿探究与了解不同材料的性能、特点和可玩性，并据此对材

---

[1]【美】德布·柯蒂斯，玛吉·卡特.和儿童一起学习：促进反思性教学的课程框架[M].周欣，周晶，张亚杰，等，译.北京：教育科学出版社，2011：74-76.

料进行规整分类，根据不同游戏场的场地特征等"背景"，按材料的大小、结构、属性等特点，实现对不同游戏场中材料的合理投放（见图4-12）。

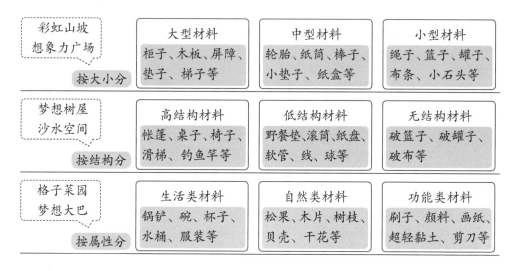

图4-12 不同游戏场中材料分类投放一览

需注意的是，不同幼儿园在实践中践行幼儿园游戏设计留白理念的过程中，可以且应该有不同的具体做法。正所谓"条条大路通罗马"，核心是营造一种支持性氛围，包括教师、幼儿甚至家长等多元主体，在幼儿园游戏设计的不同阶段、不同方面进行共同控制与轮流控制。

第五章

幼儿园游戏时空的留白

　　游戏时间和游戏空间是幼儿园游戏活动顺利有效开展的基础和保障。幼儿园游戏时空留白的核心是教师将游戏时空领域的一部分权利让渡给儿童，鼓励与支持儿童不同程度地参与游戏时空的规划与设置。

第 一 节

时间留白的特质：弹性化与模块化

　　标准化、制度化已然成为当今社会的高频词。这在和我们每个人的生活、工作等方方面面休戚相关的"时间"领域中同样如此。"所谓时间的制度化，就是指一定群体、行业、部门根据其具体情况制订了一整套关于使用时间的准则体系，并且要求相关成员共同遵守有关的程序或准则……而时间制度的最集中体现就是各行各业中盛行的时间表，当然也包括学校中或明显或隐匿地存在着的时间表。"① 具体到幼儿园教育实践领域中，这就体现为"一日作息时间表""活动日程表"等，"活动日程表除了每天的常规活动，如集体活动、小组活动和户外活动，还包括入园、离园、穿衣、用餐、休息及如厕这样一些生活活动（Gordon & Browne）"②。但在此过程中，"制度化水平越来越高，也需要防范教育是否越来越偏离了以儿童为本的立场"，"审视当下我国诸多幼儿园的一日生活作息，会发现存在着制度化水平过高的现象"。③ 也有研究者发现，幼儿园中存在"师控型"的时间安排，即"幼儿在园一日生活时间

---

① 傅淳华. 道德·时间·时间制度：对学校时间制度的道德审视 [J]. 全球教育展望, 2009 (12): 13.

② 【美】玛乔丽·J.科斯泰尼克, 安妮·K.索德曼, 艾丽斯·菲普斯·惠仁, 等. 发展适宜性实践：学前教育领域活动的设计与实施 [M]. 郑福明, 等, 译. 北京：教育科学出版社, 2021: 411.

③ 黄进. 重塑时间生活：幼儿园时间制度化现象审思 [J]. 中国教育学刊, 2019 (06): 58.

由教师掌控，教师对幼儿在园生活时间的安排有绝对的主导权"[①]。"一场真正的革命的原始任务，从来不是简单地'改变世界'，而且 —— 最重要的 —— 是改变'时间'。"[②]因此，"时间实践应从控制走向自主"，而"从时间控制走向时间自主其实质上是教师将自己在时间上的权利让渡给儿童的过程"，[③]"让儿童参与一日生活环节和日常活动安排"[④]。这实质是游戏时间留白，核心是"游戏时间的安排权从教师独霸向师幼共享，再到幼儿主导的转变，即幼儿不同程度地参与游戏时间的安排"[⑤]，主要体现为游戏时间的弹性化与模块化。

一、核心特质：弹性化与模块化

有学者提出了判断活动日程表是否有效和适宜的五大关键标准，即一致性、节奏、时间管理、平衡多样性和熟悉性。其中"节奏"是指"儿童对一日活动的进程的感受"，"最好的活动日程表既要考虑儿童的个体需求，又要提供架构感和目的感"。[⑥]"节奏"的核心与实质即儿童生活、游戏、学习与发展的节奏、节律。换言之，有效和适宜的活动日程表应遵循与契合儿童的节奏。儿童的多元差异性、儿童喜好游戏尤其是

---

① 黄倩.幼儿在园一日生活时间的社会学研究[D].南京师范大学，2021.

② 【意】吉奥乔·阿甘本.幼年与历史：经验的毁灭[M].尹星，译.郑州：河南大学出版社，2016：130.

③ 郭姗.儿童在园时间体验研究[D].四川师范大学，2023.

④ 【美】德布·柯蒂斯，玛吉·卡特.和儿童一起学习：促进反思性教学的课程框架[M].周欣，周晶，张亚杰，等，译.北京：教育科学出版社，2011：57.

⑤ 秦元东，白碧玮，庄盈媚，等.幼儿园游戏指导方法与实例：游戏自主性的视角[M].北京：中国轻工业出版社，2018：147.

⑥ 【美】玛乔丽·J.科斯泰尼克，安妮·K.索德曼，艾丽斯·菲普斯·惠仁，等.发展适宜性实践：学前教育领域活动的设计与实施[M].郑福明，等，译.北京：教育科学出版社，2021：412-413.

高质量游戏的天性，决定了以教师放手和儿童参与为核心的游戏时间留白具有弹性化与模块化两大核心特质。

（一）弹性化

在实践中，"师控型"的时间安排容易导致儿童的"游戏节奏被操控"。这从郭姗在其博士论文《儿童在园时间体验研究》中基于收集的有关儿童对游戏时间体验方面的资料进行编码分析后绘制的"游戏节奏被操控"的资料结构图[①]（见下页图5-1）中可窥见一斑。这种被操控的"集体性的时间节奏禁锢了幼儿生活时间的个体性"，因集体性的时间节奏是"一种群体性行为一致的时间顺序和速度"，"意味着幼儿个体的时间需要遵循集体的时间节奏，与组织时间实现同步"。[②]这实质是以教师事先制订好的一日作息时间表中的"制度时间""钟表时间"代替了儿童生命的"真正的时间""发展时机"，成了束缚与控制儿童包括游戏在内的在园一日活动的工具。导致这一问题的一个重要根源是，"时间"丧失了其最初的"时机"之意，而成了纯粹的"钟表时间"。

---

① 郭姗.儿童在园时间体验研究［D］.四川师范大学，2023.
② 黄倩.幼儿在园一日生活时间的社会学研究［D］.南京师范大学，2021.

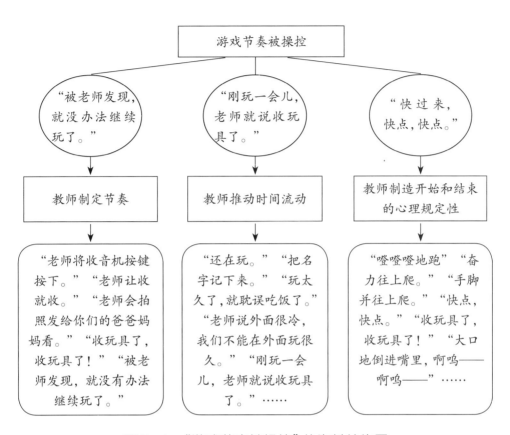

图5-1 "游戏节奏被操控"的资料结构图

人类的时间意识是在和环境的协调经验中不断产生的,如我们熟悉的日、月、年等基本的标度时间(scaled time)无不来自天象、物候与人类生命节律的关系。因此,时间的原初之意是"时机"。但随着测度时间(典型表现是钟表时间)日益被人们所熟悉并发挥着越来越重要的作用,人们反而将其当作了时间的本质,而逐渐忽视与遗忘了其最初的"时机"之意。[①]"恢复时间的'时机'本义,对于理解幼儿园作息时间保持弹性的原则至关重要","只有以发展的时机作为依据,教育的时机才

---

① 吴国盛. 时间的观念 [M]. 北京:北京大学出版社,2006:19-24.

会有效用"。①以儿童生命的"真正的时间"为依据的生长性教育时间观内在要求"要尊重儿童生命生长的节奏""要关注儿童的需要""要尊重儿童生命生长的差异性"。②作为"儿童发展的内在尺度"的"'内部时间表'来自最为精巧的大自然之手，与之相比，任何人为规定的外部时间表都相形见绌。只有当外部时间表与内部时间表相匹配时，外部时间表才可能发挥作用"③。因而，"教师的专业素养恰恰表现于如何去观察、了解和理解儿童在一日活动中表现出来的状态和力量，捕捉各种发展时机，将之化为教育时机，给予引导和支持"。④儿童在游戏中表现的不确定性决定了其发展时机的不确定性，这就决定了基于这种不确定性的发展时机的教育时机以及据此制订的游戏时间，也就具有了不确定性。因而，契合与遵循儿童发展时机的游戏时间就要保持足够弹性，以适合不同幼儿以及同一幼儿在不同游戏中不同的发展时机。这就决定了弹性化是以教师放手与儿童参与为核心的游戏时间留白的核心特质之一。

遵循幼儿游戏的节奏与发展时机的游戏时间的弹性化，要求教师在不对一日生活中其他环节造成明显消极影响的情况下保持时间弹性变化，为幼儿游戏提供灵活的时间基础与保障。时间弹性化的首要内涵指，教师在实践中并非忠实执行事先制订的"一日作息时间表"，而是根据具体情况灵活调整，即相对于作息安排而言，在实践中游戏时间安排的弹性化。这就要求"保持你的日程安排有一定的灵活性，使你能够为儿童延长一些特别令人兴奋和有效的游戏时间。如果游戏主题使儿

---

①④黄进.重塑时间生活：幼儿园时间制度化现象审思 [J].中国教育学刊，2019（06）：61.

② 张更立.生命哲学视域下的生长性教育时间观及其启示 [J].学前教育研究，2010（12）：33-34.

③ 侯海凤.儿童的时间观念与儿童教育时间的"取法自然" [J].学前教育研究，2009（08）：33.

童特别投入，考虑在第二天延伸该主题"①。总之，"时间表应该发挥指导功能，并尊重儿童的需求和兴趣，而不是变成严格的时间控制工具"。因此，教师应"将时间表作为安排活动的参考，而不是严格古板的框架"。②此外，时间弹性化还指不同幼儿游戏时间的弹性化。具体地说，不同幼儿所需的游戏时间存在差异，因而教师需要根据不同幼儿的游戏需要，灵活调整游戏时间以满足不同幼儿的游戏需要。如：当大部分幼儿游戏结束了但个别幼儿还继续沉浸在自己的游戏中时，可以允许个别幼儿继续游戏，而不是以"时间到了"为由"一刀切"。

（二）模块化

除了制度化与标准化之外，幼儿园一日作息时间表还经常存在碎片化的现象，如：有研究发现，幼儿在园一日完整的生活时间被大致均匀与边界清晰地分配成20—30分钟短时间段的多个活动环节，呈现出碎片化的特点，然后被拼凑放置于方方正正的时间表中，但这看似完整的时间表"内在实则被碎片化的时间分配瓦解得破碎不堪"。③这种碎片化的时间安排，会让幼儿经常处于一种"赶时间"的状态，不利于根据自己的需要生成高质量的游戏活动。"很多教师认为短时游戏能让儿童忙碌而减少无聊的时间。但是，研究却得出相反的结论，短时游戏会减少深度游戏，使儿童更多地旁观或闲逛（Christie & Wardle，1992；Tegano

---

① 【美】桑德拉·海德曼，迪波拉·休伊特.游戏：从理论到实践［M］.邱学青，高妙，译.南京：南京师范大学出版社，2015：38.

② 【美】朱莉·布拉德. 0—8岁儿童学习环境创设［M］. 陈妃燕，彭楚芸，译. 南京：南京师范大学出版社，2014：50-51.

③ 黄倩.幼儿在园一日生活时间的社会学研究［D］.南京师范大学，2021.

& Burdette，1991）。"①因此，"单位游戏时间的安排尽量避免碎片化与零散化，而应尽可能做到模块化，便于幼儿能在单位游戏时间内专注和持续地开展复杂的高水平游戏"②。

游戏时间的模块化首先体现为形式的模块化，主要是针对单位游戏时间而言的，指单位游戏时间的安排要有一定的连续性和持续性。充足、自由的时间有助于幼儿在单位游戏中有更多选择与尝试的机会与可能，也是支持和保障高质量游戏的重要条件。理论和实践领域中，关于单位游戏时间连续性和持续性的重要性和必要性目前已经达成了基本共识："儿童需要有大段的额外时间进行积极探究（Bredekamp & Copple，1997）……大段时间使儿童有时间单独游戏或进行合作计划游戏，投入有意义的学习活动，并能延长他们的注意力集中时间；还能使他们学会自主管理时间。"③"提供足够的自由时间"是成人鼓励高质量游戏的一种方式（Johnson，Christie & Yawkey，1987）。④在安吉游戏中，"充足而灵活的时间是必要条件"⑤。具体到单位游戏时间的具体时长方面，从半小时到不少于甚至超过1小时，观点不一。有学者在谈到社会戏剧游戏时指出，"儿童有足够的时间来计划和开展社会戏剧游戏是至关重要的。它往往需要一些时间来设置游戏、选择角色、处理冲突、让

---

① 【美】朱莉·布拉德. 0—8岁儿童学习环境创设 [M]. 陈妃燕，彭楚芸，译. 南京：南京师范大学出版社，2014：49-50.

② 秦元东，白碧玮，庄盈媚，等. 幼儿园游戏指导方法与实例：游戏自主性的视角 [M]. 北京：中国轻工业出版社，2018：143.

③ 【美】朱莉·布拉德. 0—8岁儿童学习环境创设 [M]. 陈妃燕，彭楚芸，译. 南京：南京师范大学出版社，2014：50.

④ 【美】桑德拉·海德曼，迪波拉·休伊特. 游戏：从理论到实践 [M]. 邱学青，高妙，译. 南京：南京师范大学出版社，2015：36.

⑤ 程学琴. 放手游戏 发现儿童 [M]. 上海：华东师范大学出版社，2019：88.

其他儿童参与游戏。游戏时长应当至少持续三十到四十分钟（Johnson，Christie & Wardle，2005）"[1]。另有学者指出，"为深度学习延伸区域活动时间"，"最短的区域活动时间不能少于1小时（Bredekamp & Copple，1997；Copple & Bredekamp，2009）……大段区域活动时间为儿童提供了做决定的机会，学习计划和管理时间，并按照他们自己的方式进行游戏"[2]，"安吉游戏课程提倡在一日生活中，至少保证有一次的游戏时长超过一个小时"[3]。需要注意的是，游戏时间的模块化并非要求幼儿在园的每次游戏时间都符合连续性和持续性的要求，而一般强调幼儿每天在园中至少有一次游戏时间能具有连续性。如浙江省一级幼儿园评估细则中，"自由游戏"项目的"指标内容"中明确指出"至少有一次机会可以连续进行45分钟以上的自由游戏"[4]。

游戏时间的模块化其次体现为内容的模块化，主要是针对单个时间段而言的，指单个游戏时段中涉及多个活动，其背后体现了一种"多事项时间"。美国人类学家爱德华·霍尔于20世纪80年代提出了"单事项时间"与"多事项时间"的概念。以单事项时间方式行事之人，将事情分成一件一件或将同一件事分成多部分，每次只做一件事或只完成某一部分。与此不同的是，以多事项时间方式行事之人，经常在同一时间内做几件事，或者从一件事转换到另外一件事，善于根据情境的变化调整做事的方式。相比较而言，单事项时间方式体现了一种线性时间观，

---

① 【美】桑德拉·海德曼，迪波拉·休伊特.游戏：从理论到实践［M］.邱学青，高妙，译.南京：南京师范大学出版社，2015：37.

② 【美】朱莉·布拉德. 0—8岁儿童学习环境创设［M］.陈妃燕，彭楚芸，译. 南京：南京师范大学出版社，2014：54.

③ 程学琴. 放手游戏 发现儿童［M］. 上海：华东师范大学出版社，2019：89.

④ 摘自浙江省教育考试院编写的《浙江省幼儿园等级评定评估指导手册（2023版）》（内部资料）。

在效率方面颇具优势；而多事项时间方式更适合涉及人的本性的领域，如教育、艺术等。[①]因此，作为一种基于多事项时间观的内容的模块化，核心是将一些相关的活动归为一类，放在某单个时段内。这便于幼儿在这个时段内根据自己的需要选择和确定开展活动的顺序与方式，并且不必开展完一个活动再进入下一个活动，而是可以同时在多个活动之间自由穿梭。此外，这还可以有效减少过渡环节以及由此可能产生的消极等待等问题。"减少过渡环节的关键在于避免为每个常规活动都设置单独的时间段，并尽量减少所有儿童同时做一件事的情况。有些常规活动（如进餐点、如厕或穿脱衣物）可以融入儿童的自主活动（如区域活动或户外活动）的收尾阶段，允许儿童按照自己的节奏活动。"[②]如下页表5-1"修改后的日程表"中"9：00-10：30"这个时间段就包含了区域活动、洗手、进餐点等多个活动。

---

① 何敏.教育时空问题初探[D].华东师范大学，2003.
② 【美】玛乔丽·J.科斯泰尼克，安妮·K.索德曼，艾丽斯·菲普斯·惠仁，等.发展适宜性实践：学前教育领域活动的设计与实施[M].郑福明，等，译.北京：教育科学出版社，2021：418-419.

表5-1 半日制幼儿园过渡环节调整情况[①]

原先的日程表	修改后的日程表
8：00—8：15儿童入园、洗手（先到的儿童在集体活动区等待，自主看书，直到所有人到齐）	8：00—8：45儿童入园、洗手，玩桌面玩具（儿童可以自由进行一些桌面活动，如玩面团、拼图或者剪纸，轻松融入活动中）
8：15—8：45看日历、天气，介绍当天的活动	
8：45—9：15自主游戏	8：45—9：00集体活动（包括少量常规活动，以及提前介绍当天的活动日程和区域活动）
9：15—9：30清理	
9：30—10：15小组活动（每15分钟轮换一次区域）	9：00—10：30区域活动，洗手、进餐点（教师支持儿童游戏，为小组或单个儿童教授游戏技能。进餐点安排在某一区域，允许儿童按自己的节奏吃点心）
10：15—10：30洗手、进餐点	10：30—10：45清理（儿童清理完自己的区域后，穿好衣服参加户外活动）
10：30—11：00户外活动	10：45—11：30户外活动
11：00—11：30音乐和"圆圈时间"	
11：30放学（儿童在同一时间放学，一起去穿外套，儿童等待家长或校车来接）	11：30放学（在家长或校车来接儿童之前，他们可以玩小组游戏或唱歌）

游戏时间的弹性化内在契合了留白理念并且是其要求和体现，模块化为幼儿在游戏中有更多的可能性、开放性与生成性（即留白）提供了条件，这两大核心特质是留白在游戏时间领域实现的重要条件和具体表现，是内在统一的。"为了有效地管理班级，我们应该为儿童的积极参

---

① 【美】玛乔丽·J.科斯泰尼克，安妮·K.索德曼，艾丽斯·菲普斯·惠仁，等. 发展适宜性实践：学前教育领域活动的设计与实施[M]. 郑福明，等，译. 北京：教育科学出版社，2021：419.

与安排大段的活动时间，接着，以这个时间表作为向导，并抓住自发的教育契机开展活动。"[1] 这在《中国幼儿园教育质量评价量表（城乡版）》"课程"部分的"自由游戏"中"时间/材料"指标的不同等级（见表5-2[2]）中也有所体现。

表5-2　"自由游戏"中"时间/材料"指标的不同等级一览表

指标 等级	不适宜 1	2	及格 3	4	一般 5	6	良好 7	8	优秀 9
时间/材料	1.1 除了户外活动以外，幼儿几乎没有室内游戏时间。		3.1 幼儿每天有一些室内游戏时间。		5.1 幼儿每天至少有30—45分钟的室内自由游戏活动。		7.1 幼儿每天至少有一整段时间为30—45分钟的室内自由游戏活动。		9.1 一天的大部分时间里，所有活动区的材料都向幼儿开放，幼儿每天有较充足的时间自由使用材料。

从表5-2发现，主要是从量和质两方面区分时间方面的不同等级。量的方面主要体现在时间的绝对数量，从"几乎没有"到"有一些"（累积）"30—45分钟""至少……30—45分钟"，再到"一天的大部分时间"，可以发现数量逐步递增。质的方面主要体现在时间的模块化与弹性化，模块化方面，相较于"一般""良好"，要求"一整段时间为30—45分钟"；弹性化方面，相较于"良好""优秀"，要求"一天的大部分

---

[1] 【美】朱莉・布拉德. 0—8岁儿童学习环境创设 [M]. 陈妃燕，彭楚芸，译. 南京：南京师范大学出版社，2014：51.

[2] 刘焱，潘月娟. 中国幼儿园教育质量评价量表（城乡版）[M]. 北京：北京师范大学出版社，2019：25.

时间里，所有活动区的材料都向幼儿开放，幼儿每天有较充足的时间自由使用材料"。

总之，游戏时间的弹性化与模块化是时间留白的两大核心特质，彰显和契合了幼儿"内在时间""自然时间"，是对"钟表时间""外在时间"批判性反思基础上超越的产物而非简单否定，是"取法自然"。这意味着"成人必须让异化的'钟表时间'返回'自身'，教育时间的安排必须以幼儿内在的时间进程和时间体验为最重要的参照，同时必须让外部时间进程和内部时间进程协调统一"[①]。这在实质上也契合了幼儿园游戏指导中填充与留白两大向度之间彼此交织与密不可分的理念。

二、实践探索：场域游戏月推进

时间留白是幼儿园游戏留白的基础，影响、渗透于游戏材料、评价等其他方面的留白之中。实践中已有幼儿园开展了有关这方面的一些有益探索，其中，浙江省杭州市萧山区江南幼儿园开展的"场域游戏月推进"[②]就是一种大胆创新。"场域游戏月推进"是以"月"为时间单位，聚焦幼儿持续开展场域游戏的过程，通过时间延长、空间共创、材料流通、连续观察、教学支持等方式持续支架，伴随着师幼交互、共历、同行，幼儿在探究、创造、表征、表达的过程中成为有能力的学习者。"场域游戏月推进"中，时空重构是基础，其中"时间延长"的实质即包括游戏时间在内的活动时间的弹性化与模块化，主要体现在"班级周工作记录表"和"班级一日活动安排表"的探索性变革。

---

① 侯海凤. 儿童的时间观念与儿童教育时间的"取法自然"[J]. 学前教育研究，2009（08）：35.

② 本案例根据浙江省杭州市萧山区江南幼儿园朱洁蓉、陈迪萍提供的相关材料整理而成，在此表示感谢。

（一）班级周工作记录表

事先制订的"周计划"已然无法满足"场域游戏月推进"中所倡导的"时间延长"的理念与要求，于是创新提出与尝试了"班级周工作记录表"。教师和幼儿可以共同计划好每日的部分时间与活动，也可以随机生成，并且共同参与和记录每日发生的事情。

1.四大时间模块

将幼儿在园时间划分为四大时间模块（见表5-3），即生活时间、游戏时间、学习时间和运动时间，以相对固定的时间模块来确保一周活动的相对均衡性。四大时间模块并不是完全被限定在固定的时间里，而是可以灵活调整。例如，原本的晨间运动时间是7：50—8：40，但鉴于某天早上幼儿需要先采集落叶，所以教师和幼儿共同商量，把运动时间调整到下午。在保障四类时间都出现并达到时长要求的情况下，教师和幼儿可根据需要随时调整每类活动时间的具体时长。

表5-3 "场域游戏月推进"中四大时间模块一览表

生活时间	游戏时间	学习时间	运动时间
植物记录， 天气记录， 一对一倾听记录， 盥洗与吃点心， 午餐、喝水、塞汗巾， 听睡前故事、音乐， 简单的劳动 ……	游戏计划， 室内自主游戏， 工坊游戏， 户外自主游戏， 游戏分享、讨论， 游戏表征倾听， 制作游戏材料、拍摄游戏素材……	阅读活动， 调查、访问， 感知与体验， 表征和记录， 区域活动、写生， 创作作品、手工制作， 欣赏音乐、阅读笔记 ……	晨间锻炼， 韵律操， 餐后散步， 秋冬慢跑， 体能活动 ……

2.表格自主选择

"班级周工作记录表"实质是一张有待教师和幼儿共同规划、实现与记录的"空白表"。鉴于教师专业能力的差异，幼儿园设计和提供了留白程度不同的橙蓝双表。一般情况下，能力较强的教师可以选择蓝表，根据上周具体情况，周一上班前在表格中填写完成"本周发展重点"和"家园共育"，至于每天的具体安排，在保障四大时间模块的前提下，教师可根据班级具体情况灵活确定每个时间模块的具体时段和安排（见下页表5-4）；而能力较弱的教师可以选择时间相对固定的橙表，根据上周具体情况，周一上班前在表格中除了填写完成"本周发展重点"和"家园共育"外，还要填写完成每天下午的活动安排，并确定"餐后"可能开展的活动，至于每天上午的"游戏组织"时段，需要根据班级具体情况灵活确定活动内容（见下页表5-5）。当然，能力较弱的教师也可以尝试采用蓝表。班内两位老师可以讨论确定选择蓝表或橙表。

表5-4　江南幼儿园2023学年第一学期班级周工作记录表（蓝表）

班级：大八班　　　　第8周　　　　　　时间：10月16日—10月20日

本周发展重点	1.游戏目标：熟悉想象力广场的环境，根据空间，自主选择玩伴，运用不同的场域材料，自由游戏。 2.生活目标：根据天气以及运动量，学习自我体察，及时加减衣物。 3.学习目标：在游戏中，学习各类材料、工具的使用。 4.运动目标：发展速度、柔韧性、灵敏性和平衡能力。				
家园共育	1.游戏推进：鼓励家长和孩子共同收集各种孩子需要的游戏材料。 2.记录与分享：周末可以和孩子一起回顾本周游戏中发生的点点滴滴，鼓励孩子多多表达，将内容记录在儿童月历上，并及时给予鼓励。 3.家长、社区相关资源：和孩子一起参观本地的亚运场馆，共同感受亚运氛围。 4.运动相关：利用周末，学习各类运动，提高身体协调性。				

星期		一	二	三	四	五
上午	晨间活动	自我服务/自由交往/自由游戏				
		户外运动场/室内微运动/生活活动				
	游戏组织					
	餐后					
		午睡/起床/吃点心/自由活动				
下午	教学活动或游戏活动					
	离园	自我服务/安全教育/自由游戏				

　　备注：如遇极端天气，晨间户外运动改为室内微运动，户外自主游戏改为室内自主游戏。

表5-5　江南幼儿园2023学年第一学期班级周工作记录表（橙表）

班级：大四班　　　　第8周　　　　　　时间：10月16日—10月20日

本周发展重点	1.游戏目标：熟悉格子菜园环境，会运用不同的材料和不同玩伴游戏。 2.生活目标：根据天气以及运动量，能自我体察，及时加减衣物。 3.安全目标：在游戏中保护自己，注意工具性材料的使用安全。
家园共育	1.孩子穿适宜运动和游戏的服装。 2.需要准备遮阳帽、汗巾以及水壶，周一和周四去格子菜园容易弄脏衣服，需要多备一套衣物。 3.和孩子一起准备种植的种子，在菜园里种下一粒小种子，亲子一起观察记录种子的生长。 4.周末可以和孩子一起回顾本周游戏中发生的点点滴滴，鼓励孩子多多表达，并及时给予鼓励。

星期		一	二	三	四	五
上午	晨间活动	自我服务/自由交往/自由游戏				
		户外运动场/室内微运动/生活活动				
	游戏组织					
	餐后	一对一倾听、自主阅读、自主建构、植物角管理等				
午睡/起床/吃点心/自由活动						
下午	教学活动或游戏活动	室内自由游戏（陶泥坊）	户外自主游戏（格子菜园）	室内自由游戏 劳动：整理菜园	户外自主游戏（格子菜园）	安全讲堂：特别的工具 体育游戏：动物和运动
	离园	自我服务/安全教育/自由游戏				

备注：①共有三类教学活动，表中的浅灰色部分代表教师提前预设的教学活动。除此之外，还可能有师幼共同发起的教学活动（深灰色部分）；幼儿发起、教师分小组支持的教学活动（斜线部分）。②如遇极端天气，晨间户外运动改为室内微运动，户外自主游戏改为室内自主游戏。

3.随机灵动分割

在"场域游戏月推进"中，幼儿园将游戏时间延长至2小时，每天上午9：00—11：00左右，作为全游戏的时间。这2个小时完全由教师和幼儿共同决定做什么，随机灵活。并且时间可以被分割为1—3段，给予师幼更为自由的游戏组织时间。例如，教师可以选择在9：00直接开始游戏，也可以先花5分钟整理材料，然后开始游戏；游戏结束后，教师可以依据游戏情况决定是花15分钟进行游戏回顾抑或是把15分钟延长到游戏中，当然保证幼儿1小时以上的游戏时间是必须的。这从一位能力相对较弱的教师最终完成的"班级周工作记录表"（部分）（见表5-6）中可以窥见一斑。

表5-6　江南幼儿园2023学年第一学期班级周工作记录表（部分）

班级：大四班　　　　第8周　　　　　　时间：10月16日—10月20日

星期		一	二	三	四	五
晨间活动		自我服务/自由交往/自由游戏				
		户外运动场/室内微运动/生活活动				
上午	游戏组织	计划：菜园游戏畅想1	室内自由游戏（陶泥坊）	实践：市集走访。小备注：记录方法可以更多样	计划：菜园游戏畅想2。小备注：关注游戏材料的调整	自主游戏（格子菜园）
		自主游戏（格子菜园）	欣赏：菜地里的苗苗	自主游戏（格子菜园）	室内自由游戏（陶泥坊）	制作：菜园守护者
		整理游戏材料				
	餐后	一对一倾听、自主阅读、自主建构、植物角管理等				

续表

星期		一	二	三	四	五
		午睡/起床/吃点心/自由活动				
下午	教学活动或游戏活动	室内自由游戏（陶泥坊）	户外自主游戏（格子菜园）	室内自由游戏	户外自主游戏（格子菜园）	安全讲堂：特别的工具
				劳动：整理菜园		体育游戏：动物和运动
	离园	自我服务/安全教育/自由游戏				

　　备注：①深灰色部分代表师幼共同发起的教学活动；斜线部分代表由幼儿发起、教师分小组支持的教学活动；浅灰色部分代表教师提前预设的教学活动。②如遇极端天气，晨间户外运动改为室内微运动，户外自主游戏改为室内自主游戏。

4.基于证据调整

　　教师在具体实践中，根据幼儿的需要和兴趣等，随时加入"小备注""小改变"。通常情况下，建议教师采用不同方式进行标注，如"小备注"以红色字为标注，"小改变"以蓝色字为标注。当然，只要能标清楚是"小改变"还是"小备注"即可，教师可以自由选择具体呈现方式。但教师必须基于通过观察等方式获取有效"证据"才能作出调整或决策，而不是随心所欲改动。例如，在杭州举办亚运会期间，教师听到幼儿在午餐时闲聊跳水的话题，捕捉到这一学习契机，于是把原本的餐后阅读改成了观看亚运会跳水比赛。又如，教师发现幼儿在玩香水提取游戏时，对于不同的提取工具产生了质疑，发生了争吵，于是及时做了"小备注""香水提取工具"，并在后续活动中跟进了不同工具的收集、使用与比较。这从一位能力相对较强的教师最终完成的"班级周工作记录表"（见下页表5-7）中可以窥见一斑。

表5-7　江南幼儿园2023学年第一学期班级周工作记录表（部分）

班级：大八班　　　　第8周　　　　　　　时间：10月16日—10月20日

	本周发展重点	1.游戏目标：熟悉想象力广场环境，自主选择玩伴，运用不同的场域材料，自由游戏。小改变：分小组讨论并制作游戏材料。 2.生活目标：根据天气以及运动量，学习自我体察，及时加减衣物。 3.学习目标：学习各类材料、工具的使用。 4.运动目标：发展速度、柔韧性、灵敏性和平衡能力。
	家园共育	1.游戏推进：鼓励家长和孩子共同收集各种所需的游戏材料。 2.记录与分享：周末可以和孩子一起回顾本周游戏中发生的点点滴滴，鼓励孩子多表达，将内容记录在儿童月历上，并及时给予鼓励。 3.家长、社区相关资源：和孩子一起参观本地的亚运场馆，共同感受亚运氛围。 4.运动相关：利用周末，学习各类运动，提高身体协调性。

星期		一	二	三	四	五
	晨间活动	自我服务/自由交往/自由游戏				
		户外运动场/室内微运动/生活活动				
上午	游戏组织	计划：想象力广场游戏畅想	室内自主游戏（布艺坊）。 小备注：投放各类布艺材料	实践：游戏材料柜整理。 小备注：整理已有材料，列出需要新增的材料	计划：足球游戏畅想。 小备注：倾听幼儿对于足球游戏的想法	自主游戏（想象力广场）
		自主游戏（想象力广场）。 小备注：材料整理凌乱				
			欣赏：今日游戏精彩瞬间	自主游戏（想象力广场）。 小备注：重点观察材料使用情况	室内自主游戏（布艺坊）。 小备注：指导幼儿关于足球服装的设计	制作：足球围栏制作 小备注：关注幼儿所需的材料
		整理游戏材料 小备注：15分钟				
	餐后	一对一倾听、自主阅读、自主建构、植物角管理等				
		午睡/起床/吃点心/自由活动				

续表

星期		一	二	三	四	五
下午	教学活动或游戏活动	记录：我的游戏故事。小备注：个别化表征	集体教学：各类运动规则。小备注：重点观察比赛规则	分享：A组：一对一倾听，B组：小组讨论进球规则	自主游戏（想象力广场）。小备注：重点观察小组合作、角色分工情况	展示：本周游戏播报。小备注：总结游戏畅想经验
		回顾：分享游戏故事。小备注：聚焦游戏中的困难	调查：我最喜爱的运动。小备注：关注幼儿感兴趣的运动项目。调查：我最喜爱的运动项目	探访：萧山体育馆。小备注：激发幼儿关于各类运动的兴趣	安全讲堂：游戏安全	整理：幼儿一周游戏表征整理
离园		自我服务/安全教育/自由游戏				

备注：①深灰色部分代表师幼共同发起的教学活动；斜线部分代表由幼儿发起、教师分小组支持的教学活动；浅灰色部分代表教师提前预设的教学活动。②如遇极端天气，晨间户外运动改为室内微运动，户外自主游戏改为室内自主游戏。

（二）班级一日活动安排表

"场域游戏月推进"中，幼儿园对班级一日活动安排也进行了大胆尝试，提供了两种留白程度不同的"班级一日活动安排表"（即蓝表和橙表）供教师自选。

一般情况下，能力较弱的教师选择留白程度相对较小的橙表（见下页表5-8）。橙表的设计体现了包括游戏时间在内的时间模块化的理念。橙表主要划分了"上午活动""午间活动"和"下午活动"三大板块，每个板块进一步细化共确定了六大时间模块。其中涉及游戏的主要是上午9：20—11：30这个时间模块，主要围绕游戏活动展开，涉及游戏计划、自主游戏、游戏反思及自选活动三方面内容，一般是按照这个顺序依次开展，当然也可以根据具体情况进行内容删减与顺序调整。此外，下午14：30—16：20这个时间模块"幼儿自选活动或教师发起活动"正如其名称所暗示的那样也可能会涉及游戏，可以由教师根据具体情况选择与确定。

表5-8　江南幼儿园2023学年第一学期班级一日活动安排表（橙表）

时间	主要环节	主要内容
8：00—8：50	来园活动	1.植物记录和天气记录。幼儿进行对植物、天气的观察记录，教师跟随幼儿做好一对一倾听及记录。家长也参与倾听记录。 2.自主活动。完成记录后，幼儿根据自己意愿进行室内游戏或阅读活动。
上午活动 9：20—11：30	游戏计划	1.前期儿童调查、访问、感知与体验。幼儿初步探寻场域游戏，根据自己的兴趣和经验提取游戏生成的方向，计划游戏内容。 2.制订初步游戏计划。幼儿链接场域特质和游戏资源，制订计划。
	自主游戏	1.韵律操。在户外游戏开展之前，幼儿进行游戏前律动，感受、倾听乐曲，用自己喜欢的动作进行自主表达与表现。（音乐由幼儿自主选择，每月更换，音乐时长根据实际情况决定） 2.游戏。幼儿在本班户外游戏区（游戏工坊、教室活动室）自主选择所需的材料进行自主游戏，每日游戏时长保证1小时。 3.整理。游戏结束后幼儿整理材料，做好自身清洁盥洗。
	游戏反思及自选活动	1.游戏记录。完成盥洗与吃点心后，幼儿将自己在自选户外游戏中的所思所想、所见所闻用自己喜欢的方式记录下来，教师跟随幼儿做好一对一的倾听和记录。 2.自主活动。完成游戏记录后，幼儿根据自己的意愿进行室内游戏或阅读活动。 3.分享活动。教师整理游戏过程拍摄的素材，分组组织分享活动。

续表

时间	主要环节	主要内容
午间活动 11：30—12：30	午餐及餐后自选活动	1.午餐。幼儿自主取放餐盘、餐具，自主盛取饭菜，每组幼儿自主合理分配食物，饭后漱口。 2.自主活动。午餐后，幼儿根据意愿在室内、走廊进行游戏或阅读活动。教师继续跟随幼儿做好上午的植物、天气、游戏记录。幼儿还可以对上午分享活动中感兴趣的内容进行记录或进行其他各项记录（如室内的游戏、创作的作品、欣赏的音乐、阅读笔记等），教师继续跟随幼儿进行倾听和记录。
12：30—14：30	午睡	1.睡前故事：教师"读故事"、幼儿讲故事等。 2.午睡：幼儿入睡，教师做好巡视工作。
下午活动 14：30—16：20	幼儿自选活动或教师发起活动	1.自主活动。盥洗和吃点心后，幼儿根据意愿进行游戏、阅读活动或进行各种记录。教师继续跟随幼儿完成一对一倾听和记录。 2.幼儿自选活动或教师发起活动。教师根据班级情况决定自主游戏或运动，或是追随幼儿在一日生活中关于阅读、动植物、天气、节气等活动中的发现、关注点、兴趣点等发起讨论，也可以开展音乐欣赏、写生等活动。
16：20	离园	1.离园。幼儿整理个人物品，做好离园准备。教师与个别家长交流幼儿在园情况。 2.自主活动。家长未来接的幼儿继续根据自己的意愿进行自主游戏、阅读活动或各种记录。教师继续跟随完成一对一倾听与记录。

相比于橙表中"三大板块""六大时间模块"提供了基本的时间、空间和内容框架，蓝表（见下页表5-9）就简单多了，只是列出了"四大时间模块"（即生活时间、游戏时间、学习时间和运动时间）以及每个模块的"主要环节"与"主要内容"，并没有将它们按照顺序进行排列。"四大时间模块"实质更像是"四大内容模块"，只是列出了一日活动中可能涉及的主要活动。但这些活动具体在哪个时段、以何种顺序开展，均由教师在保障一周活动均衡性和满足《幼儿园保育教育质量评估

指南》等相关政策文件中规定的各类活动时间总量的前提下，根据本班幼儿的需要、兴趣等具体情况进行选择与确定。从总体看，蓝表的留白程度更大，给教师和幼儿留下的自由选择与确定的空间更大，当然教师面对的挑战也就更大。因此，一般是能力较强的教师选择运用蓝表。当然，能力较弱的教师也可以尝试使用蓝表。

表5-9　江南幼儿园2023学年第一学期班级一日活动安排表（蓝表局部）

四大时间模块	主要环节	主要内容
生活时间	入园活动 植物、天气记录	略
	一对一 倾听记录	略
	盥洗、喝水、吃点心	略
	午餐及餐后 自选活动	略
	睡前故事和音乐	略
	简单劳动	略
游戏时间	游戏计划	1.前期儿童调查、访问、感知与体验。幼儿初步探寻场域游戏，根据兴趣和经验提取游戏生成的方向，计划游戏内容。 2.制订初步游戏计划。幼儿链接场域特质和游戏资源，制订计划。
	自主游戏	1.游戏。幼儿在本班户外游戏区（游戏工坊、教室活动室），自主选择所需材料进行游戏，每日游戏时长保证1小时。 2.整理。游戏结束后幼儿整理材料，做好自身清洁盥洗。

续表

四大时间模块	主要环节	主要内容
游戏时间	游戏反思及自选活动	1.游戏分享、讨论。幼儿分享自己的游戏成果及遇到的问题，与老师、同伴讨论。教师整理游戏过程拍摄的素材，分组组织分享活动。 2.游戏表征、倾听。幼儿用自己喜欢的方式记录在游戏中的所思所想、所见所闻，教师跟随幼儿做好一对一的倾听和记录。 3.制作游戏材料。幼儿在游戏中根据自己的意愿制作游戏中所需的材料。在游戏前后共同收集辅助材料。 4.自主活动。游戏记录后，幼儿根据自己的意愿进行室内游戏或阅读活动。
学习时间	阅读活动	略
	调查访问	略
	感知与体验	略
	表征和记录	略
	区域活动	略
	创作作品欣赏音乐、写生	略
运动时间	晨间锻炼	略
	韵律操	略
	餐后散步	略
	体能活动	略

总之，游戏时间留白的核心是从时间控制走向时间自主，实质是教师将在游戏时间领域的权利让渡给幼儿一些而非全部，即赋权。留白的最大挑战之一是如何处理好其与填充之间的关系，核心即教师和幼儿之间的关系。具体到游戏时间留白，就是如何处理好游戏时间管理中教师和幼儿的责任、权利与自主的关系问题。

第 二 节

空间留白的选择：活动区VS材料区

除游戏时间外，游戏空间也是幼儿园游戏顺利、有效开展的基础。"'活动区'就为实践'以游戏为基本活动'提供了空间保障和物质准备"。①活动区思想主要源于开放教室，遵循"亲密"与"开放"两大核心价值取向，以"既衔接又区隔"的方式将教室划分为若干小空间（即活动区），便于儿童形成关系更为亲密的小组进而开展个性化活动，同时，不同活动区之间的边界具有"渗透的特性"，便于彼此间互动。②在实践中，班级区域活动、功能室活动、公共区域实践③、生态式区域活动实践④、主题性区域活动实践⑤等，虽具体做法各异，但核心均基于活动区。但实践中出现了活动区功能特异化、活动区之间过于封闭割裂、幼儿"被选择"或"被坚守"于某一活动区、不同活动区的材料限于本区使用等诸多问题。针对实践中的"假游戏"现象，"安吉游戏"⑥通过采取材料设计、投放与使用的"开放原则""游戏场地之间无边界"和"场地功能

---

① 华爱华. 从学前教育改革与发展看幼儿园活动区活动 [J]. 幼儿教育（教育科学），2012（Z4）：68.

② 黄进. 幼儿园区域活动的来源与挑战 [J]. 学前教育研究，2014（10）：31-34.

③ 李建君. 区角，儿童智慧的天地 [M]. 上海：上海社会科学院出版社，2005：42-46.

④ 秦元东，王春燕. 幼儿园区域活动新论：一种生态学的视角 [M]. 北京：北京师范大学出版社，2008.

⑤ 秦元东，陈芳，等. 如何有效实施幼儿园主题性区域活动 [M]. 北京：中国轻工业出版社，2013.

⑥ 程学琴. 放手游戏 发现儿童 [M]. 上海：华东师范大学出版社，2019.

不被限定"等一系列措施，探索如何"最大程度地放手，最小程度地介入"以实现"放手游戏"，并进入"真游戏阶段"。安吉游戏中，幼儿园室内外空间中的"任何角落都是儿童的游戏空间，由儿童自主决定游戏材料、游戏区域、游戏内容和形式"。"安吉游戏"对活动区和材料的功能属性解构的观念与做法，在以"百宝箱"和"百宝屋"为重要标志的"海宁游戏"和以"空环境"和"材料超市"作为标配的"温州游戏"中也得到了充分体现。近年来，以"材料区"而非"活动区"作为重要空间保障的实践探索日益增多。

人类对空间的理解经历了一个由浅入深的过程，从古典空间哲学到现代空间生产理论，逐渐实现了"从自然地理空间取向转向教育—社会空间取向"。[①]目前，"空间理论开始将社会关系上升至本体论的地位，力图通过研究社会关系来揭示和说明社会事实，由此实现认识论与方法论的转变"。因而，"经由教育实践生成和建构的教育空间在本质上亦属于意义关系空间"，具有"建构生成性"。这就要求我们"对教育空间内涵的阐释需要从对实体的关注转向对关系的思考，从本质既定转向实践意义的建构"。[②]总之，教育空间是"依托于物理空间的，与具有'社会—教育'关系属性的人文空间相互交织的综合性关系空间"[③]。由此可见，"教育空间"体现了空间理解从"自然地理空间取向"向"教育—社会空间取向"的一种转向，蕴含着空间研究中一种新的认识论与方法论。具体到幼儿园教育领域，"幼儿园教育空间不只是单纯的教育空间，

---

① 吕进锋，曹能秀. 试论幼儿园教育空间的内涵、特征与评估［J］. 陕西学前师范学院学报，2020，36（03）：2-3.

② 王稳东. 教育空间：内涵本质与三元建构［J］. 中国教育学刊，2021（10）：36-38.

③ 吕进锋.少数民族文化教育空间研究——以云南省红河州为例［D］.云南师范大学，2020.

也是一种特殊的社会空间。幼儿园教育空间不只是单纯的实体空间，更是一种有生命的、有意义的关系空间"，进而可以"把具体的、可感可见的幼儿园物理空间、自然地理空间称为'表象空间'，把可感可知的、需要主体参与才能把握的空间称为'关系空间'"，并且相对而言，关系空间是"更深刻、更有意义、更具生命活力的空间"。[①]关系空间的核心是师幼关系，实质就是教师和幼儿在游戏空间领域中地位与权利的关系。在以重构和优化师幼（权利）关系为抓手，以教师放手和幼儿参与为核心的幼儿园游戏留白（包括游戏空间留白）中，活动区和材料区各自具有怎样的特点与价值？我们又可以做出怎样的选择？[②]

一、表象空间层面的活动区与材料区

表象空间层面的活动区和材料区主要是一种源于自然地理学空间概念的三维物理空间，是一种物质的空间，是"儿童游戏空间的前提"[③]，其中，活动区主要是以"活动类别"对幼儿园室内外空间划分与命名形成的空间，而材料区则主要是以地形特征或附近材料超市中的材料特质等"场域特质"对幼儿园室内外空间划分与命名形成的空间。这里将从空间布局、材料处置和功能指向三方面对活动区和材料区进行分析与比较。

---

① 吕进锋，曹能秀. 试论幼儿园教育空间的内涵、特征与评估 [J]. 陕西学前师范学院学报，2020，36（03）：3.

② 秦元东.活动区与材料区：游戏空间规划的来"龙"与去"脉"[J].学前教育研究，2022（10）：29-37.

③ 吕进锋，曹能秀. 关系社会：幼儿园儿童游戏空间新论 [J].陕西学前师范学院学报，2018，34（07）：80.

（一）空间布局：碎片化VS模块化

幼儿园活动区是"根据活动内容的类别对空间进行划分后形成的区域"[①]。在实践中，活动区划分除了主要依据儿童的活动之外，"又根据领域的内容和逻辑来进行材料的提供和线索的设计，体现了一种基于儿童活动的课程的空间组织形式"[②]。据此，实践者经常将幼儿园（尤其是室内）教育空间划分为许多活动区，如娃娃家、小医院、小超市、美食店、阅读区、建构区或积木区、益智区、科探区、美工区等；有的实践者会将其进一步细化，如"××火锅店"。这主要体现了一种碎片化取向的空间布局，其主要特点是活动区具体细致。这虽便于幼儿明确活动内容，但内在局限是结构化程度高，不利于幼儿对空间的再建构。为此，有实践者尝试将过于碎片化的活动区进行"同类合并"，形成相对较大的活动区，如将娃娃家、小医院、小超市、美食店等合并为角色区。这蕴含并初步体现了空间布局的模块化取向。

在对室内游戏环境进行"革命"的过程中，"安吉游戏""撕去了以游戏种类命名的标签"，"不再设置按功能划分的游戏区域"[③]。此时，主要根据活动内容类别划分与命名的"活动区"在安吉游戏中被"解构"或"消失"了。从另一种意义上讲，此时的幼儿园空间不再是被精心划分与布置的碎片化状态，而是一个未被分割因而有待儿童"开垦"的整体性与模块化的"荒原"。在安吉游戏中，为了支持儿童更好地"开垦"这一"荒原"，"游戏材料分类陈列，开放使用"[④]，"游戏材料也不再设

① 华爱华，马丽婷.表现性活动区的特点及环境创设［J］.幼儿教育（教育科学），2012（28）：6.

② 黄进.幼儿园区域活动的来源与挑战［J］.学前教育研究，2014（10）：33-34.

③④ 程学琴.放手游戏 发现儿童［M］.上海：华东师范大学出版社，2019：96.

定玩法和功能，而是以材料特征分为工具类、材料类、图书类、积木类等，分别陈列在收纳架上"①。因此，材料区是在实践中对碎片化活动区的批判与"解构"中孕育而生的，旨在支持幼儿在模块化的"空环境"中根据游戏需要进行空间再生产。因此，材料区是和游戏空间布局的模块化相伴而生的。

总之，在空间布局方面，活动区更倾向于并体现出比较明显的碎片化特点，而材料区则更倾向于并内在要求空间布局的模块化。

（二）材料处置：约束性VS开放性

"一个高质量的区域，应有清晰的目标，独具吸引力和美感，并提供符合儿童发展水平的，有趣的且能互动的丰富材料。"②以数学区为例，教师在"设定清晰的数学目标"的基础上投放"结合数学标准的区域材料"，为帮助幼儿"认识数字"，教师可以投放"带有数字的物体，包括计算器、加法器、游戏卡、磁性数字和拼图""数字配对游戏"相关材料、"砂纸数字""用橡皮泥、黏土或金属丝制作数字"……③由此可见，一个活动区的名称背后往往蕴含着一定的目标并暗示甚至有时决定所要投放的材料。从这个意义上讲，活动区对所要投放材料的种类、数量等具有较强的约束性。如：某幼儿园制订的小、中、大不同年段的区域材料投放指引手册中包含了"区域名称""价值功能""材料投放""幼儿的活动""结果呈现"等内容。以中班"角色区"为例，分别围绕"美

---

① 程学琴.放手游戏 发现儿童 [M].上海：华东师范大学出版社，2019：102.
② 【美】朱莉·布拉德. 0—8岁儿童学习环境创设 [M].陈妃燕，彭楚芸，译. 南京：南京师范大学出版社，2014：87.
③ 【美】朱莉·布拉德. 0—8岁儿童学习环境创设 [M].陈妃燕，彭楚芸，译. 南京：南京师范大学出版社，2014：204-208.

食店""宠物医院""服装店""理发店"等投放一些基础材料，同时还提供旧纸箱、树枝、松果、托底、黏土、彩色毛线等开放性材料。其中，在"理发店"中投放造型工具、洗发用品、烫发工具、发夹、围兜、剃须刀、假发、发饰、造型梳、烫发器、收银机、染发药水、染发工具、染发护耳等材料。

活动区对游戏材料的约束性，使得不同活动区中都有一些相对稳定或固定的材料（尤其是基础材料）。但若约束性过高，甚至达到了活动区和材料之间一一匹配的程度，则会不同程度地限制材料与活动区功能的发挥，导致对幼儿游戏不同程度的高控。为此，有实践者探索如何降低对材料的约束性，进而赋予材料更大的开放性。如：有的鼓励不同活动区材料的互通使用，指出"有策略地分区"，"在设计区域布局时，要重点考虑教室的固定特征、区域活动的动静性质以及如何用相邻区域中的材料丰富游戏"[1]。还有的明确提出"组合材料"，即"教师将原有的两组或两组以上的游戏材料组合在一起，形成一个新的游戏，引起幼儿新的活动的方法"[2]。"组合的核心是将原本分属于不同游戏中的材料，根据游戏的需要，创造性地组合在一起。"[3]

当解除了对材料的约束性进而使材料获得了"自由"，甚至实现了"独立"时，就使材料的真正"开放使用"成为可能，包括使用的场所、人员与方式，以及实现的功能等多方面的"开放"。这便是材料区材料

① 【美】朱莉·布拉德. 0—8岁儿童学习环境创设 [M]. 陈妃燕，彭楚芸，译. 南京：南京师范大学出版社，2014：94.

② 李建君. 区角，儿童智慧的天地 [M]. 上海：上海社会科学院出版社，2011：40.

③ 秦元东，白碧玮，庄盈媚，等. 幼儿园游戏指导方法与实例：游戏自主性的视角 [M]. 北京：中国轻工业出版社，2018：163.

处置的态度，即开放性。此时，材料和空间之间的关系更加灵活，会直接或间接引发与支持游戏空间的生成。在实践中，材料的类型与特性、周边游戏场地的地形特征等众多因素，会共同影响游戏空间的创设。例如，某幼儿园户外有一个"小山坡"，旁边原本投放了锅、碗、瓢、盆、石磨、滚筒、木板等材料。在原有材料和山坡地形的启发下，幼儿逐渐生发了"滑草游戏"，并从其他场域选择更多支持滑草游戏的材料，如滑草板、滑草垫、爬行垫、梯子、绳子、木板、席子、地毯、泡沫垫、塑料板、硬纸板、塑料桌布、脸盆等，进而使"小山坡"变成了一个"滑草场"。户外小山坡一开始并不指向特定的游戏功能，而是在材料等众多因素的引发下，逐渐拥有了"滑草"的功能，最终成了"滑草场"。在此过程中，材料更多是暗示或孕育一些游戏主题或玩法，当这些游戏主题或玩法契合了幼儿的兴趣和需要时，幼儿会据此更有目的性地从不同场域选择所需材料，进一步强化之前确定的游戏主题，进而最终将某一场地建构成适宜于契合自己需要的游戏活动开展的场地，如"滑草场"。此外，幼儿有时还会直接根据游戏需要选取所需材料，创设游戏空间。例如"温州游戏"中，"空环境"是其重要标志，空环境游戏一般包含收集材料、材料分类、选择同伴、制订计划、创设场景、自主游戏和整理分享七个步骤。其中，"创设场景"就是幼儿根据"制订计划"中的游戏需要主动选取所需材料，自由规划与创设游戏场景。

总之，材料处置的态度方面，在活动区中，对材料的种类、数量等表现出比较明显的约束性；而在材料区中，对材料则表现出明显的开放性。

（三）功能指向：特异性 VS 非特异性

"小医院"里的一名"医生"拿着画笔在地上专心画画的场景引发了教师的不解与困惑："医生"在"小医院"里画画是不是"不务正业"？我是否要干预呢？……一次公开观摩活动中，一位教师津津有味地介绍了建构区中的银行游戏、美甲店游戏、火锅店游戏后，一些听众对此提出了质疑，但也有一些听众对此表示了赞赏。这些"困惑""质疑""赞赏""分歧"实质上反映了对"某一活动区中发生的游戏类型与内容以及材料使用是相对确定与单一的还是不确定与多元的"这些问题的不同回答。这就是空间与材料功能指向是否具有特异性的问题。

在活动区中，空间布局的碎片化和对材料的约束性往往导致空间功能指向的特异性。主要依据活动类别划分的活动区在实践中经常和某一类甚至某一个活动内容相联系，如娃娃家和扮家家游戏、小医院和看病游戏、建构区与建构游戏等之间具有不同程度的"对应性"。这就是活动区空间功能指向的特异性。

功能指向的特异性是实践中"假游戏""游戏儿童"等诸多误区的一个重要根源，引起了许多研究者的关注并积极探索化解之策。同时，伴随着空间布局的不断模块化和材料不断摆脱活动区的约束性进而获得独立性，空间功能指向也逐渐开始体现出程度不同的非特异性。具体地说，随着碎片化活动区被不同程度的"解构"进而斩断了和某一特定活动的对应关系，材料区中模块化的"空环境"就允许并支持儿童根据游戏需要进行空间的再建构，这就是空间功能指向的"非特异性"。

总之，在功能指向方面，活动区中空间的功能指向相对更明确和单一，表现出明显的特异性；而材料区中空间的功能指向则相对更开放与多元，表现出明显的非特异性。

二、关系空间层面的活动区与材料区

儿童游戏空间具有"主体性、物质性、社会性、教育性、游戏性和关系性"等属性，其中"关系性是本质属性"①，包括儿童游戏空间在内的教育空间是"在教育主体间的关系性行动中被不断建构"②。"从空间主体看，儿童与教师是儿童游戏空间的两大主体。"③因此，儿童与教师之间的关系状态就为考察活动区与材料区提供了一个重要视角。

（一）活动区与材料区的主导视角

儿童游戏空间是在儿童与教师之间的关系性行动中被不断建构的。在此过程中，主导视角的不同反映了儿童与教师在空间建构中地位与作用的不同。

在材料区中，儿童的视角（children's perspectives）居于主导地位。"儿童的视角代表了儿童在其生活世界中的体验、感知与理解"，"是儿童作为他或她自己世界中的主体，是儿童自己的现象学"。④此时，儿童的视角充分实现了将游戏的权利还给幼儿并体现了游戏的自然性。但"'教育性'是游戏进入幼儿教育领域之后'获得的'特性"，和"自然性"共同"决定了幼儿园游戏是幼儿游戏的一种特殊的存在形式"⑤，其

---

① 吕进锋，曹能秀. 关系社会：幼儿园儿童游戏空间新论［J］. 陕西学前师范学院学报，2018，34（07）：80.

② 王稳东. 教育空间：内涵本质与三元建构［J］. 中国教育学刊，2021（10）：37.

③ 吕进锋，曹能秀. 关系社会：幼儿园儿童游戏空间新论［J］. 陕西学前师范学院学报，2018，34（07）：81.

④ SOMMER D, SAMUELSSON I P, HUNDEIDE K. Child Perspectives and Children's Perspectives in Theory and Practice［M］. Springer，2010：22-23.

⑤ 刘焱. 儿童游戏通论［M］. 北京：北京师范大学出版社，2008：349.

核心是强调幼儿园游戏是幼儿园课程的有机组成部分，旨在"帮助幼儿获得有益的学习经验，促进其身心全面和谐发展"①。因而，并非所有幼儿园游戏都是必需的，而是有不同水平之分，需要教师的筛选与支架。"教师不应当在尊重学生的'自主性'与'主体性'的漂亮辞藻下逃避教师的责任"②，而应"引领儿童，绝不能成为懒散的放浪"③。材料区以及基于此的游戏，在将游戏还给幼儿的同时，容易弱化乃至放弃教师的作用，存在游戏乃至课程"随意化"的危险。因此，在彰显儿童的视角主导的同时，如何发挥其他视角的作用以兼得游戏的自然性与教育性，就是材料区在实践中面临的一个核心挑战。

相比较而言，活动区中儿童视角（child perspectives）居于主导地位。儿童视角是"实践者和学者试图采用'由外而内'（outside in）的方法进行的研究"，"将成人的注意力引向有关儿童在世界上的感知、经验与行动的理解"，"是由寻求谨慎并尽可能真实地重构儿童的视角的成人所创造的"。④简而言之，儿童视角是成人尤其是教师基于多种方法研究儿童后建构的产物。在活动区中，除了居于主导地位的儿童视角外，教师的视角经常发挥较大作用。由"儿童的视角"类比可推导出教师的视角，其代表了教师在其生活世界中的体验、感知与理解。此时，"教育性"往往会成为关注的焦点。因此，活动区以及基于此的游戏虽具有自由性、指导的间接性、自主性和个性化的特点⑤，但从总体看实践中

① 王春燕，秦元东. 幼儿园课程概论（第3版）[M]. 北京：高等教育出版社，2019：15.

② 钟启泉. 课程的逻辑（第2版）[M]. 上海：华东师范大学出版社，2019：140.

③ 成尚荣. 儿童立场 [M]. 上海：华东师范大学出版社，2018：63.

④ SOMMER D, SAMUELSSON I P, HUNDEIDE K. Child Perspectives and Children's Perspectives in Theory and Practice[M]. Springer, 2010：VI.

⑤ 王春燕，秦元东. 幼儿园课程概论（第3版）[M]. 北京：高等教育出版社，2019：171.

教师主导的痕迹比较明显。鉴于"幼儿园游戏活动兼具自然性和教育性"①，因而，如何"放手游戏"以更好彰显儿童的视角就是其面临的一个核心挑战。

总之，儿童的视角、儿童视角、教师的视角等多元视角在活动区和材料区中均有体现，只是程度不同。具体地说，在材料区中，主导视角是儿童的视角，儿童视角与教师的视角次之；相比较而言，在活动区中，主导视角是儿童视角，教师的视角与儿童的视角次之。

（二）活动区与材料区的生命特征

除了主导视角之外，儿童状态（如主动性、积极性等）也可以间接反映儿童与教师的关系状态，有助于进一步理解活动区与材料区。有学者指出，"儿童在幼儿园教育空间生产中的自主性、主动性、积极性、生产域和自由度"等构成了"幼儿园教育空间的生命特征"②。其中，自主性主要涉及儿童可以自主选择活动空间、自由活动与创造的程度，儿童的学习行为被尊重、理解与支持的程度。主动性指儿童多大程度上被激起了空间建构行动，主动探索、发现与分享，主要有原发性的（即儿童自发的、因其天性使然的）和继发性的（即由外界环境的刺激，尤其是教师的鼓励、支持激发的）两个生长点。积极性涉及儿童能感受到的自主、主动进行空间建构的积极情感的程度，多大程度上愿意并愉快地、自由地进行空间建构，是儿童的主动性和自主性的"情感标志"。生产域是儿童进行空间建构的范围，包括空间的广度与空间的深度。自

---

① 刘焱.儿童游戏通论［M］.北京：北京师范大学出版社，2008：347.

② 吕进锋，曹能秀.试论幼儿园教育空间的内涵、特征与评估［J］.陕西学前师范学院学报，2020，36（03）：3-5.

由度是自主性、主动性、积极性和生产域等四个方面生命特征的综合反映。

从总体看，自主性、主动性、积极性、生产域和自由度等五方面生命特征在活动区和材料区中均有较好体现，这也是游戏空间和其他教育空间的根本区别所在。因"从空间主体看，儿童与教师是儿童游戏空间的两大主体"，"在儿童自由游戏中，教师退居游戏空间次主体的地位"，即使"在教学游戏中，儿童与教师成为游戏空间的双主体"。[①]但相较于活动区而言，这五方面生命特征在材料区中体现得更充分。具体地说，在材料区中，模块化的"空环境"与功能指向的非特异性既为幼儿进行空间再建构留下了广袤的空间与无限的可能，同时也内在需要幼儿为契合自己需要的空间，根据游戏需要将"空环境"再建构进而顺利开展游戏活动。与此同时，材料处置的开放性以及由此获得了独立性的材料，也为幼儿自由选取所需材料进而顺利进行空间再建构提供了可能与支持条件。幼儿在自由创造、冒险与探索的过程中，经常伴随着喜悦、惊喜等积极情感体验，即杜威所说的"真正的兴趣"。"真正的兴趣原理是所要学习的事实或所建议的行动和正在成长的自我之间公认的一致性的原理；兴趣存在于行动者自己生长的同一个方向，因而是生长所迫切需要的，如果行动者要自主行动的话"，也就是说，"真正的兴趣是自我通过行动与某一对象或观念融为一体的伴随物"。[②]因此，材料区就为幼儿自主性、主动性、积极性、生产域和自由度等生命特征的充分

---

① 吕进锋，曹能秀. 关系社会：幼儿园儿童游戏空间新论 [J]. 陕西学前师范学院学报，2018，34（07）：81.

② 【美】约翰·杜威. 学校与社会·明日之学校 [M]. 赵祥麟，任钟印，吴志宏，译. 北京：人民教育出版社，1994：172，175.

发挥与实现提供了可能、必要性与条件。与此不同的是，在活动区中，空间布局的碎片化、功能指向的特异性以及对材料的约束性等，均会不同程度地制约幼儿的自主性、主动性、积极性、生产域和自由度等生命特征实现的程度。

三、材料区：游戏空间留白的一种走向

"设计吸引孩子游戏的空间"是成人鼓励的高质量游戏四种方式中的一种。[①]在实践中，活动区是广为熟知的和常见的一种游戏空间。随着"放手游戏"与"将游戏的自主权还给儿童"观念的兴起与兴盛，材料区在实践中应运而生并汇聚成为我国幼儿园游戏空间留白的一种重要走向。

（一）幼儿园游戏空间象限图

如果以表象空间中的空间布局、材料处置和功能指向为横坐标，以关系空间中的儿童—教师（即主导视角与生命特征）为纵坐标绘制一张图，那么游戏空间便散落在图中的灰色区域（见下页图5-2）。鉴于"儿童游戏空间是以儿童为主体"，并且其本质体现之一是"双主体关系"。[②]因此，超出图中灰色区域时，便可能出现游戏空间的异化。图5-2显示，活动区主要落在第二象限和第三象限，材料区主要落在第一象限。此外，图5-2中活动区和材料区名称周围四散发射的箭头代表活动区和材料区在实践中存在许多变式。

---

① 桑德拉·海德曼，迪波拉·休伊特. 游戏：从理论到实践 [M]. 邱学青，高妙，译. 南京：南京师范大学出版社，2015：36.

② 吕进锋，曹能秀. 关系社会：幼儿园儿童游戏空间新论 [J]. 陕西学前师范学院学报，2018，34（07）：80-81.

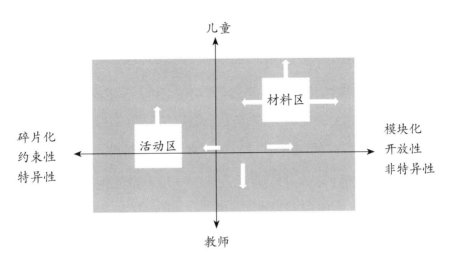

图5-2　幼儿园游戏空间象限图

不同幼儿园在实践中具体的活动区虽存在一些共性，但也存在许多变式进而表现出差异性。在横坐标上，活动区总体处于靠近碎片化、约束性与特异性一端的区域，但有的更靠近一些，如有的幼儿园班级会具体划分确定"娃娃家""理发店""小医院"等活动区；有的则会相对远离一些，如有的幼儿园班级会用"角色区"代替"娃娃家""理发店""小医院"等活动区，在"角色区"投放支持开展多种游戏主题（如"理发""看病"等）的材料，幼儿可根据游戏需要选择所需材料进而将"角色区"创设成某一特定主题的游戏场，如"娃娃家""小医院""快递公司"等。在纵坐标上，活动区总体处于儿童—教师的中间地带，但有的更靠近儿童一端，有的更靠近教师一端。有学者曾以中美两所高校附属幼儿园（中国为星星园、美国为萨图园）的活动室为例，对中美幼儿园游戏空间进行比较研究后发现，"相对于萨图园而言，星星园的游戏区域更多地带有了规定性质，难以让儿童自行选择和创意"，"星星园的游戏区域边界的固化……预成式的任务设计都显示了儿童游戏中较高的制度化水平"。①从上页图5-2纵坐标看，星星园可能会相对偏向教师一端，而萨图园则相对偏向儿童一端。

不同幼儿园实践中具体的材料区也是存在共性的同时又会表现出差异性。在横坐标上，材料区总体处于靠近模块化、开放性和非特异性一端的区域，当然有的可能会更靠近一些，有的可能会稍微远离一些；在纵坐标上，材料区总体处于靠近儿童的一端，当然也是有的可能更靠近一些，有的可能稍微远离一些。

（二）材料区的产生：顺势而生

相较于活动区，材料区是在21世纪之后才出现的"新生事物"。截至2023年12月，在中国知网中以"检索词为篇名中包含'材料区'或'材料超市'"和"学科为'学前教育'"两个条件进行检索发现，符合检索条件的只有15篇文献，通过核查剔除1篇不符合条件的文献后，只有14篇有关"材料区"的研究，分别发表于2008年（1篇）、2016年（2篇）、2017年（2篇）、2019年（3篇）、2020年（3篇）、2022年（1篇）、2023年（2篇）。通过对14篇文献进行分析发现，除了2篇专业硕士学位论文（《幼儿园室内低结构材料区幼儿行为的观察分析》和《区域活动中材料超市优化的行动研究》）和2篇发表于《学前教育研究》和《早期教育》（教育科研）的偏学术性论文之外，其余文献全是经验介绍类的。与此形成鲜明反差的是，在实践中诸如"空环境""材料超市""百宝箱""材料库"等方面的探索却"如火如荼"。这和14篇文献中有10篇实践经验介绍方面的文献共同说明了，材料区主要是实践探索的产

---

① 黄进，【美】赵亚莉，【美】奥尔加·杰瑞特. 中美幼儿园游戏空间的比较研究 ——以两所高校附属幼儿园的活动室为例[J]. 比较教育研究，2019，41（01）：94，96.

物。不难发现，实践中材料区的出现和日益受到关注甚至"热捧"，是和以安吉游戏为代表掀起的"游戏革命"浪潮密切相关的。安吉幼儿教育的发展主要经历了"无游戏阶段"（2000年前）、假游戏阶段（2001年—2006年）和真游戏阶段（2006年至今）三个历程①。在此过程中，自主性、自由、放手游戏等逐渐汇聚成为我国幼儿园游戏领域中一股强大的"势力"。这股"势力"的核心是游戏中教师的"退后"与"放手"和儿童的"介入"与"主导"，和幼儿园游戏指导"留白"在实质上相通与契合。可以说，实践中的材料区正是顺这股"势力"而孕育、萌生与兴盛的，并反过来对这股"势力"推波助澜。因此，顺这股"势力"而生的材料区就成了我国当前乃至未来幼儿园游戏空间留白的一种重要走向。

---

① 程学琴.放手游戏 发现儿童[M].上海：华东师范大学出版社，2019：8-15.

第 三 节
空间留白的实践探索：规划新思路

当我们看到两个中班幼儿在班级区域中玩娃娃家游戏时，表面看可能相差不大：区域面积都在三四平方米左右，都在活动室的一个角落，里面有玩偶娃娃、灶台、锅、碗、瓢、盆等材料……但深入了解后发现：第一个班级的娃娃家是教师在学期初就创设好的，幼儿今天选择到娃娃家开展游戏；而第二个班级的娃娃家是当天一群幼儿根据自己的游戏需要创设的，换言之，娃娃家不是一开始就有的，而是一群"志同道合"的幼儿根据游戏需要，在班级选择了一块空地，从材料超市选取所需材料，将其创设成了娃娃家。从自然地理空间的角度看，这两个中班的娃娃家在空间面积、位置、材料等方面均相差无几；但从教育空间的视角看，其背后蕴含和体现的师幼关系却相差巨大，第一个班级娃娃家中教师相对更主导，而第二个班级娃娃家中幼儿相对更主导。

从游戏空间留白的角度看，第二个班级娃娃家的空间留白相对更多，换言之，儿童的视角更凸显。当然，在此过程中，教师所建构的儿童视角以及教师的视角等多元视角也必不可少。总之，包括儿童的视角在内的多元视角之间相互碰撞与"对话"，根据游戏需要再建构所需的游戏空间，实现游戏空间的生成与优化。在此过程中，幼儿从游戏空间消费者的角色转变为游戏空间再建构者的角色，游戏空间也由相对固化转变为动态变化。正是基于此，近些年幼儿园游戏实践中出现了一些游戏空间留白方面的新探索和新经验。①

一、班级区域种类规划的弹性模式

班级区域创设是区域活动开展的基础，主要涉及区域种类的确定、空间设置、环境创设、规则制订等。②基于教师、幼儿等多元主体与视角所处地位和发挥作用的不同，就形成了计划经济取向、市场经济取向和私人订制取向等不同的班级区域创设取向（见图5-3）。

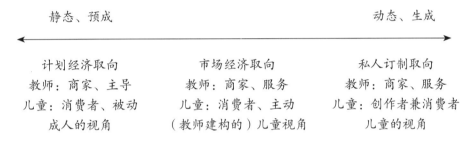

图5-3　班级区域创设不同取向的连续体

班级区域种类规划涉及班级活动室中设置多少个区域以及哪些区域，其实质和班级活动室空间区隔有关。从游戏空间留白的角度看，越靠近图5-3的左端，留白越少；相反，越靠近图5-3的右端，留白越多。具体地说，计划经济取向中留白最少，由教师创设和提供自己认为重要的区域给幼儿使用和"消费"。此时，幼儿更多的是被动"消费"教师提供的区域，几乎没有参与区域种类规划。市场经济取向中留白开始有所增加，教师虽仍然占据主导地位，但开始主动研究儿童并根据自己

---

① 秦元东.基于多元视角的幼儿园游戏空间规划新思路［J］.福建教育，2023，(38)：5-8.
② 王春燕，秦元东.幼儿园课程概论(第3版)［M］.北京：高等教育出版社，2019：174.

建构的儿童视角确定区域种类。这是一个革命性的巨大变革与进步，意味着教师开始从主要关注自己的"教"转向关注儿童的"学"，开始重视儿童研究并以此作为自己开展教育活动的基础。"教育的大智慧正是认识儿童，发现儿童，促进儿童发展；教育的愚蠢与错误也正是因为'儿童缺场'，对儿童的漠视和误读。"[①]此时，儿童开始通过对教师创设与提供的区域表现出兴趣等参与情况反作用于区域种类的规划尤其是取舍，但还只是主动"消费"教师基于儿童视角所创设的区域。私人订制取向中留白相对最多，教师和儿童一起共同参与区域种类规划，此时儿童既是区域的创作者又是区域的消费者，儿童的视角得以彰显。

在实践中，不同幼儿园规划班级区域种类时会根据具体情况处于图5-3"班级区域创设不同取向连续体"的不同位置。例如，浙江省宁波市镇海宝山幼儿园探索与形成了一种"4+N"的弹性模式[②]，其中"4"是基础性区域，"N"是个性化区域（见下页表5-10）。具体地说，每个年段根据班级空间大小、领域核心经验和幼儿年龄特点等因素确定4个基础性区域。同时，每个班级可根据具体情况创设N个个性化区域。个性化区域在创设过程中的师幼关系存在三种情况：一是教师基本预设环境与内容，幼儿参与活动；二是活动空间基本确定，师幼共构内容，共同投放材料；三是幼儿自主决定空间与内容，多通道收集材料，教师提供隐性支持。三种情况中，儿童的视角不断得到彰显，空间再建构的程度也逐渐增加。

---

① 成尚荣.儿童立场［M］.上海：华东师范大学出版社，2018：3.
② 本案例根据浙江省宁波市镇海区镇海宝山幼儿园金杨提供的相关材料整理而成，在此表示感谢。

表5-10　镇海宝山幼儿园各年龄段区域数量、种类一览表

年段	适宜数量 (4+N) 个		区域类型		
			欣赏性区域	探索性区域	表现性区域
大班	6-7	4	阅读/读写区	科学区、生活区	美工区
		N		益智区	表演区、建构区
中班	5-6	4	阅读区	科学区、生活区	美工区
		N		益智区	建构区、角色区
小班	4-5	4		益智区、生活区	美工区、角色区
		N	阅读区		建构区

二、班级区域创设的师幼共构模式

班级区域创设时，如图5-3所示，连续体上自左向右，幼儿参与的程度越来越高，逐渐由教师主导走向师幼共构，到了私人订制取向，幼儿开始主导区域创设，在"空环境"中根据自己的游戏需要创设所需区域。

浙江省宁波市余姚实验幼儿园在姚韵课程中就探索与形成了一种班级区域创设的师幼共构模式。[①]大六班确定了以余姚土布作为本班区域探索重点，然后，基于幼儿兴趣链接核心经验，确定了有价值的"关注点"，并据此和幼儿一起讨论了在不同区域中开展一些"可能的活动"（见下页表5-11）。这里以美工区中独立的"小小土布馆"为例来阐释师幼共构模式。

① 本案例根据浙江省宁波市余姚实验幼儿园郑碧云提供的相关材料整理而成，在此表示感谢。

表5-11 余姚土布价值与区域指向分析一览表

关注点	领域	核心经验	区域	可能的活动
花纹、色彩、工艺作品	艺术	欣赏、感知土布的色彩、花纹美 表现、创造土布作品的艺术美	美工区	围绕土布进行剪、绕、拼等创作活动
			表演区	进行土布作品展示、个人走秀等多种表演活动
花纹规律、染色制作等	科学	观察、比较土布的质地和花纹的不同，运用工具模仿织布、染色	科学区	围绕土布进行"花纹观察""渗水实验""棉线染色""花纹制作"等活动
历史由来、制作流程	语言	口头介绍土布的历史由来，用书面形式表达土布故事	语言区	开展"介绍我的作品""抖音讲故事""串班介绍土布""自制土布故事书"等活动

师幼确定了要开一个"小小土布馆"后便开始寻找和确定在哪里开，后来发现班级美工区比较大，并且一扇门"天然"地将美工区分割为两个相对独立的空间。为此，幼儿就决定将其中一个独立空间用来开"小小土布馆"。然后，幼儿经过讨论决定将"小小土布馆"区隔为材料柜、展示柜等不同小空间（见表5-12）。

表5-12 小小土布馆内部空间区隔一览表

序号	空间布局	主要功能
1	材料柜	放置各类材料、辅助道具等（用标签纸进行材料分类）
2	展示柜	立体展示、柜面展示
3	展示墙	平面展示幼儿作品
4	功能墙	展示各种制作技巧详细图、步骤示范图
5	工作台	幼儿进行操作、创作

从余姚土布价值和区域指向的分析，到包括"小小土布馆"在内的不同区域空间位置的确定，再到"小小土布馆"空间的细分，都在不同程度上体现了师幼共构，是师幼共同参与游戏空间再建构的过程和结果。在此基础上，大六班幼儿和教师一起通过不断投放材料进而创设和优化"小小土布馆"，实现了"小小土布馆"的师幼共构。

三、户外游戏场创设的模块化取向

除了班级区域空间创设中儿童的视角不断得以重视与彰显之外，户外游戏场的创设也越来越强调幼儿的参与。户外游戏场不断从碎片化走向模块化，这内在需要幼儿和教师等多元主体与视角通过"对话"将模块化空间再建构成所需的游戏空间。例如，"安吉游戏""撕去了以游戏种类命名的标签"，"不再设置按功能划分的游戏区域"。[①]"安吉游戏"的"撕标签"、"温州游戏"倡导的"空环境"等和模块化取向的游戏场的实质有相通之处，即给师幼尤其是幼儿根据游戏需要再建构游戏空间留下余地，进而给游戏场"松绑"，使其具有无限可能，可以成为幼儿游戏所需的任何一个游戏场。

浙江省杭州市萧山区衙前镇第一幼儿园的户外游戏场就经历了从碎片化向模块化蜕变的过程[②]。开始时，幼儿园根据儿童动作发展的需要、户外场域的资源优势，构建了"三营九区"的模式，具体包括丛林探险营（包括科探密林、奇想探险）、草坪畅想营（包括山坡野战、沙水沟渠、树屋历险、3号餐库）和辅道奇趣营（包括快乐骑行、第六空间、

---

① 程学琴. 放手游戏 发现儿童[M]. 上海：华东师范大学出版社，2019：96.
② 根据浙江省杭州市萧山区衙前镇第一幼儿园提供的相关材料整理而成，在此表示感谢。

创想广角），每个营和每个区都有确定的位置、大小等。这种碎片化的"三营九区"模式的一个优点是指向明确，幼儿进入每个区就很清楚做什么，但最大的局限也是指向明确带来的游戏主题的固化，制约了游戏的冒险性和不确定性。为此，幼儿园探索与形成了一种模块化取向的"三营N区"模式。"三营N区"是一种师幼共构的动态性和开放性的户外游戏场域新模式。具体地说，教师依据幼儿的需要与兴趣、场地资源特点，链接营地游戏课程目标，规划了"丛林探险营""草坪畅想营""辅道奇趣营"三大营地，而每个营地中具体划分多少区和哪些区，不是预设的，而是根据游戏的需要和活动的进展由师幼共同规划建构而成的，即对预设的"三营"通过空间再建构而形成的。"N区"主要通过两种方式建构而成，一是"保留＋调整"，即保留幼儿兴趣浓厚且和营地游戏课程目标链接度较高的一些区，并对其进行调整，进而形成新区（见表5-13）；二是"因游戏新生成"的游戏区，如幼儿搭建海盗船的兴趣，在草坪畅想营中引发和生成了"幻想地带"。

表5-13 通过"保留＋调整"形成新区的过程一览表

三营	九区	保留	调整依据（幼儿兴趣）	新增内容	新名称
草坪畅想营	山坡野战	山坡	对于中大班幼儿而言缺少挑战性，但小班幼儿还是喜欢体验不同的玩法。	坦克、战舰、秘密小屋、山坡小花园、材料收纳区等	战斗墙堡
	3号餐库	土灶	小中班幼儿喜欢玩野外扮家家游戏，利用随手采摘的野花、野果、野草、树枝等作为食材开展烹饪、餐厅游戏；大班幼儿喜欢用柴火煮番薯等，体验使用有难度的工具带来的挑战与满足。	63号餐车巴士、自主烧烤区、操作区等	63号街区

续表

三营	九区	保留	调整依据（幼儿兴趣）	新增内容	新名称
辅道奇趣营	快乐骑行	水泥辅道	幼儿可天马行空地设计和规划，自定游戏主题、玩法，创造性地与材料互动，具有不确定性。	激流勇进区	骑行小镇
丛林探险营	奇想探险	滑索区	空中索道是最受中大班幼儿欢迎的、被他们认为是最有挑战性的游戏场。他们喜欢从高处、高速下滑的刺激感和紧张感，更喜欢利用不同材料组合设计不同难度的挑战任务并获得游戏积分。	空中跑道、爬爬趣等	树林跑酷

伴随着"安吉游戏"的兴起和影响的日益扩大，以及"温州游戏"、海宁"留白游戏"等关于"真游戏"的一系列创新性探索，儿童在游戏中的主体地位逐渐得以确立。以师幼关系优化为关键和以游戏空间再建构为核心的幼儿园游戏空间留白的新思路与新做法，也如雨后春笋般"顺势而生"，并反过来进一步"推波助澜"。需要注意的是，以游戏空间再建构为核心的幼儿园游戏空间留白与规划是以材料区为基础的。

总之，游戏空间再建构契合留白理念，其实质就是内在允许、鼓励与支持师幼尤其是幼儿突破原有游戏空间固化的位置、功能等，进而根据游戏需要将其建构成自己所需的游戏空间。这背后的实质是教师和幼儿角色的变化，是师幼关系的变化，即关系空间的变化。因此，通过优化师幼关系反作用于幼儿园游戏空间，是"道"。班级区域种类规划的弹性模式、班级区域创设的师幼共构模式和户外游戏场创设的模块化取向等幼儿园游戏空间留白与规划的新思路、新探索，是"术"。在抓住了"道"这一根本与关键的基础上，幼儿园可以而且应该大胆探索与尝试更多幼儿园游戏空间留白与规划的新思路与新经验。

第六章
幼儿园游戏材料的留白

　　主动学习或主动参与式学习应满足五个要素，即材料、操作、选择、儿童语言和思维（即儿童描述他们所做与所理解的）、成人的支持。[①]其中，具有充足、多样和适宜的操作材料是主动学习的基础和前提。Johnson 等人也将玩物（即游戏材料）视为一种重要的游戏资源[②]。总之，材料是作为主动学习的高质量游戏的重要物质基础。"幼儿园课程文化提倡适度留白，把机会、空间留给幼儿。幼儿填补这些空白的时候，就是在学习……如果真的要对环境进行评比，要评的恰恰是教师的留白有多少，留得是否巧妙，留得是否引人入胜。"[③]因此，作为幼儿园环境有机组成部分的游戏材料，也需引人入胜的巧妙留白。

---

① 【美】安·S. 爱泼斯坦. 学前教育中的主动学习精要——认识高宽课程模式 [M]. 霍力岩，郭珺，等，译. 北京：教育科学出版社，2011：13.

② 游戏资源主要包括玩物、时间、空间、预先的经验。(【美】JOHNSON J E, CHRISTIE J F, YAWKEY T D.儿童游戏——游戏发展的理论与实务（第二版）[M].吴幸玲，郭静晃，译.台北：扬智文化，2003：366-372.)

③ 虞永平. 学前课程与幸福童年 [M]. 北京：教育科学出版社，2012：296.

材料留白的特质：低结构与梯度性

游戏材料留白的实质是材料领域中权利控制转变为权利共享的过程，即从教师独享权利转变为师幼共享权利。这一"赋权"过程的关键是支持幼儿从权利边缘走向权利中心，不同程度地参与游戏材料领域中的各项决策。换言之，游戏材料留白的核心特质主要包括低结构与梯度性。

一、低结构

游戏材料留白的首要特质是低结构，主要体现为材料的功能属性、投放方式和投放主体等方面的多元与开放。

（一）材料功能属性的低结构

材料的功能属性主要指材料功能是否具有特异性，或者说材料功能的多元或单一，反映了材料的结构化程度。根据材料的功能属性，游戏材料可以粗略划分为高结构材料和低结构材料两大类。其中，高结构材料，亦称高结构性材料、高结构化材料、强结构性材料等，其用途或玩法相对单一、固定，具有明显的特异性，本身包含一定的玩法和规则，往往比较单一。相比较而言，低结构材料，亦称低结构性材料、低结构化材料、弱结构性材料等，其用途或玩法则是非特异性和多样化的，游戏者可以根据自己的想法和需求，以多种方式创造性使用。[①]有学者所说的"开放性材料"就是一种典型的低结构材料。"开放性材料是指儿童在游戏时可以移动、操作、控制和改变的吸引人的、很好找到的物件和材料（牛津郡游戏协会，2014）。儿童可以用几乎无穷尽的方式来搬运、组合、重新设计、排列、拆开、复原开放性材料。这些材料没有明确的操作指南，它们可以被单独地使用，也可以与其他材料结合在一起使用（Hewes，2006）。"[②]

有研究发现，"材料结构会影响幼儿的创造性想象，相对于高结构材料，低结构材料更有利于幼儿创造性想象能力的发展"[③]。低结构材料因其能给予幼儿游戏留下更大的空间与更多的可能而相对更能契合与彰显游戏材料的留白。在安吉游戏中，"材料可以通过无限的方式组合在一起，也可以拆开、移动，便于搬运。这些材料不受玩法、空间的限制，可开放使用"，"儿童可以任意掌控"[④]。这在下面的"点心店"游戏案例[⑤]中也得到了充分体现。

　　　　大班"点心店"的墙壁上张贴了各地特色美食照片、幼
　　　儿创设的美味菜式图、美食制作步骤图，许多箩筐里摆满了
　　　各种半成品材料，如方形的白布、各种颜色的长条形海绵纸、
　　　不同弹性的橡皮筋等。"欢迎光临，请坐，请问你要吃些什么

① 秦元东，白碧玮，庄盈媚，等. 幼儿园游戏指导方法与实例：游戏自主性的视角［M］. 北京：中国轻工业出版社，2018：154-155.

② 莉萨·戴利，米丽娅姆·别洛戈洛夫斯基. 开放性材料1：幼儿创造性游戏［M］. 张瑞瑞，钟欣颖，译. 南京：南京师范大学出版社，2018：5.

③ 黄玉娇. 材料结构及投放方式对幼儿创造性想象的影响研究［D］. 西南大学，2014.

④ 程学琴. 放手游戏　发现儿童［M］. 上海：华东师范大学出版社，2019：34.

⑤ 本案例由浙江省慈溪市实验幼儿园洪世瑾提供，在此表示感谢。

啊？""服务员"热情地招呼"小客人"。"小客人"答道："我要吃炒面。""小厨师"看了看箩筐里的各种材料，拿起一把橡皮筋放在了"锅"里，用"铲子"不停地翻炒，装盘后还放了几片绿色的纸片加以点缀。"面好了，请用。""小客人"用调羹舀着"吃"完，付好钱离开了。"宝宝家"的"妈妈"带着"妹妹"来吃点心了："服务员，我们要吃寿司，点一盘寿司。""妈妈"说完拉着"妹妹"坐了下来。"好的，请等一下。""服务员"答道，然后把顾客的要求告诉了"厨师"。"厨师"看了看寿司的制作步骤图，先拿起箩筐里的长条形黑色海绵纸，放在最下面，按照第二步图示自主选择喜欢的白色、橙色、绿色海绵纸一条一条叠加上去。第三步，把所有的海绵纸卷起来。最后用橡皮筋把卷好的海绵纸扎起来，一个"寿司"就完成了。"厨师"又按照图示制作了很多个"寿司"，摆满了一盘，然后给顾客品尝。

本案例中，箩筐里的方形白布、各色长条形海绵纸等各种低结构材料为幼儿提供了无限的游戏可能性，引发与支持幼儿多样化的游戏需求和游戏行为：如当"小客人"需要"面"时，橡皮筋就成了"小厨师"手中的面条；当"小客人"需要"寿司"时，橡皮筋就变成了绑住"寿司"的材料。

低结构材料留白的奥秘或机制是什么呢？刘焱关于儿童在象征游戏中使用低结构材料和高结构材料[1]时心理过程差异的研究可以帮助我

---

[1] 刘焱在研究中使用了两类材料，一种是模拟实物的形象逼真的玩具，如炊具、餐具等；一种是半成品、废旧品，如瓶盖、雪糕棍等。她虽然没有明确使用"高结构材料和低结构材料"或"强结构性材料和弱结构性材料"，但实质是相通的，可以纳入这里的分类框架之中。

们找到一种解答：儿童在使用高结构材料时经历了从"这是什么"直接到"它可以用来干什么"的过程，而使用低结构材料时多了一个"它像什么"的中介环节。[①]"它像什么"这一中介环节揭示了留白的奥秘所在。恰恰是这一中介环节赋予了儿童在象征游戏中使用低结构材料的多种可能性，也为幼儿游戏的多种不确定的开放性玩法提供了可能与条件。

（二）材料投放方式的低结构

除了材料自身功能属性存在结构高低之外，材料的投放方式也存在结构高低之分。有学者认为，材料投放方式指"教师根据儿童发展和教育的需要，有目的、有意识地按照一定的依据对材料进行投放"[②]，可能涉及材料投放时对材料的数量、结构特征、种类搭配等方面的考虑。根据材料投放时对材料使用方法的限定与否，材料投放可以粗略划分为低结构投放方式和高结构投放方式。其中，低结构投放方式指"材料投放不限制使用方式，无论材料本身是高结构还是低结构，都可以使用该种方式进行投放"。相比较而言，高结构投放方式则"通过投放限定了材料的使用方法。无论材料本身是高结构还是低结构，也都可以用该种方式进行投放"。[③]迄今为止，关于材料投放方式的概念界定及其分类，主要是将教师作为材料投放主体。目前，随着游戏中儿童主体地位的提升，儿童逐渐走向游戏的"中央"，游戏中儿童参与的广度和深度日益扩大和加深。在此背景下，这里尝试将材料投放主体方式中的主体从教师单一主体拓展为包括幼儿在内的多元主体。基于此，这里尝试将高结

---

① 刘焱.象征性游戏和学前儿童的智力发展 [J].北京师范大学学报（社会科学版），1986（6）：60-62.

②③ 朱若华.幼儿园活动区材料投放方式与儿童行为的研究 [D].华东师范大学，2005.

构投放方式界定为主要通过以功能关系分组投放的方式限定材料的功能与使用方法，低结构投放方式指主要通过以材料特质分类投放的方式解放材料的功能与使用方法。例如，科学区的"解救回形针"材料包中包括了透明玻璃瓶、回形针、磁铁，这些材料之间的功能关系使其成为一组材料，这就是一种高结构投放方式。与此不同，当根据材料特质（如大小、材质等）将磁铁、玻璃瓶、回形针分别投放于不同地方时，如将所有磁铁放在一起，这些材料因没有了和其他材料的固定功能组合而具有了多种可能的组合与使用方式，此时这些材料的投放就属于低结构投放方式。

"通过与设计巧妙的设备与材料的互动，儿童将发展出大小肌肉的协调性，对外界的概念，创造性、社会技能和自我认知。"[1]因此，幼儿园中包括游戏材料在内的物质材料均需经过一定的设计，这也是幼儿园课程设计的应有之义。"幼儿园课程的设计是对幼儿和物质材料的双重设计，核心是设计幼儿……对物质材料的设计关注的是，核心的物质材料蕴涵了什么活动，蕴涵了什么发展价值，对幼儿是否具有挑战性。"[2]从这个意义上看，幼儿园游戏材料的投放方式均包含着巧妙的设计，具有不同的结构化程度。因此，"不同特质的相似材料集中摆放"、"把材料从教室中的一个地方移到另一个地方"的"重新组合材料"、"材料旁边放置图书和其他资料"等"有意义摆放材料"，[3]传递和暗示了某种教育意图或目的，因而更倾向于一种相对（较）高结构的投放方式。普雷

---

[1] 费妮. 学前教育 [M]. 黄慧真，译. 台北：桂冠图书公司，1992：200.

[2] 虞永平. 学前课程与幸福童年 [M]. 北京：教育科学出版社，2012：106-107.

[3]【美】德布·柯蒂斯，玛吉·卡特. 和儿童一起学习：促进反思性教学的课程框架 [M]. 周欣，周晶，张亚杰，等，译. 北京：教育科学出版社，2011：103-111.

斯科特（2008）关于简单的单元、复杂的单元和超级单元的分析，进一步印证了"有意义摆放材料"的价值。"一个简单的单元包括一种操作材料，一个复杂的单元包括两种不同的材料，一个超级单元包括三种不同的材料。"[①]例如，一个沙坑中，只有沙子，就属于简单的单元；添加挖沙工具，就形成了复杂的单元；再引入水源，就变成了超级单元。总之，"一般通过高结构的方式投放一些有特定教育目标的活动材料，在投放方式上，除了将直接购买的高结构材料（例如拼图）进行投放外，一般都是使用一些低结构的材料，经过设计形成某一种特定的操作模式（经过组合设计，成为为达成特定目标而规定玩法的材料），将其进行投放"[②]。

"高结构投放的材料，目的明确，儿童的操作方法容易达成一致，而低结构（投放的）材料儿童的操作方法则变化多样。"[③]有研究发现，"低（结构）投放方式中幼儿出现的思考、伴随语言、注意分散显著高于高（结构）投放方式"，即便是高结构材料，低结构投放方式中幼儿出现的思考行为、伴随语言行为和注意分散行为均多于高结构投放方式。[④]"安吉的游戏材料的投放方式，打破了传统模式下根据游戏类型投放对材料使用产生的限制。积木、梯子、木箱、滚筒、长板、垫子、小车、管子等材料，按照种类分类陈列在游戏场。同类材料又根据不同规格依次陈列。这样的分类投放使每种材料的呈现更加清晰明了，儿童对材料的自

---

① 【美】苏珊·斯泰茜.幼儿园探究性环境创设：让孩子成为热情主动的学习者［M］.康丹，陈恺丹，译.北京：中国轻工业出版社，2019：23.

②③ 朱若华.幼儿园活动区材料投放方式与儿童行为的研究［D］.华东师范大学，2005.

④ 魏洪玉.材料结构及投放方式对中班幼儿专注力的影响研究［D］.河北师范大学，2018.

主取放也更加方便。"①这就是一种比较典型的低结构投放方式。

高结构投放方式和低结构投放方式之间的关系，尤其是差异，从浙江省嘉兴市海宁机关幼儿园户外游戏材料投放方式的转变②中可以窥见一斑。开始时，户外游戏材料投放主要偏向高结构投放方式（见下页图6-1）。具体地说，首先确定户外游戏天地中可以开展的四类游戏，即装扮游戏、玩色游戏、器械游戏和沙水游戏，然后分析与确定每类游戏的潜在价值，如沙水游戏的潜在价值主要涉及科学探究、工具使用和问题解决，然后据此投放功能相关的材料，如沙水游戏中主要投放沙水探究工具、雨衣、雨鞋、水管、桶……此时，游戏、游戏价值和游戏材料之间是匹配的、一致的，也往往是固定的。随着海宁留白游戏探索的不断深入，户外游戏材料的投放开始尝试采用低结构投放方式"材料超市"（见下页图6-2）。具体地说，首先将所有户外游戏材料根据材料特质进行分类，如这里分成了资源性物质材料和工具性物质材料两大类，再细分成更多类别，然后对材料进行分类投放。在此基础上，支持幼儿根据游戏需要从材料超市中自选所需材料，生发出无限的游戏活动。

---

① 程学琴. 放手游戏 发现儿童 [M]. 上海：华东师范大学出版社，2019：51.

② 根据浙江省嘉兴市海宁市机关幼儿园沈梅华和邢艳丽提供的相关材料整理而成，在此表示感谢。

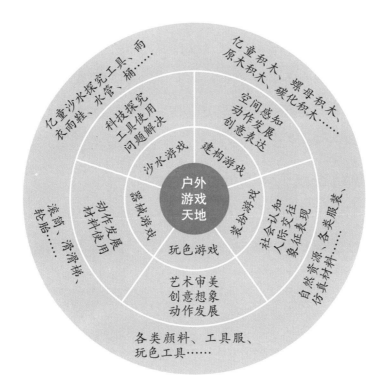

图6-1　户外游戏材料高结构投放方式例图

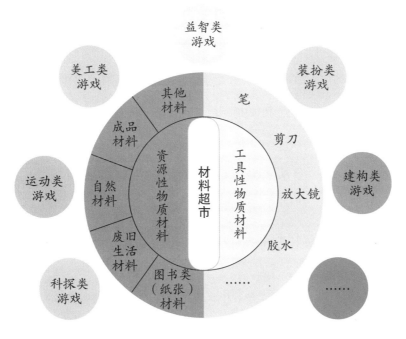

图6-2　户外游戏材料低结构投放方式例图

总之，幼儿园游戏材料在投放过程中，高结构投放方式和低结构投放方式均有其必要性和独特价值，但相较于高结构投放方式，低结构投放方式更能引发与支持幼儿更多的游戏可能与更深度的游戏参与，因而也更能契合与彰显游戏材料的留白。

（三）材料投放主体的低结构

以教师放手与幼儿参与为核心的留白，内在鼓励和支持幼儿参与游戏的时间、空间、材料等方方面面的设计。因此，游戏材料留白必然内在要求将幼儿纳入材料投放主体。换言之，幼儿从游戏材料的消费者转变为投放者。这就是材料投放主体的低结构。需要注意的是，强调材料投放过程中的幼儿参与，要避免走向另一个极端，即完全由幼儿决定材料投放。幼儿还不具备完全决定所需材料投放的能力，因而内在需要教师的支持与帮助。诚如兰斯顿（2001）对科勒姆之家的"倾听幼儿项目"描述的那样："尽管以权利为基础的方法解决了传统的权利关系，但该模式并不主张幼儿应该完全掌握全部或大部分的权利。这种方法将幼儿视为环境中活跃的、有能力的参与者。然而，幼儿未拥有专家的地位，也未具备成为生活中唯一决策者而必须具备的专业知识。所谓处理权利关系，就是倡导将幼儿的观点与所有其他积极参与者的观点放在一起讨论。将幼儿纳入决策过程，并不是以排除他人（家长、教师和其他重要人士）为前提，而是把另一把椅子拉过来，放在已经摆好了的椅子的旁边。"[①]

目前，幼儿参与材料投放与管理的理念已经日益被人们认同与践

---

① 【英】安妮·伍兹，等.儿童发起的游戏和学习：为无限的可能性而规划 [M].叶小红，译.北京：中国轻工业出版社，2020：57-58.

行。这从浙江省宁波市镇海宝山幼儿园建构的"小能手课程"①"材料管理"部分内容中可以窥见一斑：教师尊重幼儿对于材料管理的思考与建议，遵循幼儿主导、自主认领的原则，支持他们用差异化的方法进行材料的归置与标识、更新与替换等。

归置与标识。在材料的归置方面，师幼通过共同讨论，指向不同功能室内的材料特点，商议形成"空间就近归置""同种类归置""基于形态归置"等方式。

空间就近归置：是指材料的摆放按技能对应的空间指向，作契合度较高的分类，便于幼儿取用。例如，幼儿将"美食吧"内的清洁用品放置在水槽所在的清洗区；调整所需的刀具、砧板、面盆等工具，将其归置在调理区等。

同种类归置：是指把功能相近的工具或资源型材料归置在相近区域。如，木工坊的手板锯、线锯、框锯虽外形有所差异（型号、大小、颜色等不同），但均属于切割类工具，因此归置在一列，方便幼儿选择与取放。

基于形态归置：是指根据工具型材料或资源型材料的具体形态，确定收纳的方式。比如，木工坊的螺丝刀整体呈细长状，垂直放置，易于幼儿拿取，且铁质的十字（或一字）批头存在一定危险性，采用垂直向下穿过木板的方式摆放，能在一定程度上消除安全隐患。又如，裁缝铺的纽扣粒体积小、数量多，利用小罐、小盒等收纳器皿统一收纳，不但便于拿取、不易丢失，还能在潜移默化中帮助幼儿养成有序归置物品的习惯。

---

① 本案例由浙江省宁波市镇海区镇海宝山幼儿园提供，在此表示感谢。

每次活动结束后，由幼儿负责确认各类工具或资源型材料的数量、位置等归置情况，并进行简单记录与调整。在整理过程中，幼儿会根据自己的经验和能力水平，寻找最为合适的办法，丰富整理的经验。此外，幼儿会挑选实物照片，或是手绘表征，通过集体讨论、投票等方式，选出明显、易懂的标识，张贴在材料取用处。除常态的归置标识外，幼儿之间还讨论形成"温馨提示"标识、"反向警示"标识等。例如：在热熔胶枪旁贴上手套的图片，提示同伴在使用胶枪时戴上安全手套；在收纳布剪的盒子外粘贴"小心拿取"的图案，提醒同伴拿取剪刀时注意尖尖的剪刀头；等等。如此，既为幼儿顺利取放材料提供隐性的环境支持，又有利于幼儿养成良好的规则意识，提升自我服务能力。

更新与替换。物质材料作为辅助幼儿活动的重要资源，需要进行不断更新与替换。功能室中的材料，尤其是资源型材料，应随幼儿兴趣的变化、活动主题的更替等因素进行动态化调整，以此引发幼儿经验的进阶式发展。

材料的更新与替换，主要指在固有的材料基础上，及时做好增添，并不定期进行替换。可以是幼儿根据自己的兴趣和意愿提出的，也可以是教师预设后续活动中幼儿可能需要的。作为课程的主人，幼儿参与材料需求的提出以及材料收集、维护管理等全过程。

总之，游戏材料在功能属性、投放方式和投放主体等维度上均存在不同的结构化程度（见下页表6-1）。从总体看，处于低结构一列的内容更能契合与彰显游戏材料的留白。

表6-1　游戏材料三大维度不同结构化程度一览表

材料维度	高结构	低结构
功能属性	功能特异	功能非特异
投放方式	根据功能关系分组投放	根据材料特质分类投放
投放主体	教师	幼儿

二、梯度性

源于核心特质"低结构"的游戏材料留白，在实践中还要在综合考虑幼儿（年龄、能力）、教师（专业素养）、园所（文化）等多方面因素的基础上，遵循梯度留白的原则与规律，这是其另一个核心特质，即梯度性。这主要体现在材料的功能属性、投放方式和投放主体等方面的梯度留白。

（一）功能属性留白的梯度性

首先，随着幼儿年龄的变化，游戏材料功能属性方面的留白程度经常也会有所不同。有学者研究发现，"材料结构会影响幼儿的创造性想象……只是低结构材料具有年龄的适用性，中大班幼儿更能驾驭"[1]。这在象征游戏中表现得尤为明显。象征游戏中"以物代物"的象征功能"不是一种孤立的心理机能，它与人的心理活动的随意机能、抽象概括机能有着密切的关系与联系。受这些心理机能的发展水平的影响，象征性功能也有一个从具体到逐渐抽象，从不随意或随意性较差到具有较强

---

[1] 黄玉娇.材料结构及投放方式对幼儿创造性想象的影响研究[D].西南大学,2014.

的随意性的个体发展过程"①。也就是说，个体在象征游戏中实现"以物代物"的心理过程中，对两个"物"之间相似度的要求和个体的心理发展水平呈反比。具体地说，个体年龄越小，心理发展越不成熟，对两个"物"之间的相似度要求越高；个体年龄越大，心理发展越成熟，对两个"物"之间的相似度要求越低。Johnson 等人在谈到"玩物"（即游戏材料）时也指出："成人也需要注意儿童使用玩物之真实性及结构性。因为二至三岁之幼儿其表征能力仍未成熟，所以需要与事实生物较相似形体之真实玩物来当作象征物……当儿童渐渐成长，到四至五岁时，可以鼓励用去除脉络化之玩物（decontextualized materials），例如较不具真实性（外表相似）或低结构化之玩物来当作象征物以增加其表征能力及创造力。"②因此，在象征性游戏材料投放时，小班以高结构材料为主，如在"美食店"中，教师经常会提供一些仿真的微型厨具如锅、碗、瓢、盆、小蒸笼等；中班要逐步引入低结构材料，如"美食店"中，教师一般不再提供仿真的包子等材料，而是提供诸如各色纸条等原材料；大班就以低结构材料为主，当然也会提供表现场景或角色的标志性高结构材料，如"美食店"中，教师可能会提供厨师的标志性材料"厨师帽"，以帮助幼儿更好进入游戏状态。

其次，随着幼儿对游戏情境的熟悉程度、游戏水平等方面的变化，游戏材料功能属性方面的留白程度也会有所不同。根据幼儿的熟悉程度，游戏情境可粗略划分为熟悉的游戏情境和陌生的游戏情境。一般情况下，儿童对游戏情境的熟悉程度和游戏自主性程度之间存在正相关。

---

① 刘焱.象征游戏和学前儿童的智力发展［J］.北京师范大学学报（社会科学版），1986（6）：64.
② 【美】JOHNSON J E, CHRISTIE J F, YAWKEY T D.儿童游戏——游戏发展的理论与实务（第二版）［M］.吴幸玲，郭静晃，译.台北：扬智文化，2003：371.

具体地说，儿童对游戏情境越熟悉，游戏自主性程度越高；反之亦然。[1]
与此相适应，随着幼儿对游戏情境熟悉程度的提升与游戏自主性程度
的提升，游戏材料功能属性方面的留白也可以相应增加；反之亦然。此
外，随着幼儿游戏水平的提升，留白程度也会相应增加。这从大班幼儿
丛林探险游戏优化过程中，三次地图结构化程度的变化[2]中可以窥见一
斑。这次行动研究一共开展了增强游戏开放性、初绘游戏地图、共构游
戏规则、优化游戏地图、维持游戏兴趣、解构游戏地图、丰富游戏维度
层次、增加游戏评价等八次行动循环，其中循环二、循环四和循环六都
是有关地图的，但三次地图的结构化程度根据幼儿对游戏情境的熟悉程
度、游戏水平的变化而有所不同。总体看，前两次地图的结构化程度相
对较高，偏向于高结构材料。但在后来的游戏中发现，游戏地图中路线
的固定为幼儿的游戏增加了等待时间，某组幼儿未完成某个游戏关卡
挑战，另一组幼儿就在旁边等着他们完成，还会导致另外的游戏关卡闲
置。从幼儿的角度看，游戏地图中路线的固定会压缩他们的游戏时间；
从教师的角度看，游戏地图功能比较单一，并且难以重复利用。因此，
循环六时聚焦的重点问题便是"游戏地图结构化程度高"。为此，通过
微缩游戏地图和抽象表征地图两次行动，最终绘制出了低结构并可以重
复使用的地图（见下页图6-3）。管理员用贴纸代表宝藏可能隐藏的地
点，幼儿也可以根据游戏的情况随时更换游戏路线。总之，当研究者发
现引入定向运动元素和新的游戏主题"寻宝"后，幼儿在丛林探险游戏
时缺少方向感，于是决定引入地图。在后续的行动中研究者还对其进行

---

① 秦元东，白碧玮，庄盈媚，等. 幼儿园游戏指导方法与实例：游戏自主性的视角［M］. 北京：
中国轻工业出版社，2018：19.

② 夏海兴.区域活动中材料超市优化的行动研究［D］.浙江师范大学，2023.

了细化，此时游戏地图变成了一种高结构游戏材料。当研究者后来发现高结构的地图会占用幼儿游戏时间，限制他们的游戏路线时，又将其从高结构调整为低结构。这表明，在丛林探险游戏中，随着幼儿对丛林探险游戏情境及其主题"寻宝"的不断熟悉以及游戏水平的提高，地图的结构化程度也逐渐降低，即游戏材料"地图"的留白程度相应增加。但在加入新的游戏参与者进行游戏时，教师发现初次接触丛林探险游戏的幼儿难以理解抽象表征的地图，需要经常询问管理员。为此，研究小组商议后决定，在游戏入口处的篮筐内提供两种地图，即之前制作的相对具象的地图和后来抽象表征的地图。游戏开始前，向幼儿介绍两种地图，由幼儿根据对自己能力的评估灵活取用地图，并且在游戏过程中也可以根据自己的游戏体验随时更换地图。这进一步说明，即使都是大班幼儿，因对丛林探险游戏情境与主题的熟悉程度以及寻宝游戏水平的差异，适宜于他们的游戏材料（如"游戏地图"）的结构化程度也要有所不同。

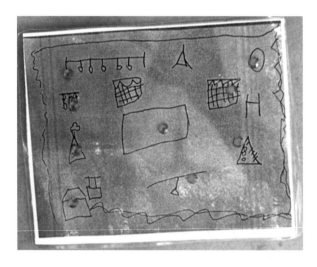

图6-3 丛林探险游戏中第三次出现的低结构地图

（二）投放方式留白的梯度性

有研究发现，材料以低结构方式投放时幼儿出现的注意分散显著高于高（结构）投放方式[①]。一个重要根源可能是低结构投放方式是以材料特质而非功能关系分类投放，换言之，不同材料之间并没有明显的功能关系，这一方面给幼儿提供了更多可能，即留白程度更大；但另一方面，也对幼儿提出了更大挑战，需要幼儿在具备较为丰富的相关经验的基础上在不同材料之间建立某种功能关系。因而，幼儿园游戏材料在投放方式方面的留白，也会因幼儿、教师等因素的影响而表现出梯度变化。这从小、中、大三个年段上学期角色区的不同创设[②]中可以窥见一斑：

> 小班上学期：角色区以娃娃家为主，后期根据幼儿游戏发展可以逐步增设超市、医院等角色区。例如，娃娃家材料提供建议：①高结构材料：锅、碗、杯子、勺子、煤气灶、水槽、筷子，小床、玩偶娃娃等；冰箱、饮水机等；小包、领带、拐杖、围裙、小推车等；小衣服、澡盆、奶瓶、润肤霜盒、毛巾、小刷子、垫子、电话机、扫地机、电视机、手机、购物单、购物篮、药瓶等。②低结构材料：纸、绳子、夹子、海绵、彩泥、积木、纸盒等。初期以满足娃娃家游戏开展的基础性高结构材料为主，逐步增加可以引发交往的高结构材料，如手机、购物单、购物篮、药瓶等，支持幼儿与其他娃娃家"超市""医院"等互动，还可以摆放低结构材料"百宝箱"，供幼儿自选材料。

---

① 魏洪玉.材料结构及投放方式对中班幼儿专注力的影响研究［D］.河北师范大学，2018.
② 根据浙江省嘉兴市海宁市实验幼儿园教育集团周勤提供的材料整理而成，在此表示感谢。

中班上学期：材料投放包括材料超市和主题材料包两种形式。①材料超市，可在小班的基础上增加低结构材料的种类和数量，扩大材料超市的规模，供幼儿按需选择。②主题材料包，是指将一个游戏主题中必要且相对固定的材料装入一个袋子（或筐子、箱子）。主题材料包上做好标记（可幼儿自制），便于收拾与整理。主题材料包有两种形成方式：一是将幼儿一直喜欢玩的某些小班主题的玩具、材料合并收纳，一个主题放入一个材料包；二是根据中班幼儿的游戏计划，师生共同收集材料，按主题合并收纳，主题材料包随幼儿游戏计划的变化灵活调整。以某园某中班为例，第一学期初投放了"幼儿园""奶茶店""首饰店"等主题材料包。其中"幼儿园"主题材料包中包括小画板、桌椅、桌布、画、花、玩偶娃娃、碗筷、玩具等高结构材料，以及纸、笔等低结构材料。

大班上学期：随着生活经验及游戏经验的丰富，游戏主题不断拓展，幼儿能主动设定目标、和同伴一起制订计划，并按照计划有步骤地分工收集材料，开展游戏。在游戏中，幼儿有较强的专注力，主动寻求合作，完成有挑战的任务，有控制和影响环境的欲望。为此，大班角色区采用全留白方式，玩具、材料均分类放置于材料超市。幼儿根据游戏计划从材料超市自主选择材料，开展游戏。大班材料超市一般投放下列材料：自制或替代为主的厨房用具、餐具、家具；各种服饰、道具、做商店门头的纸板；纸筒、布、围巾、大小不同的盒子、瓶子、各种容器、管子、泡沫块、绳子、胶带、胶水、订书机、毛根、金银线、不同规格夹子、各种纸笔等。各类材料分类摆放在材料超市中，做好标识，便于取放；可根据活动室空间，基于就近、便捷的原则，集中或多点设置材料超市。大班角色区全留白后，游戏情节内容丰富多变，材料超市应根据幼儿游戏主题及情节的变化灵活调整材料。如：增加幼儿自主收集的材料，保留幼儿游戏过程中不断增加的自制玩具等。

从案例中可以发现，小、中、大年段上学期角色区创设中材料投放方式留白程度总体逐步递增：①小班上学期，总体看以高结构投放方式为主，确定具有明确主题（暗示）倾向的名称，如娃娃家，然后围绕这一游戏主题提供具有功能关系的材料。此时也出现了低结构投放方式，如"百宝箱"，但总体看处于边缘位置。②中班上学期，高结构投放方式虽依然存在，主要体现为主题材料包，如"幼儿园"主题材料包中的不同材料之间均围绕"幼儿园"且具有功能关系；但低结构投放方式开始逐渐增多，主要体现为材料超市的规模相较于小班有所扩大。此外，主题材料包本身虽然属于高结构投放方式，但中班上学期时不再限定明确的游戏主题，而是提供了许多可供幼儿选择的游戏主题以及主题材料包，并且是开放的，幼儿可以根据游戏需要收集与创设所需主题材料包。这也体现出了一定的留白。③大班上学期，全部采用低结构投放方式"材料超市"。

（三）投放主体留白的梯度性

幼儿园游戏材料投放主体的留白程度也会受多方面因素的影响而表现出梯度性。例如，幼儿园游戏材料组合层次图（见下页图6-4）中，教师参与的组合、师幼参与的组合以及幼儿参与的组合三个不同层次就体现了教师不断退出与幼儿不断介入的梯度留白。

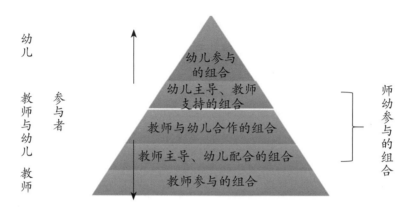

图6-4　幼儿园游戏材料组合层次图[①]

　　"实践中,一般的发展方向是自下而上,但并非一定依次上升,有时可能会跳过其中若干层次,并且在某些游戏情境(如陌生的游戏情境、专制的游戏情境、复杂的游戏情境等)中也可能会出现自上而下的暂时性'倒退'。"[②]总之,幼儿园游戏材料投放主体留白的梯度性,在幼儿、教师等多方面因素影响下,留白程度可能会不断增加,也可能会不断降低。

　　总之,幼儿园游戏材料留白的梯度性,实质是教师和幼儿在游戏材料领域中权利、地位动态变化的体现,会随着幼儿、教师等多方面因素的变化而动态变化。

---

① 秦元东,白碧玮,庄盈媚,等. 幼儿园游戏指导方法与实例:游戏自主性的视角[M]. 北京:中国轻工业出版社,2018:167.

② 秦元东,白碧玮,庄盈媚,等. 幼儿园游戏指导方法与实例:游戏自主性的视角[M]. 北京:中国轻工业出版社,2018:166.

第二节

材料留白的实践探索：材料超市的三种样态

材料超市，也被称为材料库、百宝箱、百宝屋等，在实践中日益被幼儿园了解与践行，实质是在借鉴超市模式核心特点的基础上，游戏材料低结构投放方式的一种实践产物，是教师或（和）幼儿将低结构材料或（和）高结构材料根据材料特质而非功能关系分类摆放与开放陈列，要求高度适宜、标签清晰与规则明确，以便于幼儿自由取放。在实践中，具体园所会根据本园情况探索适合本园的材料超市的具体做法与样态。因此，材料超市不存在标准化和唯一的做法与样态，而是可以并且应该在遵循其本质内涵的基础上因园制宜。本节结合一些园所的实践探索，梳理和提炼了材料超市的三种实践样态，以期抛砖引玉，引发实践者探索出适合本园的材料超市样态。

一、户外游戏活动材料超市

从总体看，户外游戏活动相较于班级区域活动更自由与开放，儿童参与程度更高，因而游戏材料留白程度也相对更高。在实践中很多幼儿园也是首先尝试户外游戏活动材料超市的创设。例如，浙江省嘉兴市海宁市机关幼儿园就依托其丰富的户外游戏资源和深厚的游戏积淀，对户外游戏活动材料超市进行了探索并积累了一些宝贵经验。[1]

海宁市机关幼儿园占地面积达10325平方米,其中户外活动面积达3459平方米。2017年幼儿园全面投入使用后,以东东、南南、中中、北北方位命名的四个操场能同时容纳全园17个班级开展户外活动。近年,幼儿园不断改造与形成了分布在园区四周的小树林、红枫林、小山坡、小花园、沙水乐园、柚子园、火车乐园等户外游戏场域。为更好地放手游戏,支持幼儿更全面深入地参与户外游戏活动,户外游戏活动材料全部采用材料超市的方式。

(一)布局:全域包围

材料超市位置的合理布局是材料超市创设的基础。为了更好地满足幼儿在园区不同的户外游戏场域中游戏的需求,幼儿园遵循满足活动需求和适应建筑地形两个原则,在材料超市的布局方面实现全域包围。

1.满足多元活动,全域布点

材料超市既要能满足晨间三个年段幼儿同时运动的需求,还要满足幼儿上午或下午大时段户外多种样态游戏活动的需求,如东东操场晨间是小班组的专属运动场,而其他时段则支持其他游戏活动。为此,幼儿园在对材料超市的位置进行布点时,从南到北,从东到西,在游戏场域的周边都设置了材料超市,做到全域布点(见下页图6-5)。

---

[1] 本案例根据浙江省嘉兴市海宁市机关幼儿园沈梅华和邢艳丽提供的相关材料整理而成,在此表示感谢。

图6-5　海宁市机关幼儿园户外材料超市布局图

2.适应建筑地形，倚墙而建

我们尝试融入园所建筑，融入自然条件，倚墙而建，打造具有美感和秩序感的材料超市。

（1）挖掘空地，靠边造木屋。南北大道长115米，幼儿园打通三个操场，连接柚子园、红枫林、小树林、沙水区，在中间区域精心设计了十几间高低错落的小木屋，就像浓缩的娃娃小镇，既为周边游戏场域的材料收纳提供硬件支持，也为材料在户外游戏中的多变运用留下可能。

（2）巧用屋檐，平地增收纳。顺延行政楼、连廊一圈，都有屋檐设计，满足了户外收纳的挡雨必备条件。幼儿园清除了种植的灌木，拉平了地面，依据场域需要增加收纳架、可移动的收纳箱等，形成了东东操场的大型材料超市，也与建筑自然融为一体。

（3）顺沿护坡，加宽搭架子。三幢教学楼外面都有U形自然活动区，并与操场相连。材料超市的需求比较大，小木屋只能满足部分中大型材料的收纳。为此，幼儿园将教学楼的水泥护坡加宽，并关注与树木的兼容性，因地制宜设计雨棚，增设各种适宜的收纳架，由此兼顾了实用性和艺术美。

（二）投放：多元开放

户外游戏材料投放方面，幼儿园坚持种类丰富、数量充足、分类开放陈列，并适当考虑关联性组合。

1.多元化材料，数量充足

户外游戏材料的种类要丰富，幼儿园主要有三类材料：①成品材料：车、滚筒、梯子、垫子、积木、架子、圈、球、棒、管子等。②废旧生活材料：轮胎、经编筒、布、油筒、瓦片、绳子等。③自然材料：树枝、草垫、竹筐、树皮、松果等。

户外游戏材料的数量要充足。在投放时要保证充足的材料数量。首先，同一种材料的数量要充足，如小车，一个游戏场域中的小车要能满足一个班级的需求。其次，在样式上要关注功能的多元化，如能载人互动的脚踏车、人力车、协力车，能运货的独轮车、小板车，能载人装货的轮胎车、"方宝车"，还有各种平衡脚踏车、溜溜车、滑板车等；再比如积木，每一个场域的材料超市都有2—3种不同样式的积木，如东东操场有螺母积木、碳化积木、塑料积木，每一种样式的材料在数量上都能充分满足一个班级活动的需要。

2.开放式陈列，归类整理

"儿童用不同于成人的视角观察周围的世界，这种独特的视角是由其身高决定的。"[1]因此，为了使材料超市中的材料能便于儿童看得见、拿得到、放得回，就需要从儿童的身高出发，考虑材料陈列的方式与高度。

（1）立面高度便拿取。幼儿的身高在一定程度上决定了材料陈列的立面高度，要在幼儿伸手可及的范围内，既保证幼儿能自主拿取，也保障安全。部分三层以上的架子，幼儿园将大小适宜、幼儿兴趣浓、互动性较强的材料放在幼儿身高拿取范围内，将近期互动性较弱的材料放在第三、四层，或者将体积较大、幼儿拿取不便的材料放在上面，使用前由教师帮忙搬到下面。

（2）开放陈列少遮挡。材料看得见，不仅方便幼儿拿取，同时也有利于幼儿了解游戏场域周边的材料，容易引发游戏。开放陈列无遮挡摆放的架子、箱子，唯一有遮挡的小木屋帘子就像家中的窗帘，拉开即可看见里面的材料。

（3）收纳容器易搬运。小型器材都用统一的塑料筐进行收纳，不同容量的容器都方便幼儿看得见、搬得动。对于一些中大型、有一定重量且搬运整理有一定难度的器材（如积木、海绵垫子等），幼儿园设计了可容纳不同器材的工具车。例如，用"方宝"自制的垫子车，用木箱制作的积木箱等；对于不宜收拾的管子、海绵棒等，用工具车进行收纳。各种工具车适用于容纳不同材料，方便搬运。

（4）收纳归类重秩序。按照种类分类陈列，同一类型的材料按需放在临近位置，如将各种小车放在小树林游戏场周边。同类材料又依据不

---

[1]【美】桑德拉·邓肯，乔迪·马丁，萨莉·豪伊. 儿童视角的幼儿园班级环境创设［M］. 马燕，马希武，译. 北京：中国轻工业出版社，2020：11.

同规格依次陈列，如将梯子按照高度排列。将不同形状材料分类整理，如塑料积木形状多样，幼儿园便微调收纳车内部结构来匹配不同尺寸的积木。此外，幼儿园有明确的标识以支持和方便幼儿将材料归置整理。

3.关联性组合，直观呈现

材料的呈现能对幼儿产生一定的暗示或导引作用，引发相关的游戏活动。

（1）与材料组合的关联。临近摆放的材料，对幼儿会产生一定暗示，容易引发创意组合。不同类型材料在功能运用上暗示关联，如各种小车和积木临近，自然引发用小车装货和积木百变替代功能。不同材质的材料在造型组合上也暗示关联。

（2）与场域特点的关联。平坦的地面适合积木建构，宽敞的塑胶场地适合各种大型器材的组合，直行的道路适合小车骑行，自然类场域与生活类材料关联容易引发装扮游戏……关注场域的特点，选择与之关联的材料，有助于助推幼儿对环境和材料的适宜性体验。

（3）与集散动线的关联。从周边游戏场域观察材料的集散，动线的流畅性既提升安全保障，也提高取用频次。如将大垫子、滚筒、梯子放在南北大道的中间区域，集散动线呈中心辐射式（见图6-6），与周边的南南操场、红枫林、中中操场、北北操场、小树林游戏场域进行关联，在近50米的视线范围内实现了高频次的拿取。

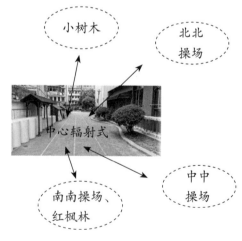

图6-6　中心辐射式示意图

（三）运用：自主创造

户外游戏场域周边丰富的材料超市以及儿童游戏玩家的天性赋予了游戏场以灵性和无限可能。因此，户外材料超市的运用原则是支持自主创意，追随动态生成。

1.不设边界，自主取用

倚墙而建的材料超市全域布局，分布在各个游戏场域。幼儿使用时，没有场域的设定边界，有需求可以自主取用。

（1）熟悉周边材料，自主取用。当幼儿产生了某一游戏需求后，教师可以通过带领幼儿熟悉周边材料以支持幼儿游戏。例如，大班幼儿在体验了升旗仪式后，萌发了扮演解放军的兴趣，便在红枫林玩起了野战游戏。为了支持幼儿游戏活动，教师便带着幼儿熟悉周边的材料超市。接下来，幼儿根据游戏需要，自主拿取小木屋的迷彩垫、附近的滚筒、梯子等搭建营地、掩体等，并不断将材料组合、变化升级。就这样不限定使用的时间，不限定场域的边界，自主取用。

（2）室内、室外延展，提前准备。不仅户外材料超市中的材料可以互通使用，室内和户外的材料也可以互通使用。例如，大班幼儿在室内搭建火车，其功能越来越复杂，需要相邻户外场地的梯子、轮胎、垫子，幼儿便在游戏前拿取做准备。当然，户外游戏有需求时，也可以从教室或者公共材料超市拿取运用。如，大班幼儿野战游戏中用到的迷彩布便来源于4号楼梯的材料超市。室内外延展，拓展了空间，提升了材料使用的效率。

2.不限玩法，自由创意

户外游戏材料中大多是低结构材料，使用时不限定玩法，自由创意组合。例如，小班幼儿晨间运动时，将轮胎与绳子组合变成了拖车，载上同伴，幼儿合作探索"如何前进"；看到边上的球，将轮胎与球组合，玩起了"卖鸡蛋、卖瓜"游戏；将轮胎与平衡台、跷跷板等组合成了跳、钻、爬、平衡等运动的路径。幼儿充分发挥想象，创意组合，一种材料玩出多种花样，多种材料组合生成无限可能。

3.因需而定，动态生成

户外材料超市包括材料大超市和材料小超市两类。其中，材料大超市主要分布于公共场地，支持全园幼儿选择使用；材料小超市主要分布于各个游戏场域内，采用空柜子形式。定期（如一个月）轮转到这里进行游戏的幼儿，在教师的支持下，根据兴趣与需要，主要从材料大超市选择与收集所需材料，以不断完善材料小超市。从空柜子到逐渐丰富的游戏主题关联材料，是幼儿在游戏驱动下的材料收集的过程，也是反过来助推游戏不断生成与丰富的过程，因需而定，动态生成。游戏周期结束后，幼儿再将材料小超市中的材料归位，即放回材料大超市中（见下页图6-7）。这里以小班游戏案例"红枫林的公交车"为例，分析"红枫林"中材料小超市因需而定与动态生成的过程。

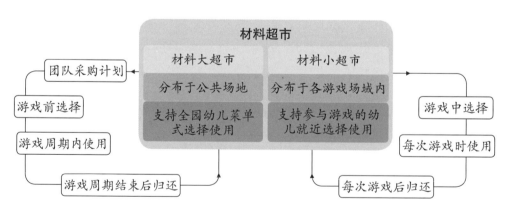

图6-7 双材料超市运行机制示意图

（1）初选材料，"入驻"红枫林。

红枫林是南南操场边上的一个小树林，因宽敞的区域、不同的地形、适宜的活动器械以及自然的条件深受幼儿喜爱。入园仅半年的小一班幼儿也玩出了别样精彩。

轮转到红枫林游戏场域后，教师带着小一班幼儿先熟悉了游戏场域以及周边的材料超市。幼儿在三个楼梯间的材料超市里挑选了心仪的材料，如锅、碗、瓢、盆、纱巾、饼干盒……带着这些材料正式"入驻"红枫林，开始了一个月的游戏之旅。最先生发的是娃娃家野餐、蝴蝶洞穴游戏，随后又生发了许多新游戏。

（2）发现协力车，引发"公交车"游戏。

红枫林的边上是南南操场，塑胶跑道是三辆滚筒车的集结地。幼儿很快就注意到了这三辆滚筒车。几名幼儿试着爬上去，坐上了车子。之后，越来越多的幼儿被滚筒车吸引。幼儿还给它取了个名字——"公交车"。幼儿发现坐满人的"公交车"很难启动。此时，另一辆"公交车"的路过让车上的兜兜立马捕捉到了成功秘诀，他说："派一个人下去推我们吧！"于是，多多下车了，"公交车"成功启动。但随着"公交车"驾驶秘诀的"普及"与熟练应用，随之而来的便是越来越快的"车速"，幼儿在玩的过程中时常出现跳车、来不及上车、撞到其他小朋友等"交通事故"。

（3）引进新材料，"安全的公交车"开起来。

安全隐患引发了儿童会议上的讨论。首先是关于"公交车"的启动："能靠自己启动公交车吗？"其次是关于"公交车"

的行驶问题："你们坐过真的公交车吗？怎样才能让'公交车'安全行驶呢？"高以昕说："我知道！公交车只在车站停车。停的时候有人上车、有人下车。"幼儿纷纷补充自己对公交车的了解。沈家辉说："上车还要刷卡！"随着游戏的发展需要，材料超市动态生成。

①取用周边新材料："我们有了公交车站。"

发现"工具车"。第二天游戏前，幼儿搜寻合适的材料来当公交车站。他们在保安室旁发现了刚刚组装好的"工具车"，便搬过来放在"马路"一侧，设置了几个公交车站点。每次经过"公交车站"时，幼儿就会喊"停车，停车"，上车、下车、等车有序进行。

架子代替车站。第二天游戏，幼儿发现保安室旁的"工具车"不见了。于是，幼儿来到北北操场倚墙而建的材料超市，找到了替代材料——架子。之后几天，幼儿不断从四周搜寻到新材料，做成了不同样式的"公交车站"。

椅子加入车站。幼儿说公交车站是有椅子的，坐着等车比较舒适，于是他们又找来了几把椅子放在站点旁。随着游戏的发展，红枫林的材料超市不断加入新材料。

②增加新材料："我们有了安全带。"

一天游戏时，两名幼儿说需要系安全带。教师便引导他们看看旁边中中操场的材料超市中有没有合适的材料。幼儿选了塑料圈套在身上，说："这是我们的安全带。"由此塑料圈"入驻"红枫林的材料小超市。

③寻找新材料："交警"上岗。

　　在游戏中幼儿又发现了新问题："公交车"难以保持在直线轨道上行驶，有时会出现两车相撞的情况，而且靠近台阶的"公交车"在后退时容易掉下台阶。在儿童会议上，幼儿提出需要一名交警来帮忙。

　　第一任交警兜兜上岗了，他从班里选了一个铁盒带到了红枫林，指挥时拍打铁盒发出声音以提醒公交车可能发生碰撞。后来，幼儿在材料超市找到了帽子，将自己装扮成交警。

　　由周边材料超市的三辆滚筒车引发的"公交车"游戏中，依据游戏情节的发展需求，红枫林里的材料小超市动态生成，并不断增加新材料（见图6-8）。幼儿园依据收纳的规则，将从附近拿取的大材料每次归位，将小型材料分类陈列在红枫林的材料架上，轮转周期结束时返还材料、清空架子。

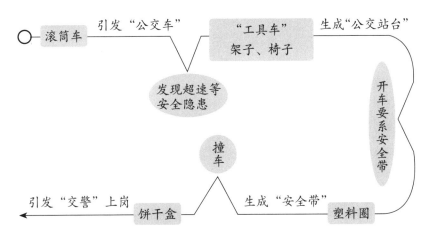

图6-8　小班"公交车"游戏中材料需求动态图

二、班级区域活动材料超市

在实践中，班级区域活动经常会涉及角色游戏、建构游戏、表演游戏、益智游戏、科探游戏等，游戏材料会涉及低结构材料和高结构材料，材料投放方式上也经常是高结构与低结构并存，如益智游戏和科探游戏中经常会有一些高结构投放方式。因此，在实践中区域活动材料可以部分或全部采用材料超市。如：有的幼儿园将货架全部搬到室外走廊，根据材料的功能、特性将材料归类摆放，形成一个开放式"材料超市"。后来，幼儿园在实践中将其调整为室外大货架和室内小货架并存的方式。[①]该幼儿园的全部区域活动材料都采用材料超市形式。此外，也有幼儿园只是部分区域活动材料采用材料超市形式，其余材料的依然采用相对高结构投放方式。如：有的幼儿园专门围绕角色游戏材料投放方式进行了探索与调整。首先，逐渐减少角色游戏中投放的功能单一的成品材料；其次，在教室一角创设"材料超市"，投放大量低结构材料（如白纸、纸盒等），并根据游戏进程不断丰富材料。[②]这里介绍一种聚焦班级区域活动材料中的低结构材料，主要位于班级走廊的材料超市实践样态[③]。

（一）合理规划空间布局

材料超市的空间布局同传统区域空间布局一样关注空间大小、环境设计及实际利用情况。[④]"教育者需要创造适宜的空间条件以方便儿童'走来走去'地取用材料和与人交流。"[⑤]为此，材料超市的空间位置应满

---

① 郁青. 支持幼儿创造与表达的"材料超市"[J]. 幼儿教育，2008（19）：30.

② 赵贞燕，李莹. 例谈通过"材料超市"促进幼儿自主游戏的实践与反思[J]. 安徽教育科研，2019（04）：118.

③ 夏海兴，秦元东.幼儿园班级区域活动材料超市的内涵、价值与创建[J].早期教育，2023（12）：41-44；夏海兴.区域活动中材料超市优化的行动研究[D].浙江师范大学，2023.

④ 吴楠.幼儿园区域活动实施现状调查研究[D].福建：福建师范大学，2017.

⑤ 郭良菁.瑞吉欧教育者对"空间"的理解[J].幼儿教育，2017（34）：9.

足以下条件：一是"交通"便利、空间宽敞。二是视野开阔、招牌明显，方便幼儿发现位置所在。为此，幼儿园最终确定将材料超市主要设在班级活动室外宽敞的走廊。

（二）多方参与材料收集

传统的材料收集来源主要集中在三个方面，统一购买、教师自制、家长和幼儿共同收集。[①]创设材料超市时，教师在把握传统的材料收集来源的同时，要更加强调多元主体的参与，如园内领导、教师、幼儿、家长、社区人员等。在此过程中，尤其要彰显幼儿主体地位，支持幼儿加大参与材料收集的力度。幼儿在收集什么材料、怎么收集材料等方面拥有发言权。在此过程中，教师要注意材料收集的安全性、经济性与开放性等原则。幼儿可以罗列"材料清单"，收集与自身游戏和生活密切关联的材料（如下页表6-2），也可以通过自制获取个性化的材料。材料收集是个动态、循环的过程，贯穿于材料超市的创设、利用、调整的始终。除了材料超市在构建初期需统一收集材料外，在幼儿依托材料超市进行游戏的过程中，因材料的利用损耗，以及幼儿兴趣、活动目标的变化，都要及时有针对性地进行再收集。

---

① 郭家慧.乡镇中心幼儿园区域活动材料投放现状研究［D］.济南：山东师范大学，2020.

表6-2　部分常见低结构材料一览表

种类	材料
纸类	彩纸、纸杯、酸奶盒、纸牌、泡泡纸、报纸、纸袋、硬纸板箱、卫生纸、各类包装盒等
木类	木箱、树枝、原木片、棒冰棒、木制红酒盒、木制晾衣夹、木环、软木塞、木制多米诺牌、木桩、木地板、桌子腿、椅子腿等
布艺类	丝巾、毛毯、旧衣服、丝带、墙布、麻绳、毛线、毛毛球、毛毡、毛巾等
自然类	叶子、沙子、松果、贝壳、小草坪、石头、苔藓、橡果、树芙、果核、羽毛、树皮、豆子等
塑料类	扭扭棒、塑料管、塑料筒、塑料瓶、吸管、万向轮、塑料珠子、瓶盖、高尔夫球、塑料杯、纽扣、窗帘环、气泡膜、杯垫、胶带等
生活类	海绵、棉签、红包袋、牙膏盒、化妆品罐、酒瓶、盘子、蛋托、钥匙环、纱窗网、拉链等
其他类	泡沫、爬爬垫、PVC管、轻黏土、颜料、活动眼珠、锡纸、磁铁、易拉罐、铃铛、玻璃弹珠、螺栓、螺母等

（三）有序细致呈现材料

判断一个活动区材料是丰富还是缺乏，应当依据幼儿积极行为和消极行为的增减，而非材料数量的多少。[①]因而，教师可以通过观察幼儿在游戏中的行为，并在充分调查幼儿对材料的喜爱程度以及幼儿年龄特点的基础上投放适宜材料，即材料超市中投放的材料种类、数量及搭配要依据幼儿的兴趣需要、年龄特点与活动目标的不同进行灵活调整。在确定了要投放的材料后，就要考虑如何呈现材料。材料呈现的目的在于帮

---

① 华爱华.活动区材料的投放方式与幼儿行为及发展的关系[J].幼儿教育，2008（07）：7.

助幼儿方便取放材料，因而需要关注材料呈现的有序性以及细致性。

1.细化材料分类

教师与幼儿一起沟通商讨，采用幼儿喜欢的分类方式对材料进行分类。一般根据材料性质进行分类，如将材料按照用途分为工具性材料[①]和资源性材料[②]两类材料。然后对两大材料进行细分，如按照材料材质将低结构材料划分为"自然类、纸类、塑料类、木类、棉布类、生活类和其他类"[③]，后续还可根据"颜色""形状""大小""直卷"等对同一类材料进行再分类。

2.选择合适容器

容器至少有两个作用，其一是吸引幼儿拿取材料，其二是储存材料。在选择容器时，可以参考"4C"原则，即引起儿童注意的容器（Capture children's attention）、方便好用的容器（Select convenient containers）、与活动有关的容器（Connect with activities）、儿童制作的容器（Use child-created containers）。[④]因而，容器最好是透明的，便于幼儿一眼看见其中的材料，引起幼儿注意。同时，容器最好是分格的、有较多凹槽的，利于对材料进行细致分类，达到方便储存和取放的目的。最后，容器最好是与幼儿活动相关并且是幼儿参与或独立制作的。毛线容器的蝶变（见图6-9）可以帮助我们更好理解这些要求。实践中发现，

---

① 工具性材料指游戏时所需用的"器具"，主要包括放大镜、显微镜等科探类工具与剪刀、胶水、水粉颜料等美工类工具。

② 资源性材料是幼儿直接作用的对象，主要包括图书（纸张）、废旧生活材料、自然材料、成品材料、其他材料。

③ 李放.低结构活动促进4—6岁幼儿学习品质发展的实验研究 [D].沈阳师范大学，2016.

④ 【美】桑德拉·邓肯，乔迪·马丁，萨莉·豪伊.儿童视角的幼儿园班级环境创设 [M].马燕，马希武，译. 北京：中国轻工业出版社，2020：147.

毛线等缠绕类材料很容易缠绕在一起，而幼儿在游戏时需要先找到它们的首端，将其拉出并根据自己的需要剪断，因此将毛线等缠绕类材料放在置物筐中不利于幼儿取放。为此，我们为毛线等缠绕类材料选择了透明塑料罐作为收纳容器，将毛线按顺序缠绕后放置在塑料罐中，并在塑料罐的盖子上切割出一个圆形小洞，以便将绳子的首端从中拉出。

图6-9　毛线容器蝶变图

3.灵活摆放材料

置物架的作用是收纳、陈列，将材料统一分类摆放。材料置物架并排摆放，架子高度与幼儿平视的高度一致或是略高于幼儿平视的高度。一般置物架可分为两层或三层[①]：顶层放置重量较轻、幼儿不常用或不太感兴趣的材料；中间层是"中心区"，幼儿视觉停留时间较长，也方便拿取，大多放置幼儿感兴趣的、常用的、教师根据主题活动期望幼儿拿到的材料；底层可放置面积较大、重量较重或数量较多的散装材料。教师引导与支持幼儿根据自己喜欢的分类方式对材料进行细致划分，并整

---

①【美】桑德拉·邓肯，乔迪·马丁，萨莉·豪伊. 儿童视角的幼儿园班级环境创设 [M].马燕，马希武，译. 北京：中国轻工业出版社，2020：96.

齐、有序地摆放材料。但材料摆放后并不意味着其位置固定不变，教师需要依据幼儿需求和活动目标进行灵活调整。如：通过二次陈列[①]（即将相同的材料摆放在几个不同的区域）来吸引幼儿注意，通过置物架的多层摆放突出主要材料等。

4.附上材料标签

材料在置物架上呈现后，幼儿可能一开始由于不熟悉材料的具体位置而导致寻找的时间过长，耽误游戏进程；或在游戏结束后无法快速将材料归位而浪费大量时间以致缩短了游戏评价环节。因此，教师要引导与支持幼儿借鉴超市中的商品介绍卡，为材料超市中的各类材料增加自主设计的标签，以帮助幼儿在游戏时快速寻找自己所需材料和在游戏结束后快速将材料归位。

（四）有效进行材料管理

材料超市的运行过程中，经常会涉及损耗性材料的补充、材料归位与更新等问题。这些都属于材料管理的范畴。

1.共同制定明确规则

"自由与规则是对立统一的，在提倡幼儿自由发展的同时，也应当为幼儿建立起合理的规则。"[②]因为材料超市强调幼儿自由取放，所以就更需要明确合理的规则作为保障。因此，结合幼儿在实践中遇到的一些问题，教师引导幼儿共同讨论与制定一些规则，如"用多少，拿多

---

① "指食品杂货商将相同的商品摆放在几个不同的区域，这样，顾客会在多个区域发现同样的商品""端架通常用于商品的二次陈列""端架是货架两端的架子""可以增加商品的可见性"。（【美】桑德拉·邓肯，乔迪·马丁，萨莉·豪伊. 儿童视角的幼儿园班级环境创设［M］. 马燕，马希武，译. 北京：中国轻工业出版社，2020：94-95.）

② 许卫雯.中班幼儿区域活动规则生成研究［D］.山东师范大学，2021.

少""不用的材料立即放回原处""音乐声响起要及时整理材料"等。此外，教师也可以采取一些具体措施帮助幼儿形成良好的整理习惯。如，教师可以通过制订计划单、"归位公约"等减少幼儿拿取材料的无目的性及材料浪费等现象的出现。

2.多措并举及时归位

材料归位指幼儿在游戏结束后将未用到或还可继续利用的材料归还到原先位置。这样便于材料整理，同时也为下一次游戏做好准备。因而材料归位要及时、到位，做到高效。

（1）材料归位要及时。

因材料归位处于游戏后的分享环节前，故实践中多数教师会持有让幼儿快速归位从而为游戏后的分享腾出更多时间的想法。同时，幼儿在利用材料超市进行游戏的过程中，会依据自身需求从材料超市中拿取大量材料，这无形中加大了材料整理环节的难度。为此，教师通过材料归位规则的制定、材料超市理货员的加入、三段式音乐的提醒等方式助力材料归位更加迅速、更加到位。其中，"材料超市理货员"是专门负责材料整理、收纳工作的角色，这种情境性角色的引入，有助于激发幼儿的主人翁意识和整理收纳的意识，从而促进幼儿将材料归位更加快速、到位。"三段式音乐的提醒"是用幼儿喜欢的音乐并确定三段式音乐时长为10分钟。其中，第一段音乐声音响亮、节奏紧凑，时长2分钟，提醒幼儿游戏时间已到，需要将下次继续游戏的半成品放置于游戏箱①并开始进行材料归位；第二段音乐节奏轻快，时长7分钟，这期间是"运货

---

① 游戏箱是存放幼儿在游戏过程中利用材料超市中的材料制作出来的半成品或成品玩具的容器。

员"搬运材料与"理货员"归位材料的时间;第三段音乐舒缓平稳,时长1分钟,提醒幼儿材料归位接近尾声,完成"工作"的幼儿可以坐下休息,没有完成"工作"的幼儿继续加油。

(2)材料归位要到位。

为方便收纳管理并为下次游戏做好物质准备,幼儿进行材料归位时要具备一一对应的意识,将材料归位至原先位置,并完整归位至容器内。在此过程中,为了帮助幼儿对材料归位时的规则更加明晰,教师和幼儿共同制定了"材料归位公约":①不要推倒材料;②将下次游戏还要用的材料放置于"游戏箱";③先归位大型材料;④再归位小型材料;⑤剪刀要合拢;⑥有盖子的材料要合上盖子;⑦快速归位材料;⑧将材料归还至原位。

3.有效进行材料更新

材料更新是个动态过程,贯穿幼儿利用材料超市进行游戏的始终,主要依据幼儿游戏需要及材料损耗情况做出及时调整。幼儿可以轮流成为"材料超市理货员",对照材料超市的"材料清单"记录材料超市中的材料损耗情况,并及时上报"材料超市长"(主要是教师),然后由"材料超市长"与"理货员"一起决定更新哪些材料。

材料超市可形成"材料状态调查—讨论—收集—投放—使用—材料状态调查"的循环更新机制。"这部分最主要的是提高幼儿的参与度,调动幼儿的积极性,同时培养幼儿进行区域材料更新的能力。"[①]教师可以利用材料超市"理货员"和"运货员"的角色赋予幼儿材料超市的主人翁意识,通过提供材料状态调查表引导幼儿参与到材料损耗情况

---

① 刘彦宏.益智区材料投放及管理研究[D].青海师范大学,2022.

的调查中等。

三、便携式私人定制游戏包

在实践中，户外游戏活动材料超市和班级区域活动材料超市都是位置固定的、面向全体幼儿的，缺乏灵活性和个性化。为此，有幼儿园大胆探索与创新，提出了一种便携式私人订制的"游戏包"[①]。所谓游戏包，主要是一种可容纳各种"辅助户外自主游戏"材料的一种容器，可以是背包、箩筐、盒子、袋子等多种形态，是每个幼儿专属配置的游戏材料包。游戏包不是要取代材料投放传统方式，而主要是一种辅助性的，可以弥补材料投放传统方式的一些不足（见表6-3）。

表6-3 材料传统投放的不足与"游戏包"助力投放一览表

	传统投放的不足	"游戏包"助力投放
材料的来源	依赖一次性批量收集、采购或自制，后续主要由教师小范围增加。	随时随地联动多方资源进行收集，设立幼儿园、教室、家庭三大资源仓库。
材料流动性	材料的流动需要依靠定期统筹整合。	材料流动性强，不受场域限制，材料可以跟着幼儿"走"、跟着游戏"走"。
材料的更新	更新时间无固定，更新过程复杂且多依赖教师。	更新速度快，可依据幼儿个人喜好、需求时时更新，更新过程简单、易操作。
互动持续性	材料互动受场地等限制，难以持续。	可依据幼儿个人需要自主调整互动频次、互动时间等，不受场地调整的影响。

---

① 本案例根据浙江省杭州市萧山区江南幼儿园朱洁蓉、陈迪萍提供的相关材料整理而成，在此表示感谢。

续表

	传统投放的不足	"游戏包"助力投放
材料匹配度	幼儿需要从投放的材料中临时选择匹配的材料进行游戏。	提前依据游戏需要、兴趣等选择相应的游戏材料。
个性化程度	很难满足每个幼儿个性化的追求。	幼儿自主选择材料,可以准备自己专属的游戏材料。
选材自主性	自主选材的过程大多表现在游戏开始前或游戏时。	选材的自主性涵盖整个阶段(从开始准备到后续调整都自主完成)。

(一)游戏包材料主要来源

游戏包的材料主要源于三大资源仓库,三个仓库中的材料依据形态大小作层级分类,并与幼儿园户外、教室、家庭等建立链接(见图6-10),幼儿可根据自身需要随机组合选择材料。

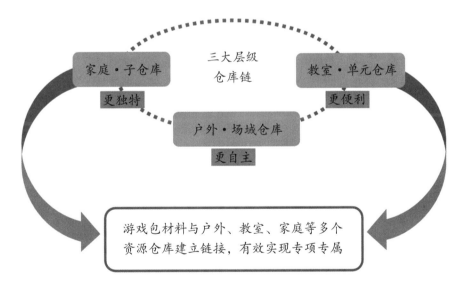

图6-10 游戏包三大层级仓库链

(1)幼儿园·场域仓库:通常指放置幼儿园户外投放于各游戏场域

的材料的材料仓库或材料超市。这里一般涉及比较大型的、适合在户外放置的材料，如推车、呼啦圈、球网、轮胎、垫子、梯子等。

（2）教室·单元仓库：在幼儿园班里设置的专门性材料仓库柜，通常放置与班本化主题保持一致的材料，或是暂时被替换的材料以及一些常用的工具性材料，如：在"大中国"主题活动推进过程中，就会投放指南针、小印章、皮筋、麻布、鹅卵石、干花等材料。

（3）家庭·子仓库：用于放置每个幼儿家里闲置的、幼儿与父母一起收集的各种材料或回收的废旧物品等的材料仓库。如：秋天时，教师会鼓励亲子捡拾落叶、收集秋天的果实等，这些就成了家庭·子仓库里的材料。

除了以上三大层次仓库外，幼儿在游戏中、生活中收集的一些材料，如小石子、果实、花瓣、树叶等材料，均可以成为游戏包的材料来源。总之，游戏包的材料来源是开放的与多元的。

（二）游戏包材料动态调整

游戏包中的材料一般分为两类。其中一类是常规小套组，即每名幼儿的游戏包中都有的，主要是助力幼儿自主记录与表达的材料和其他常用小工具，一般包括但不限于便利贴、勾线笔、油画棒、颜料、剪刀、双面胶、固体胶、透明胶、麻绳、彩带、卡纸、绘画纸、纸巾、彩纸、塑料袋等。另一类是每名幼儿根据自己的游戏需要自由选择与动态调整的更具个性化的材料。通过以下策略可以帮助幼儿更有效地选择与调整这部分更具个性化的材料。

1.游戏计划册：指引材料选择

幼儿在游戏中获得的经验可以反映幼儿对游戏材料的需求。通过游戏计划册，幼儿可以回顾之前的游戏经历，并规划下一次的游戏计划。游戏计划册的内容涉及幼儿对"当天游戏的计划"，以及需要"哪些材料""这些材料又从哪里来"。如：幼儿在计划游戏时，她想去菜园子玩烧烤游戏，便梳理出自己需要的材料，并明确这些材料的来源，随后收集材料放入游戏包（见图6-11）。

图6-11　游戏计划册指引选材图例

2.材料互通卡：家园沟通合作

材料互通卡是一张幼儿在游戏中可以记录自己缺少什么材料的卡片。游戏包便于携带的特点，让其成为可移动的材料小仓库。幼儿可以将游戏包带回家，并通过材料互通卡，与爸爸妈妈一起设计游戏并收集材料。例如，幼儿在材料互通卡中提到，自己需要准备彩带、布、羽毛等，于是家长便和幼儿共同寻找材料，并讨论这些材料怎么玩（见下页图6-12）。

图6-12　材料互通卡助力材料收集图例

（三）游戏包材料细化分类

　　为了方便幼儿从游戏包中迅速找到所需材料，可以采用"材料小口袋"将材料分门别类。材料小口袋，顾名思义就是相比游戏包更小的袋子、盒子、罐子之类的容器，适宜收纳不同种类的材料。每次游戏结束后，幼儿会借助"材料小口袋"对材料进行自主回顾并整理归类，如：常用的"材料小口袋"包括自然物材料小口袋、线圈类材料小口袋、布艺类材料小口袋、小碎件材料小口袋、工具性材料小口袋、其他类材料小口袋等（见下页表6-4）。

表6-4　游戏包中常用材料小口袋类型一览表

名称	常见材料
自然物材料小口袋	木片、鹅卵石、干花、树枝、谷穗、板栗、橡子、花、树皮、干草、棉花、贝壳等。
线圈类材料小口袋	毛线、丝带、麻绳、扭扭棒、软管、链条、皮带、鱼线、亮丝、皮筋等。
布艺类材料小口袋	抹布、纱布、麻布、棉布、荧光布、毛线布等。
小碎件材料小口袋	毽子、纽扣、滴管、毛球、羽毛、贴纸、珠子、彩色小棒、瓶盖、回形针、小碎石等。
工具性材料小口袋	彩色笔、颜料、勾线笔、固体胶、透明胶、双面胶、刮画纸、颜料盘、手套、火钳等。
其他类材料小口袋	球、黏土、塑料管、纸筒、纸管、纸杯、勺子、碗、筷子、调味盒等。

第七章

幼儿园游戏评价的留白

　　"在人类生活中评价最为重要的、处于核心地位的功能是导向功能。"①评价也因此经常被喻为"指挥棒"。谁掌握了这一"指挥棒"，谁就具有了发言权和主导权。这就决定了在包括"确立评价目的与评价参照系统"（主要包括评价中的价值主体、评价视角、评价视域和评价标准）、"获取评价信息"（包括价值客体、价值主体和参照客体的信息）、"形成价值判断"②等评价心理运作全过程的方方面面，"权利"暗流涌动。幼儿园游戏评价的留白，实质就是游戏评价领域中"权利"不断流向儿童一方的过程，即赋权。换言之，是儿童不断从游戏评价的边缘走向中心进而不断获得发言权与决策权的过程。

---

① 冯平.评价论[M].北京：东方出版社，1995：4.
② 冯平.评价论[M].北京：东方出版社，1995：74-157.

第 一 节

评价留白的特质：共构性与生成性

"幼儿园课程评价是评价者基于一定的价值观和评价标准，运用科学的方法和工具，收集和分析相关信息，对幼儿园课程及其构成要素的价值、适宜性、有效性做出判断的过程。"[1]因此，作为幼儿园课程评价一部分的游戏评价，主要涉及评价者、评价依据或参照、信息收集与分析、判断等几个核心要素。因而，游戏评价留白的核心就是，儿童不同程度参与这些核心要素的决策过程，与教师共同做出决策。这决定了其核心特质是（师幼）共构性和（过程）生成性。

一、共构性

实践中，教师在幼儿园课程评价中经常处于权威甚至绝对权威的地位，而"儿童参与幼儿园课程评价意味着打破既有的教师权威，为儿童学习者争取评价权力，在此过程中，教师是否有意识地悬置了自身的权威并主动分享了课程评价的权力，是儿童能否实现实质性参与的关键"[2]。教师的专业地位与素养使其相较于幼儿经常处于权威地位，但应是一种理性的权威。美国学者弗洛姆认为，首先，"理性的权威是建立

---

① 王春燕，秦元东.幼儿园课程概论（第3版）[M].北京：高等教育出版社，2019：114.

② 汤文佳，江夏.儿童参与幼儿园课程评价的能为、难为与应为[J].教育探索，2022（09）：83.

在权威的拥有者与受权威制约者双方平等之基础上的，两者仅仅是在某个具体领域里有知识和技术程度上的不同而已"；而"非理性的权威的真正本质是不平等"，"一方是权威，另一方是惧怕，非理性的权威常常建立在这两者的相互依持上"。其次，理性的权威产生于健全的能力之中，在一定程度上有助于他人；而"非理性的权威往往产生于对别人的统治"，不利于他人的成长。再次，理性的权威允许并要求督促、批评；而非理性的权威则严禁批评；最后，理性的权威是以职权为基础的，是暂时的；而非理性的权威则以权力为基础。①作为基于平等的助长性的理性的权威，教师应有意识地弱化自己的权威，同时支持与彰显儿童的权威。总之，在游戏评价过程中，各种重要决策的过程不是教师一方独裁的过程，而是教师、幼儿等多元主体共同参与、沟通与协商的"阐释性再构"②过程，这就是共构性。这不仅意味着决策权从教师一方向儿童一方流动的赋权，还蕴含着决策权从社会（专家等）一方向教师一方流动的赋权。具体地说，游戏评价的工具、标准等往往具有先在性，如评价标准，"从其基本方面来说，是先于价值客体，先于当下评价活动的"③。面对这些先在性存在，教师、儿童一方面会受其影响与制约，但同时又会主动地对其进行富有创新性与创造性的"再构"。

　　"幼儿是游戏评价的主体"已然在理论、政策与实践中得到了较为广泛的认可与积极践行。《幼儿园教育指导纲要（试行）》中就明确指

---

① 【美】弗洛姆.为自己的人［M］.孙依依，译.北京：三联书店，1988：30-31.

② 阐释性再构（Interpretative reproduction）是新童年社会学的一个理念，阐释性"强调儿童参与社会活动过程中表现出来的创新性、创造性方面的特征"，再构的核心是"儿童不仅仅内化社会和文化特征，他们同时积极地为文化生产和转型贡献力量"。（【美】威廉·A.科萨罗.童年社会学（第四版）［M］.张蓝予，译.哈尔滨：黑龙江教育出版社，2016：15.）

③ 冯平.评价论［M］.北京：东方出版社，1995：40.

出："管理人员、教师、幼儿及其家长均是幼儿园教育评价工作的参与者。评价过程是各方共同参与、相互支持与合作的过程。"但实践中幼儿主要是作为评价的执行者，更多停留于表面的浅层参与，而很少深度参与诸如游戏评价指标、评价标准①等核心决策。这从一些实践者所熟知的新西兰学习故事②中可以窥见一斑。

新西兰学习故事中的"哇"时刻或"魔法"时刻里，"儿童展示出一个或几个该课程框架所重视的有助于学习的心智倾向——好奇、勇敢、信任、坚持、自信、分享和承担责任"。③"学习故事描述的是充满成就感的片段：感兴趣，在参与，遇到困难和不确定情境时能坚持，表达一种想法或感受，以及承担责任。"④因此，在实践中，无论参与者是教师或（和）幼儿，识别与捕捉幼儿"哇"时刻的重要标准都是幼儿园课程目标。换言之，唯有那些能够契合与彰显了幼儿园课程目标的幼儿表现才可能被识别为"哇"时刻。比如，同样是"冒险行为"，在一个大力提倡冒险游戏并将冒险作为有价值的重要品质的幼儿园教师眼中，就会被识

---

① "评价标准是评价活动的一个逻辑前提，评价者对价值客体意义的判定就是依据评价标准而作出的。评价活动中最深刻的差异就是由评价标准的差异所引起的差异……评价的演变，就其根本而言不过是人们评价标准的演变，在评价的合理性问题中，最艰涩的问题莫过于评价标准的合理性，关于评价的各派学说最针锋相对的也莫此为甚。"（冯平.评价论［M］.北京：东方出版社，1995：81.）

② 学习故事是一套来自新西兰的"由明确教育价值观引领的学习评价体系"，"用叙事的方式进行的形成性学习评价体系"，以及"能够帮助儿童建构作为学习者的自我认知的学习评价体系"。（【新西兰】玛格丽特·卡尔.另一种评价：学习故事［M］.周欣，周念丽，左志宏，等，译.北京：教育科学出版社，2016：总序，1-7.）

③【新西兰】玛格丽特·卡尔.另一种评价：学习故事［M］.周欣，周念丽，左志宏，等，译.北京：教育科学出版社，2016：总序，5.

④【新西兰】玛格丽特·卡尔.另一种评价：学习故事［M］.周欣，周念丽，左志宏，等，译.北京：教育科学出版社，2016：120.

别为"哇"时刻；但在另一个并不提倡、鼓励甚至反对冒险游戏也因此并不强调冒险品质的幼儿园教师眼中，就不会被识别为"哇"时刻。在此过程中，幼儿园课程目标为包括游戏评价在内的课程评价提供了评价指标与评价标准的重要来源。"分解后的目标体系中处于最低层次、具有可操作性的目标由于具有指标的性质，故被称作指标……学前教育评价的指标体系是学前教育各方面、各层次的指标组成的一个有机的整体，它是一系列的具体指标组成的指标集合以及相应的数量关系集合。"[①]"学前教育评价标准是对评价对象的各项指标达到要求的程度在数量和质量方面进行价值判断的准则和尺度。"[②]

总之，对于幼儿而言，在实践中进行游戏评价时，作为评价核心要素的评价指标与评价标准经常具有"外源性"与"先在性"，很少深度参与对这些核心要素的决策。这就决定了幼儿在实践中虽然也会以多种方式参与游戏评价，但主要还停留于浅层参与，深度参与不够。诚如有学者指出的那样，"如果教师只是依据各项指标对儿童发展作出分析、衡量和评价，在此过程儿童所发挥的自由、自觉性将十分有限，儿童无法感知自己生命活动的自由和对自我生命发展的参与"[③]。事实上，即使幼儿作为评价主体，如果依据的是"外源性""先在性"乃至"异己性"的评价指标、评价标准，也会出现类似结果。"长此以往，儿童也将逐渐学会用'遵从'标准代替'发展'本身"，并"进而成为自己外在性评价的

---

① 霍力岩.学前教育评价[M].北京：北京师范大学出版社，2002：75-76.

② 霍力岩.学前教育评价[M].北京：北京师范大学出版社，2002：117.

③ 国宁，于伟.儿童评价根本育人功能实现的维度、困境与出路[J].中国教育学刊，2022（01）：5.

'被压迫者'"①。

这就需要"让儿童参与评价指标和相关标准的制定，使儿童重新理解评价对自己意味着什么，为什么要评价，需要评价什么，这将有助于儿童从自我出发思考自身的需要和生命本身的意义和价值，让儿童真正在头脑中形成良好表现的清晰图景，进而对其发展产生强大的引导力"②。美国学者艾贡·G.古贝与伊冯娜·S.林肯提出的第四代评价"应答型建构主义评价"（responsive constructivist evaluation）为包括幼儿在内的利益相关者深度参与评价提供了一种思路与启示。应答型建构主义评价是"应答型聚焦"（responsive focusing）和"建构主义方法论"（constructivist methodology）的结合体，其中"应答型聚焦"主张采用利益相关者的诉求、关切、议题等作为构建评价的要素，"建构主义方法论"旨在不同利益相关者之间达成决策一致。③"应答型聚焦"实质是主张在评价指标与评价标准等核心要素的决策与制订过程中，要关注、回应与体现利益相关者的诉求与关切；而"建构主义方法论"则为这种"应答"提供了一种方法论支持，即通过不同利益相关者之间的对话与沟通进而达成一致性决策。幼儿园游戏评价留白的核心特质"（师幼）共构性"，实质与这一观念相通。

浙江省宁波市慈溪市阳光幼儿园就以建构游戏为例，对游戏评价指

---

① 国宁，于伟.儿童评价根本育人功能实现的维度、困境与出路 [J].中国教育学刊，2022，(01)：5-6.

② 国宁，于伟.儿童评价根本育人功能实现的维度、困境与出路 [J].中国教育学刊，2022，(01)：7.

③ GUBA E G, LINCOLN Y S. Fourth Generation Evaluation [M]. Sage Publications, Inc, 1989：184.

标的师幼共构进行了富有创新性的大胆探索[①]（见图7-1）。如图所示，最终形成的游戏评价指标主要有两大来源：一是幼儿园在《3～6岁儿童学习与发展指南》的指引下，借鉴"4C"模型以及结合幼儿与建构游戏特点，推导与确定的建构游戏评价指标；二是基于马赛克方法，收集、梳理与提炼的儿童视角中的建构游戏评价指标。在研究过程中，幼儿园尝试将两大来源的建构游戏评价指标进行增加、删减、融合与创生，进而师幼共构出建构游戏评价指标。这从下面教师结合儿童摄影以及幼儿和教师的解读，并基于此对教师之前推导出的建构游戏评价指标的调整中可以窥见一斑。

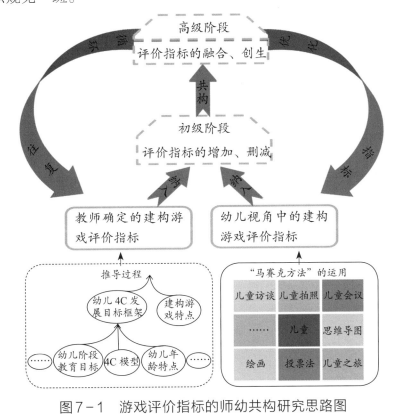

图7-1　游戏评价指标的师幼共构研究思路图

① 本案例根据浙江省宁波市慈溪市阳光幼儿园蔡春玲与胡锡超提供的相关资料整理而成，在此表示感谢。

表7-1 儿童摄影及其解读一览表

我在峙山公园见过这样的海盗船，我觉得它搭得很好。

我觉得小飞椅的安全带搭得很好，像真的一样。

这个旋转木马好有趣，脚还可以踩上去的。

我们搭的这个舞台有"摄像机"，可以拍照，还有"音响"。

用切开的纸杯搭戏台的飞檐，这个想法很好。它的屋顶看起来像鸣鹤古镇的戏台一样。

　　从表7-1可以发现，幼儿认为好的作品包含整体造型及细节构造是否与已有经验中的形象相符。例如，"海盗船"照片中，幼儿认为成功的一个重要原因是海盗船的整体构造符合他们心目中海盗船的样子；"旋转木马"照片中，幼儿认为有踏板和扶手的小马更符合旋转木马的造型；"小飞椅"照片中，幼儿结合自身经验对小飞椅的安全带产生了共鸣。

表7-2　儿童摄影及其解读一览表

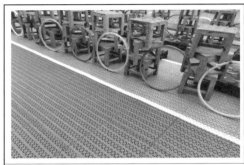

小火车的轮胎是按照"红、绿、红、绿"的颜色排列的。	每个旋转木马都是一种颜色，而且高高低低很好看。

从表7-2可以发现，幼儿认为好的建构作品在色彩搭配方面应具有一定的美感。例如，"小火车"照片中，小火车的轮胎按照"红、绿、红、绿"的颜色排列是符合幼儿审美的；在用泡沫乐高搭建的"旋转木马"中，幼儿认为每个木马都用一种颜色搭建就很好看。

表7-3　儿童摄影及其解读一览表

这个碰碰车看起来很好玩。	这个海盗船有栏杆和扶手，很安全。	这个舞台很大，可以容纳很多小朋友在上面进行表演。

从表7-3中可以发现，幼儿认为好的作品中会蕴含一定的游戏价值和意义。例如，在"游乐园"主题中，一名幼儿拍下了一张孩子们正

在玩碰碰车的场景照片,该幼儿认为这看起来很好玩。有乘坐海盗船经验的幼儿认为,海盗船上安装栏杆和扶手是非常安全的。在"大剧院"主题中,幼儿拍摄了大剧院的舞台,他认为大舞台适合很多人上台表演就是作品的成功之处。

从以上"儿童摄影"作品及幼儿对其的解读中,我们收集到了幼儿评价作品的相关信息:幼儿在评价作品时,会不约而同地关注和重视搭建物的形象(包括整体和局部形象)、色彩搭配以及搭建的价值。这说明幼儿能感知建构作品的色、形、意,并且有自己独特的见解和感受。这与幼儿园之前架构的原指标"能感知建构作品中色、形、意的美丽,有自己独特的审美感受"相关。但幼儿在评价作品时,表达与"美"相关的评价只涉及色彩搭配,同时还表达了与审美关联不大的原因,如搭建物的形象以及搭建的价值,比之前所限定的"审美感受"更宽泛。因此,可以据此将该指标调整为"能感知建构作品中的色、形、意,有自己独特的见解和感受"(见表7-4)。

表7-4 成果评价中二级指标调整过程一览表

原二级指标	1.能感知建构作品中色、形、意的美丽,有自己独特的审美感受。 2.共同欣赏和讨论同伴的作品,并大胆评价。

调整后二级指标	1.能感知建构作品中的色、形、意,有自己独特的见解和感受。 2.共同欣赏和讨论同伴的作品,并大胆评价。

二、生成性

有学者指出，"评价要更加关注儿童发展性，基于儿童的需要引领、促进、拓展儿童的可能性发展"[①]。这就要求评价要从僵化的"外源性"与"先在性"评价指标、评价标准中解脱出来，获得基于具体情境的"内源性"与"生成性"，进而在"外源性—内源性""先在性—生成性"等原本不同程度割裂与对立的二元之间实现动态平衡与"对话"创生。幼儿园游戏评价过程中的师幼共构性为此提供了条件与可能，使评价过程成了一个多元"评价主体共同建构的过程"，进而决定了"评价的结果是评价主体的视界在不断融合的过程中形成的观点和看法"[②]。这是一种在以"视界融合"为核心的基础上展开的充满了张力、活力与不确定性的开放的意义生成过程，因而表现出了（过程）生成性。这即是游戏评价留白的另一核心特质。

这种游戏评价留白的生成性，在以鲜明的时代价值取向、对话性、潜隐性、伴生性、开放性为基本特征[③]的生成性评价中得到了充分体现。生成性评价的开放性是指，"在这个开放的过程中，无论是评价内容、评价手段、评价的时间和空间都应该是开放的，是能够不断丰富、生成和发展的"[④]。和首要目的在于促进学生学习的学习性评价相比，生成性评价具有空间、时间与内容三方面的规定性："一是空间上的，生成性评价是在教学活动中生成；二是时间上的，生成性评价本身也是处于不断动态生成状态的；三是内容上的，生成性评价还关注师生在动态

[①] 国宁, 于伟. 儿童评价根本育人功能实现的维度、困境与出路 [J]. 中国教育学刊, 2022（01）: 6.
[②][③][④] 田莉. 生成性评价论 [D]. 云南师范大学, 2006.

的教与学过程中不可预见的而又可利用的课程资源。"①从中可以发现，生成性评价无法预先完全设计好，而是主要发生在活动过程之中，是教师、幼儿等多方面因素共同碰撞、充满了不确定性和富有创造性的生成过程。"生成理念为评价中双主体因素的存在提供了理论依据，即评价在师生交往的过程中生成，其间有效评价的精髓是要促成学生成长和教师发展，这只是生成性评价的第一层含义，即外在形式上的生成；第二层含义是内在实质上的生成，即关注学生心理结构的差异，并以此为基点，关注学生的个体成长及其生命价值的表现。"②总之，"生成性评价（generative assessment）指的是在以合乎教育目的为原则的前提下，教师通过具有间接性、无序性、情境性等特征的评价方式，并以此为中介，让在与评价主体协商过程中所形成的开放性评价结果深入作用于被评价者学习活动的心理层面，以有效地影响被评价者学习过程（显学习和潜学习）和结果的一种评价理念"③。

　　浙江省宁波市慈溪市阳光幼儿园以户外自主游戏为例，开展了生成性评价的创新性实践探索④（见下页图7-2）。如图所示，幼儿园以《3～6岁儿童学习与发展指南》为指引，借鉴幼儿学习品质相关研究以及桑德拉·海德曼等学者提出的儿童社会戏剧游戏检核表⑤，从学习品质、游戏技能、领域经验三方面，建立了户外自主游戏评价指标库，作

---

① 郑春夫.生成性评价及其实践理念 [J].教学与管理，2014（23）：1-2.

②③ 田莉.生成性评价论 [D].云南师范大学，2006.

④ 根据浙江省宁波市慈溪市阳光幼儿园蔡春玲、胡锡超提供的相关资料整理而成，在此表示感谢。

⑤【美】桑德拉·海德曼，迪波拉·休伊特.游戏：从理论到实践 [M].邱学青，高妙，译.南京：南京师范大学出版社，2015：93-95.

为生成性评价的基础。以"留白式评价表"①（见下页表7-5）为支架，教师基于具体的户外自主游戏活动情境，利用马赛克方法捕捉与收集儿童的观点，生成能契合不同户外自主游戏的个性化评价单，并基于此进行评价。在此过程中，还会与幼儿积极展开对话、交流，从而不断优化原有的"指标库"和"留白式评价表"。由此形成游戏评价个性化开展与自我完善的良性循环，最终助推游戏活动的高质量开展与幼儿的有效学习与发展。这从下面的"千辛万苦"搭建的"桥洞"案例中可以窥见一斑。

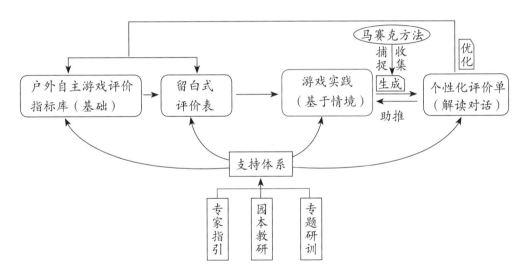

图7-2　户外自主游戏生成性评价研究思路图

① 为体现户外自主游戏生成性评价的个性化、过程性与多视角，在学习品质、游戏技能、领域经验三方面评价内容（主要体现"教师的视角"与"儿童视角"）基础上，增设"儿童观点"（主要体现"儿童的视角"），以及"重点评价"和"助推策略及目标"。

表7-5 幼儿园户外自主游戏留白式评价表

（游戏场地：　　　　）

时间：　　　班级：　　　观察对象：　　　观察者：　　　（教龄　　）

评价内容	一级指标	二级指标	幼儿表现	发展水平		
				★★★	★★	★
学习品质						
游戏技能						
领域经验						
儿童观点						
重点评价：				助推策略及目标：		

阶段一：获取有意义信息，确立评价对象和评价内容。

户外自主游戏开始了，辰辰、妮妮、子泱、欢欢和馨谊商量着要搭一个大桥洞，让骑车的同伴们都能从桥洞里穿行。"我们需要很多泡沫乐高。"辰辰边说边拖出木车厢，挂在带后斗的载人三轮车上。一群人有的坐在车厢里，有的推，有的骑，浩浩荡荡出发了。

幼儿的这一简短对话和动作引起了教师的关注，由此确立了以辰辰为主要观察对象，以其在游戏过程中的行为表现、能力发展为主要评价内容，进行了追踪观察。

阶段二：通过多元化途径，采集幼儿发展信息。

泡沫乐高没有了。孩子们来到之前存放泡沫乐高的"小房子"时，发现只剩下几块泡沫乐高，便把仅剩的几块泡沫乐高运到计划搭桥洞的地方，搭了一根桥洞的柱子。子泱说："泡沫积木不够，搭不成桥洞了。"馨谊对欢欢说："那我们去骑车吧。"说着两个人走开了。辰辰说："我们去别的地方找找吧！"于是，剩下的几个孩子分头找泡沫乐高。辰辰在附近找了一圈，没有发现。这时，他看到恬恬手上有两块，走过去，瞧见恬恬将一块泡沫乐高放在载人车上当座位，另一块则抱在手里，里面放了一些小木块。只听辰辰对恬恬说："你们在干什么呀？捡捡小木块啊，多没意思！"但是恬恬没有对他作出回应，继续手捧泡沫乐高，坐上了车。这时，辰辰看到妮妮拿着两块泡沫乐高往搭桥洞的地方走去，他跑过去问："妮妮，你的泡沫积木哪来的呀？""我在前面的小房子里找到的。""我跟你一起去拿吧！"于是，两个小伙伴一起拿来了足量的材料。

"千辛万苦"搭桥洞。有了材料，辰辰便投入了搭建桥洞的游戏中，他将六块泡沫乐高叠在一起，当桥洞的柱子，将其放在一侧，又叠了六块放在另一侧，通过在一侧肉眼测量、站到两根柱子之间摆"大字"测量等，比较两根柱子的高度。接着，他在柱子上叠加泡沫乐高，给桥洞盖顶。看见妮妮回来后，辰辰便对她说："妮妮，你去那边搭，我们把桥连起来。"于是，妮妮跑到另一侧，按着辰辰的方式在另一侧盖顶。渐渐地，柱子开始向一侧倾斜，辰辰去拿材料时，柱子倒了下来，他赶紧扶住，但是没法拿材料了，于是他对妮妮说："快来帮我拿一下积木。"妮妮立马跑来帮助辰辰，可是，妮妮那边的柱子也倒了。他又对妮妮说："我们需要把两根柱子靠近一点，倒了可以扶一下。"妮妮照做。这时，一辆小车经过，撞倒了大桥的一根柱子。小昱赶紧去扶，结果柱子断成了两节。辰辰赶紧去修，嘴里说着："哎呀，我好不容易搭的。"眼看盖顶工作就要完成了，伊伊走过来，将柱子上的积木拆下，辰辰大声喊："你干什么呀？不要给我们搞破坏，我们在搭桥洞呢！"但伊伊对辰辰的话没有反应，继续拆，辰辰再次发出警告无果，向老师寻求帮助："老师，伊伊一直破坏我们的桥洞，可以请她去别的地方吗？"……

桥洞终于搭建完成了，辰辰立刻跑到老师那拿相机。"老师，快给我相机，我要把桥洞拍下来。这是我们辛辛苦苦搭好的，别人一直捣乱，但我们最后还是成功了。我一定要拍下来。"

阶段三：多元因素不断共构，生成个性化评价单

在目标导向的评价中，一般是根据事先制订的评价表来决定"评什么"，即评价指标，并据此收集所需资料，进而根据收集的资料判断幼儿在这些指标上的达成情况。但在生成性评价中，是根据幼儿的具体表现而非事先制订的评价表来决定"评什么"，即评价指标。在生成性评价过程中，事先制订的"指标库"作为教师"心中的目标"，可以帮助教师根据观察、收集的相关信息，在以合乎教育目的[①]为原则的前提下，

---

① 教育目的、教育目标、课程目标、教学目标等处于不同层次但又内在联系构成一个整体。其中，"教育目的一般指教育的总体方向，体现的是普遍的、终极的教育价值追求"。我国2015年颁布的《中华人民共和国教育法》中对教育目的的规定是"教育必须为社会主义现代化建设服务、为人民服务，必须与生产劳动和社会实践相结合，培养德、智、体、美、劳等方面全面发展的社会主义建设者和接班人"。课程目标是其下位概念，我国的幼儿园课程目标是以五大领域的方式呈现的，在2001年颁布的《幼儿园教育指导纲要（试行）》中有明确规定。〔王春燕，秦元东.幼儿园课程概论（第3版）[M].北京：高等教育出版社，2019：41-42.〕而"分解后的目标体系就成了学前教育评价的指标体系"。（霍力岩.学前教育评价[M].北京：北京师范大学出版社，2002：75.）

识别其中涉及哪些评价指标，将幼儿与某一指标有关的典型表现记录在"幼儿表现"中，并据此识别与确定"二级指标"和"一级指标"。因此，教师"眼中的儿童"很大程度上影响甚至决定"评什么"，即评价指标。例如，在游戏中，辰辰和同伴共同商量，确定游戏目标和计划，搭一个"大桥洞"，并能根据所需材料，使用合理的工具，用木车厢装泡沫乐高。从中可以发现该幼儿"喜欢和小朋友一起游戏"，进而识别出"愿意与人交往"的二级指标。辰辰在与同伴搭建"桥洞"的过程中遇到了各种困难，如材料不足、搭建有难度、同伴干扰、发生冲突等，当有的同伴因材料不足放弃搭建时，他却坚持完成任务。从中可以发现该幼儿"敢于尝试有一定难度的游戏和任务"，进而识别出"具有自尊、自信、自主的表现"的二级指标；同时，从中还可以发现该幼儿"知道接受了任务要努力完成"，进而识别出"遵守基本的行为规范"的二级指标。三个二级指标中，"愿意与人交往"和"具有自尊、自信、自主的表现"同属于"人际交往"的一级指标；"遵守基本的行为规范"属于"社会适应"的一级指标。教师根据以上思路，从观察、收集的信息中识别出有价值的二级指标和一级指标。以此类推，教师就可以从其所收集的幼儿具体表现中识别出相应的"二级指标"与"一级指标"。

以上主要是教师基于自己对信息的收集与解读做出的判断，主要体现了教师的视角与儿童视角。除此之外，评价表中"儿童观点"所提供的信息体现了儿童的视角，还可以补充或调整教师的视角与儿童视角。例如，教师根据收集的信息确定了"按照目标执行计划"这一"幼儿表现"，并据此确定了"目标定向"的"二级指标"和"坚持性"的一级指标。"儿童观点"中"我辛辛苦苦搭好的"和"别人一直捣乱但我最后还是成功了"的"幼儿表现"，可以归到"抗挫折"的"二级指标"和

“坚持性”的一级指标。由此便可以发现，“儿童的观点”中体现的“抗挫折”和教师所捕捉与识别的“目标定向”两个同属于一级指标“坚持性”，相互整合之后实现了对该幼儿在一级指标“坚持性”上更丰富的评价。

总之，正是在“指标库”、教师收集的信息、儿童观点等多种因素，以及教师的视角、儿童视角与儿童的视角等多元视角的相互碰撞中，不断共构出个性化评价单（见图7－3）。

评价内容	一级指标	二级指标	幼儿表现	发展水平 ★★★	★★	★
学习品质	主动性	参与	积极、主动发起、参与	3		
	独立性	自我主张/自我依靠	不盲从他人，遇问题先自我解决	3		
	坚持性	目标定向	按照目标执行计划	3		
	专注程度	稳定	专注于游戏中	3		
游戏技能	互动	——	和同伴、教师互动	3		
	解决问题		主动使用语言策略	3		
领域经验	社会/人际交往	愿意与人交往	喜欢和小朋友一起游戏	3		
		自尊自信自主	敢于尝试有一定难度的游戏和任务	3		
	语言/倾听与表达	清楚地表达	喜欢与人交谈，谈论感兴趣的话题	3		
	科学/数学认知	感知、理解数量…	能通过数数比较两组物体的多少	3		
	社会/社会适应	遵守基本的行为规范	知道接受了任务要努力完成	3		
儿童观点	坚持性	抗挫折	我辛辛苦苦搭出来的	3		
			别人一直捣乱，但我最后还是成功了	3		
重点评价：该幼儿的任务意识很强，有较好的学习品质，能坚持完成任务，不怕困难，具有较强的探究能力和数学认知能力，能遵守基本的规则				助推策略及目标：①及时表扬孩子的良好学习品质 ②通过谈话、游戏分享回顾等让幼儿了解遇到困难时寻找更适宜的方式，如与朋友分工合作等.		

图7－3　搭建“桥洞”游戏中生成的个性化评价单

第 二 节

评价留白实践的关键：儿童参与

幼儿园游戏评价留白的过程，实质就是幼儿参与游戏评价的广度与深度不断拓展与深化的过程。幼儿参与游戏评价是幼儿作为评价主体，在游戏评价中积极地投入自己的思维、情感和行为的过程。相关文献表明，幼儿参与游戏评价对其民主意识[1]、自我意识和元认知能力[2]等发展均具有重要意义。为此，我们针对某幼儿园C班[3]户外营地游戏评价中存在的幼儿参与积极性不高、参与形式单一、参与程度不足等问题，运用行动研究，对C班"营地游戏评价中幼儿参与问题"进行了系统探索。[4]在此基础上，我们梳理与提炼了支持幼儿参与营地游戏评价的一些实践策略，包括满足幼儿两种内驱力、丰富幼儿多维经验、提供可选的评价方式、规划灵活的评价时间等策略。

---

[1] 刘焱.幼儿游戏评价 [M].太原：希望出版社.1998：11.

[2] 赵婧，王喜海.谁来评？评什么？怎么评？——幼儿园游戏评价研究综述 [J].早期教育（教科研版），2016（Z1）：6.

[3] C班是杭州市一所省一级公办幼儿园大班，有37名幼儿（其中男孩15名，女孩22名）。该班配备2名教师和1名保育员。主班教师为学前教育专业本科毕业，具有十几年的工作经验，职称为一级教师；配班教师工作3年多，学历为本科。

[4] 旷吉利.提升营地游戏评价中幼儿参与的行动研究 [D].浙江师范大学.2023.

一、满足幼儿两种内驱力，激发幼儿积极参与

"兴趣是任何有目的的经验中各种事物的动力。"[①]没有兴趣的参与，幼儿只是虚假的身体在场，而缺少灵魂。因此，要让幼儿能够实质性参与到营地游戏评价中，调动其积极情感是必要前提。有研究者指出，"满足需求会给人带来积极的情感体验……根据幼儿需求满足的程度，积极参与可分为两种情况：①当教学活动同时满足幼儿的认知内驱力和附属内驱力时，幼儿会积极参与教学活动；②当教学活动只满足幼儿的附属内驱力时，幼儿仍然会积极参与教学活动"。但需要注意的是，"幼儿认知内驱力和附属内驱力同时被满足而产生的积极情感属于生产性积极情感参与。这种积极情感参与能增强幼儿的自我效能感，使其更愿意也更有能力迎接新的挑战……而仅满足附属内驱力而产生的情感属于非生产性积极情感参与，这种积极情感参与的结果会增强幼儿对教师的依赖性，使其失去独立自主的能力，对学习能力的发展没有裨益"[②]。由此可以发现，幼儿生产性积极情感参与的关键是满足其认知内驱力和附属内驱力。因此，在营地游戏评价中我们需要满足幼儿这两种内驱力，激发其积极情感参与。

（一）满足幼儿附属内驱力，调动幼儿参与积极性

附属内驱力是指"一个人想获得自己所附属的长者（如家长、教师）的赞许和认可，取得应有的赏识的欲望"，产生的原因主要是"学生与长者（父母、教师）在感情上具有一定的依附性，长者是学生追随和效

---

① 约翰.杜威，王承绪译.民主主义与教育［M］.北京：人民教育出版社，2001：140.
② 原晋霞.幼儿园集体教学活动研究——幼儿参与的视角［D］.南京师范大学，2008.

法的榜样";以及"学生从长者那儿博得赞许或认可（如被视为可爱的、聪明的、有发展前途的，受到某种优惠待遇）后，会获得一种派生的地位，如赢得别人的羡慕等"①。美国学者奥苏贝尔认为，附属内驱力"在儿童期是学生学习动机的重要来源"②。

因此，在营地游戏评价中，教师可以采用多种奖励方式，满足幼儿附属内驱力，调动其参与积极性。首先，教师可以采用口头表扬的形式，对幼儿参与评价的行为给予肯定。其次，教师也可以采用物质奖励的形式，激发幼儿参与的兴趣。例如，在研究中，我们发现贴纸对本班幼儿有强大的吸引力。每次奖励贴纸时，幼儿都表现出高涨的热情。因此，在营地游戏评价中，教师会对评价活动中表现较好的幼儿进行贴纸奖励。此外，教师也可以和幼儿共同商量奖励的机制，使奖励更能符合幼儿的心意，进一步激发其参与积极性。例如，在研究中，班级教师针对"奖励机制"这一话题开展了一次简单的谈话活动，在听取幼儿的建议后，让每名幼儿自制了一本贴纸奖励册。每次奖励贴纸后，幼儿将其粘贴在自己的小册子中，经过一段时间，幼儿便可以凭借不同数量的贴纸找教师兑换小礼物。

（二）满足幼儿认知内驱力，提高幼儿参与积极性

认知内驱力是幼儿"渴望认知、理解和掌握知识以及陈述和解决问题的倾向……直接指向学习任务本身"③，"主要是从好奇的倾向，如探究、操作、理解外界事物奥秘的欲求，以及为应付环境出现的众多问题

---

① 皮连生.学与教的心理学（修订版）[M].上海：华东师范大学出版社，1997：290.

② 施良方.学习论——学习心理学的理论与原理[M].北京：人民教育出版社，1994：258.

③ 原晋霞.幼儿园集体教学活动研究——幼儿参与的视角[D].南京师范大学，2008.

等有关心理因素中派生出来的"[①]。因此，要想满足幼儿的认知内驱力，活动应满足"对于幼儿有意义""具有适度挑战"和"给予幼儿参与探索的空间"的要求。[②]为此，教师在营地游戏评价中需结合上述三方面要求，采取多种措施满足幼儿认知内驱力，提高幼儿参与的积极性。

1.让幼儿在评价中看到自己的闪光点

幼儿面对评价的态度是积极的还是消极的，其关键性的要点是幼儿如何看待自己的表现。[③]"只有在评价中（让他们）获得自己满意的结果，将自己视为有能力的学习者，才能激发他们参与评价的热情"[④]，才能使其感受到评价对其生活的意义。于是，在实践中教师利用班级日常时间开展"夸夸我与同伴"活动，让幼儿通过"夸"自己与同伴，能够看到自己在营地游戏中的闪光点，激发其参与评价的兴趣。

2.幼儿参与调整评价内容

"幼儿作为幼儿园课程重要的价值主体，理应参与幼儿园课程评价标准的制定……可以通过图表、图画、口头语言等多样化的方式制定出他们自己的评价标准，展现出幼儿的需要、兴趣，与教育管理部门和课程评价专家共同制定出更适合幼儿园课程评价的标准。"[⑤]同时，幼儿园游戏评价留白也内在需要和支持幼儿深度参与评价指标、评价标准等核心要素的决策。因此，在营地游戏评价中，教师可以通过让幼儿参与评价内容的建构，从而满足幼儿认知内驱力的发展。

---

① 皮连生.学与教的心理学（修订版）[M].上海：华东师范大学出版社，1997：287-288.

② 原晋霞.幼儿园集体教学活动研究——幼儿参与的视角[D].南京师范大学，2008.

③ 王少非.促进学习的课堂评价[M].上海：华东师范大学出版社，2018：7.

④ 国宁，于伟.儿童评价根本育人功能实现的维度、困境与出路[J].中国教育学刊，2022（01）：7.

⑤ 罗宇宸，杜东旭，陈世联.从缺席走向参与：重构幼儿与幼儿园课程评价的关系[J].基础教育研究，2015（11）：86.

在研究中，教师通过谈话活动、幼儿绘画游戏故事、小组长评价表①等方式，了解幼儿对于评价表内容的想法，与幼儿共同对评价表的评价内容进行调整优化。在实践中，通过对儿童想法的倾听，教师了解到儿童在游戏中主要关注以下指标："材料使用""问题解决""合作""材料整理""自我保护""反思""帮助""听从组长安排""记得喝水"等。然而，需要注意的是，并非所有评价指标的内容都适合幼儿参与，因而在选择幼儿参与制定评价的指标时应遵循适宜性和内隐性的原则。②适宜性原则意味着选择的指标要符合幼儿的年龄特点和认知能力水平，幼儿能够理解指标内容。内隐性原则是选择一些教师在生活中不易观察和关注的指标。最终，师幼共同选择"合作""材料整理""注意安全""我的心情""我表扬""我加油"作为评价内容。在最终确定的评价指标中，既有幼儿参与预先具体确定的封闭性指标，如"合作""材料整理""注意安全""喝水"等，也有评价前没有预先确定，而是需要幼儿在评价过程中自主确定，因而具有不确定性与灵活性的开放性指标，如"我表扬""我加油"等。"封闭性指标"与"开放指标"共同构成评价指标，使其能够满足不同幼儿的能力需求。

同时，评价内容不是一成不变的，而是需要动态调整的，应具有挑战性，符合幼儿"最近发展区"要求，使其能够持续满足幼儿的现实发展需求，让幼儿在达成评价内容过程中获得成就感。因此，教师在评价中要观察幼儿的参与状态，如果幼儿出现消极参与的情况，教师必须思

---

① 小组长评价表是班级小组长对组员进行评价使用的评价表，表中只有学号和星级，没有具体的指标内容，而且主要由小组长决定。教师在倾听小组长解释"为什么打几颗星"的原因过程中，了解幼儿关注的评价指标。

② 穆子璇.大班幼儿参与自身发展评价的行动研究[D].上海师范大学，2020.

考现行评价内容与幼儿的游戏发展水平是否匹配。如果是因评价内容对幼儿缺乏挑战性而导致幼儿消极参与，那么教师与幼儿可以就评价内容进行再次商量讨论，对其作删除、增加、修改等调整，使其能够符合幼儿的游戏发展水平。例如：在幼儿参与评价一段时间后，研究者观察到幼儿在评价中再次出现"发呆""无所事事""趴在桌子上不动笔"等消极状态。在访谈中，幼儿表示"我这几个方面都做得不错了"。班级合作教师也指出，现有的评价指标幼儿都能完成，对他们没有挑战性，所以在评价的时候他们就随便画画。为此，教师与幼儿再次讨论"营地游戏评价中评什么"。根据讨论结果，他们删除了两项内容"合作""我加油"，添加了新的评价内容，如"我遇到的问题"，保留了"注意安全""我的心情"等内容。经过调整后，幼儿对参与评价又产生了新的热情。

3.幼儿参与设计评价表

幼儿不只是评价结果的记录者，也是评价方式设计的参与者。教师可以与幼儿共同设计评价表，给予幼儿深度参与探索与设计评价表的空间，使幼儿在评价中更具自主性。幼儿通过参与设计评价表，可以感受到完成评价不是"教师的任务"，而是"自己的事情"，并且利用自己参与设计的评价表去评价自己或同伴，可以增加其评价的"参与感"。例如，在研究中教师与幼儿围绕评价表的设计展开讨论。幼儿根据自己的想法画出评价表。（见下页图7-4）。在设计表格中，幼儿纷纷说出了自己的想法："星星后面可以添加一个数，这样我们就能知道我们得了多少颗星星。""这个问号就代表我们在游戏中遇到的问题。""表里要写上自己的学号或者名字，不然都不知道是谁。"……

图7-4 幼儿设计的评价表

二、丰富幼儿多维经验，夯实幼儿参与的基础

由皮亚杰儿童认知发展阶段理论可知，3—6岁幼儿主要处于前运算阶段（2—7岁），思维以具体形象思维为主，"已能通过表象、言语以及其他的符号形式来表征内心世界和外在世界"，并且"儿童主要使用象征来表征世界"，这些符号"在物理形状上与真实客体具有某些相似性"①。总之，幼儿的思维是以具体形象思维为主，主要采用表象、象征来表征世界，与其生活经验紧密相连。因此，当评价与儿童的经验相背离时，他们便无法理解事物的性质。为此，丰富幼儿多维度的经验是夯实营地游戏评价中幼儿参与的重要基础。通过梳理发现，在营地游戏评价中幼儿需要游戏经验、评价语言经验以及评价经验三方面的支持。

（一）评价前需要唤醒幼儿营地游戏经验

鲜活的游戏经验可以帮助幼儿更好地理解游戏评价情境。幼儿被唤

---

① 陈英和.认知发展心理学[M].杭州：浙江人民出版社，1996：41.

醒游戏经验后，通过回顾游戏历程，反思自己或同伴在游戏中的表现，进而能自然过渡到评价自己或他人。

第一，教师可以运用多媒体唤醒幼儿游戏经验。评价前，教师可以在多媒体上循环播放幼儿在营地游戏中的图片与视频等，引导与支持幼儿能够在评价前及时回顾游戏历程，有材料可说，有经验可谈。

第二，教师可以利用提问唤醒幼儿游戏经验。原晋霞将教师的提问分为机械性问题、感知记忆性问题、理解性问题、应用性问题、创造性问题和评价性问题六种类型，认为教师使用多种组合类型且难易程度适中的提问时，幼儿在教师的支持、引导下基本都能够回答，并且幼儿能够高认知参与其中。[①]因此，在营地游戏评价中，教师可以组合使用多种提问类型，以唤醒幼儿营地游戏经验。首先，教师应从一些感知记忆性问题入手，如"在游戏中玩了什么"，调动幼儿的游戏经验，吸引幼儿的参与。当大多数幼儿初步回顾游戏完毕后，教师再提出一些理解性问题，如"你在游戏中遇到哪些问题？怎么解决"，帮助幼儿进一步深入回顾游戏。最后，教师过渡到评价性问题，如"在游戏中，你或同伴哪些地方表现得不错？哪些地方还要继续努力呢"。在教师多样化提问的支持下，幼儿的回答自然从"游戏玩什么"过渡到"游戏玩得怎么样"，进而结合游戏情境表达对自己或同伴在游戏中表现的看法，顺利参与到评价过程中。

（二）评价中需要支架幼儿评价语言经验

一定的词语储备是幼儿评价语言丰富的前提条件。[②]对幼儿而言，

---

① 原晋霞.幼儿园集体教学活动研究 ——幼儿参与的视角 [D].南京师范大学,2008.

② 王海英,周洁.幼儿自我评价：问题与策略 [J].幼儿教育,2005（09）：11.

他们的评价特点之一就是依从性。他们大多会在自我评价时学习模仿教师的评价语言。[①]由此可见，教师对于幼儿评价语言的运用具有重要影响。因此，教师应该向幼儿进行示范、展示，有意识地引导幼儿关注教师使用的评价语言方式。[②]教师的评价语言方式可以大致分为简单评价、概括评价、强化评价和分析评价四种类型：[③]①简单评价，指评价语言中只包含评价的成分但不包含针对的具体行为，如"你真棒""表扬你"等。②概括评价，指评价语言中包含了针对的具体行为，但是表述简练、概括，如"画得挺好""有进步，拼了四个"等。③强化评价，指评价语言中附加一些特殊的奖励或惩罚的评价，如表扬中使用一些小奖品。④分析评价，指评价语言中包含了引发评价行为的具体原因，即建立在分析幼儿行为的基础上进行的评价，如"我要表扬第二组小朋友，他们是用手来画画的，而不是用嘴巴来画画"。

研究中，针对幼儿评价语言简单的现状，教师主要提供了分析评价语言的示范，即在分析幼儿游戏行为的基础上，进一步做出具体性的评价，为幼儿评价语言的经验支架。例如：某次游戏结束后，教师对幼儿游戏行为做出具体的评价分析："C12和C25一直配合得好。在游戏中，一个人发射'炸弹'，另一个人捡'炸弹'，不互相争抢，成功发射了'炸弹'。老师要表扬你们，给你们点赞""C9在游戏中遇到问题也不放弃，一直坚持，想办法解决。在用绳子固定圆盘和木板时，他打结一直打不好，但他还是努力尝试，最后在老师的帮助下，顺利解决问题，其他小朋友可以向他学习"，等等。在老师的几次示范下，班级幼

---

① 蒋宜宏.大班幼儿自我评价的特点研究［D］.华中师范大学，2020.

②③ 韩春红.教师评价风格及认可程度对幼儿自我概念影响的研究［D］.华东师范大学，2005.

儿的评价语言逐渐丰富，如建构技能方面，有幼儿提到"我的坦克后面变大了，变长了"；合作方面，有幼儿提到"C1和C7两个人配合得很好""C36和我一起合作，我让他拿什么材料，她就帮我去拿什么材料"；再比如材料整理方面，有幼儿提到"我觉得我自己捡'炸弹'很好，他们把'炸弹'扔出去了却没有人捡"。

在案例中，教师在游戏结束后对幼儿在游戏中的"合作行为"和"解决问题"等方面进行具体行为分析与评价，让幼儿知道他们的游戏表现好在哪里。在教师的多次示范后，幼儿从以前简单地说"棒""好"，到对"建构技能""合作行为"与"材料整理"等方面会用一些具体表述来分析、评价自己和他人的表现。

幼儿的评价不仅受到教师的影响，同伴也是重要影响因素。在评价活动的安排中，教师可以选择让语言表达能力较强的幼儿先说，这样可以给语言能力较弱的幼儿提供示范。例如：在一次分享评价中，教师让同小组中语言能力较强的C5先进行评价。他表示C36在游戏中表现很好，其他成员跑去玩其他的游戏材料了，只有C36在小组搭建坦克时一直帮助自己拿材料。而同小组C36的语言表达能力一直比较弱。本次听到C5对其的评价后，C36主动表示自己在游戏中表现好是因为帮助他人——"他需要什么材料，我就去帮忙拿什么材料"。

在案例中，语言能力较强的C5为C36提供评价语言示范，使C36关注到自己帮助他人搬运材料的闪光点，并在后续自我评价中主动表达自己在游戏中的优点。

（三）一日生活中需要丰富幼儿评价经验

幼儿评价经验的形成与丰富不是一蹴而就的，而是一段连续性的过程。因此，教师要利用幼儿园一日生活连续性和相互关联的特点，除了在营地游戏中为幼儿提供游戏评价的机会，还应利用其他环节让幼儿参与日常化的评价，将评价浸润到幼儿的一日生活中。幼儿通过在日常生活中体验和参与评价，获得更全面和多样化的评价经验。而后，幼儿在参与营地游戏评价中，迁移其他活动中积累的评价经验，从而促进幼儿参与营地游戏评价。例如，教师可以在室内区域游戏中让幼儿评价自己或同伴，帮助幼儿获得更加完整的游戏评价经验。

三、提供可选的评价方式，优化幼儿参与的方式

瑞吉欧幼儿教育认为，儿童有一百种语言，他们有一百种不同的方式表达对世界的看法，如一句话、一张照片、一幅画等。由于幼儿个性特质与能力的差异，单一的评价方式并不能满足幼儿参与营地游戏评价的需求。因此，在实践中教师以幼儿的需求出发，遵循个体适宜性的原则，为不同能力与兴趣的幼儿提供多种可选的评价方式，从而优化幼儿参与的方式，使每个幼儿能够选择和运用适合自己的评价方式。通过梳理发现，研究主要提供了三种类型的评价方式，即"游戏经历回顾式"评价、"哇时刻记录式"评价和"评价表记录式"评价。

（一）"游戏经历回顾式"评价

"游戏经历回顾式"评价是幼儿在营地游戏结束后利用游戏时拍的图片和视频，在主要通过口头语言回顾游戏历程中参与评价的一种方式。具体地说，幼儿借助班级多媒体循环播放的营地游戏的图片与视频，讲述、分享游戏中的"矛盾点"，即游戏中遇到的问题；游戏中的"闪光点"，即自己或同伴在游戏中表现较好的地方；还有游戏中的"生

长点"，即值得努力改进的地方。这种评价方式的组织形式主要包括集体式与小组式。通过实践发现，小组式的回顾评价中幼儿的参与情况更好。例如，在研究中，教师最开始采用集体回顾的方式，但后来发现由于班级人数较多，集体分享、回顾评价过程中教师难以进行有针对性的回应，幼儿容易出现"目光游离""发呆"等消极情况。于是，教师调整组织形式，评价由集体回顾式变为小组回顾式。在调整为小组式游戏经历回顾评价后，教师一方面可以回应能力较强幼儿的评价，另一方面也可以关注到能力较弱幼儿的需要。

（二）"哇时刻记录式"评价

"哇时刻记录式"评价是幼儿运用绘画、拍照等方式表征记录游戏中他们觉得精彩的、感兴趣的时刻的一种评价方式，主要包括"哇时刻绘画记录式"评价与"哇时刻拍照记录式"评价。

1．"哇时刻绘画记录式"评价

"哇时刻绘画记录式"评价即幼儿通过绘画表征的方式再现营地游戏中他们眼中的"哇时刻"。这种方式适合喜欢绘画的幼儿参与。本研究取样的幼儿园十分注重幼儿的游戏故事，每名幼儿都有专门的游戏故事本。因此，在营地游戏结束后，幼儿可以选择"哇时刻绘画记录式"参与评价。教师则通过一对一倾听，了解幼儿记录的"哇时刻"，关注幼儿参与评价的内容。从下页表7-6中就可以看到幼儿通过绘画从多个维度评价自己或同伴在游戏中表现较好的"哇时刻"。

表7-6 幼儿"哇时刻绘画记录式"评价内容

"哇时刻"绘画作品	幼儿的解释	评价维度
	我使用木板和轮胎搭成了"坦克"。	材料使用
	(上次炸弹飞得近,这次)C1用力踩那个发射器,他的球飞得好远哦,都到花园那里了。	问题解决
	我和C29一起用轮胎搭"坦克",我们合作得很好。	合作
	我们一起捡"炸弹",游戏后将它们放到材料仓库里面。	材料整理

2.“哇时刻拍照记录式”评价

“哇时刻拍照记录式”评价即幼儿在游戏中使用手机拍照，捕捉他们眼中营地游戏的“精彩瞬间”的一种评价方式。

教师发现，一些既不喜欢绘画也不喜欢发言的幼儿在营地游戏评价中的参与情况不佳。教师反思后认为可能是现有的主要借助口头语言或绘画的评价方式与他们所喜欢与擅长的表达方式不相适宜。在查阅文献中，教师关注到马赛克方法可以作为幼儿参与评价的一种新方法。“把儿童摄影纳入马赛克方法，这为幼儿提供了另外一种交流模式，使他们可以表达自己对幼儿园生活的深入看法。”[①]总之，“拍照，为幼儿提供了机会去‘生产’一种让他们为之自豪的‘成品’……照片能够为幼儿提供一种强有力的新语言”[②]。同时，儿童拍照的方式让“儿童眼中的儿童”更鲜活，也更能调动幼儿的游戏经验。于是，教师充分利用营地游戏中的时间，让幼儿以拍照的方式捕捉同伴在游戏中的“哇时刻”，从而参与评价。但由于拍摄设备以及现实情况的限制，每次游戏并不能保证所有幼儿都参与到“哇时刻”拍照中。于是，教师采用轮流的方式，每次游戏会有三名幼儿拍照，并且在拍摄后，教师也会一对一倾听他们的想法。

研究中发现，相较于教师拍摄的“哇时刻”，在面对自己即时拍摄的“哇时刻”照片时，由于照片是自己亲自参与拍摄、捕捉真实情境性的游戏时刻，幼儿在评价时会更熟悉照片的情境，也会更加注意到照片

[①]【英】艾莉森·克拉克.倾听幼儿：马赛克方法［M］.刘宇，译.北京：中国轻工业出版社，2020：33.

[②]【英】艾莉森·克拉克.倾听幼儿：马赛克方法［M］.刘宇，译.北京：中国轻工业出版社，2020：38.

中呈现的游戏细节，评价语言也会相应变得更丰富。这从表7-7上的某次游戏中幼儿捕捉的"哇时刻"中可以窥见一斑。

表7-7 幼儿"哇时刻拍照记录式"评价内容

"哇时刻"照片	幼儿的解释	评价维度
	我们第一次从这个地方滑下去，很刺激，有点难。团团滑得很好，她每次滑下来脚都翘起来，没有碰到木板。滑板也笔直滑下去，没有从旁边"飞"出去。	动作技能
	她滑得很好，手扶住滑板，脚伸直，往前冲。	动作技能
	我感觉他们玩得很好。C12主动去搬木板。	材料管理
	我们加了垫子，她还是有点害怕，抓着滑板的两边。	自我保护

幼儿捕捉的"哇时刻"的绘画、照片等评价材料也可以作为班级环境创设的宝贵资源。教师可以在班级中打造一个"哇时刻墙"，呈现幼儿捕捉的"哇时刻"的绘画作品与照片。这样幼儿就可以在日常生活中对"哇时刻"的内容进行浏览与讨论，进行二次回顾、评价与反思。

（三）"评价表记录式"评价

"评价表记录式"评价是幼儿在营地游戏结束后利用评价表进行评价的一种方式。在实践中，营地游戏结束后，教师为幼儿提供笔和评价表，让他们用星级评价自己在游戏中的行为，用绘画记录"我表扬""我加油"的方面。当幼儿记录好评价表后，可以选择向同伴或老师分享评价表的内容。以一名幼儿的评价表为例（见图7-5）：C2在评价后向教师分享了他的评价。他对自己在"合作""注意安全""喝水"方面很满意，评三颗星，但是他认为自己在"材料整理"方面做得不够好，还需要努力。于是，他在"我加油"中采用绘画表示"希望我下一次可以和他们一起收木板（收拾材料）"。同时，在本次游戏中，C2用笑脸表示自己在游戏中玩得很开心，并对其他同伴一起收拾、整理软垫的行为给予表扬。

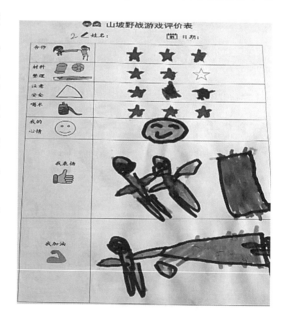

图7-5　某幼儿完成的评价表

四、规划灵活的评价时间，保障幼儿参与的时间

时间是活动进行的保障。幼儿参与评价往往受班级原有的一日活动流程和教师时间安排的制约。[①]班级的一日生活时间安排得紧凑，支配着班级活动节奏，因此，营地游戏评价时间也容易被压缩或占用。之前的营地游戏评价活动往往是在游戏结束后进行，而游戏后紧接着是如厕、盥洗、评价、午餐或离园环节。同时，有时由于幼儿在游戏中探究兴趣高涨或幼儿收拾、整理大型游戏材料导致游戏时间延长，评价时间就会相应被压缩。并且，班级人数多也会导致营地游戏结束后幼儿盥洗时出现人员拥堵的情况，从而影响幼儿参与评价的时间。因此，科学规划多时段的灵活性评价时间是幼儿参与营地游戏评价的有力保障。

（一）合理安排常态化的评价时间

教师应在幼儿园一日生活中安排常态化的评价环节，预留固定的评价时间。[②]并且由于幼儿记忆的特点，预留的常态化评价时间最好是在游戏结束后。在研究中，教师发现紧凑的一日生活流程影响幼儿参与营地游戏评价的问题后，研究小组对班级一日生活各个环节的时间安排进行分析，进一步明确幼儿游戏评价的开展时间。最终，研究小组将游戏后的20分钟作为幼儿参与营地游戏评价的固定时间，为幼儿参与营地游戏评价提供了常态化固定时间保障。

同时，营地游戏后集体盥洗导致的时间浪费以及幼儿消极等待也会不同程度地影响幼儿参与营地游戏评价时间。因此，教师将班级6个小

---

① 汤文佳, 江夏. 儿童参与幼儿园课程评价的能为、难为与应为 [J]. 教育探索, 2022（09）: 83-86.
② 汤文佳, 江夏. 儿童参与幼儿园课程评价的能为、难为与应为 [J]. 教育探索, 2022（09）: 85-86.

组分为两个大组。每次营地游戏时，两位教师错峰带幼儿去进行游戏或盥洗，一定程度上解决了盥洗导致的时间浪费问题，进一步保障了幼儿参与营地游戏评价的常态化固定时间。

（二）灵活运用过渡环节的评价时间

教师可以灵活运用一日生活中的过渡环节时间，对幼儿参与营地游戏评价的时间进行一定补充。研究小组通过讨论后决定，将幼儿午饭后到午睡前的30分钟作为幼儿灵活参与营地游戏评价的时间。幼儿可以选择在这一时间段对未完成的游戏故事与评价表继续进行记录。教师也可以利用这段时间一对一倾听与记录幼儿的想法。

（三）充分利用游戏中的评价时间

教师需要巧妙运用营地游戏中的时间来支持幼儿评价。C班营地游戏在每周一、三、五开展。在周一和周三的上午进行游戏，评价时间相对宽裕。但在周五下午开展游戏，通常游戏结束后幼儿回到班级，就要准备离园，因而相对充裕的评价时间经常难以得到保障。教师查阅文献后发现，幼儿园游戏评价应遵循过程评价与结果评价相结合的原则。[①]教师之前更多关注游戏后的评价，而忽视了游戏中的过程性评价。于是，教师将部分游戏时间也纳入到幼儿参与营地游戏评价的时间。在这段时间，幼儿可以在游戏间隙捕捉同伴的"哇时刻"，从而参与营地游戏评价，从而增加了幼儿参与游戏评价的时间。

幼儿园游戏评价留白内在需要幼儿参与评价。但需要注意的是，幼儿一方面具有作为人的"自由且有意识的主体性"，有权利与能力参与

[①] 杨黎珍.浅谈幼儿结构游戏的评价策略[J].教育导刊（幼儿教育），2009（04）：51.

评价，另一方面又具有较少的实践经验，不能理性认知与审视自身的需要。①教师如果毫无限度地支持儿童参与评价，会使幼儿走向放纵的自由。因此，教师需要把握幼儿参与游戏评价的合理限度。在罗杰·哈特（Hart R A，1992）的儿童参与"阶梯理论"中，他以梯子作比，将儿童参与游戏评价的程度分为8个阶段：1到3阶段是"非参与"阶段，4到8阶段是"实质参与"的阶段，随着阶梯的升高，儿童参与的程度逐渐加深。②但并非阶梯越高越好。有研究者认为，幼儿完全独立地完成幼儿园课程评价工作，难度太大，但如果参与程度处在中等阶段，幼儿有参与的必要性和现实可能性。③因此，在游戏评价中，教师并不以"幼儿参与程度达到最高阶梯"为目的，而是结合幼儿的能力与实践情况，逐步提升幼儿参与的程度，由第三阶梯逐渐过渡到第六阶梯。例如，在营地游戏评价中的幼儿参与程度，在研究前期主要出于第三阶梯。此时，主要是教师确定评价内容和方式。幼儿有机会参与评价，但他们对评价的方式和内容很少有决策权。在研究中期，幼儿参与程度主要处于第五阶梯。幼儿积累了一定的评价经验后，有一定能力参与对营地游戏评价内容的探讨与决策。在行动后期，幼儿参与程度主要处于第六阶梯。幼儿的评价经验和语言经验已经十分丰富，有能力与成人共同决定评价内容、评价方式。他们的意见不但被考虑，而且可以与教师一同讨论营地游戏评价的指标与标准，参与评价表格的设计等进行核心决策。总之，幼儿园游戏评价中的幼儿参与，是一个循序渐进的过程。

---

① 国宁，于伟.儿童评价根本育人功能实现的维度、困境与出路[J].中国教育学刊，2022（01）：2.

② 刘颖娜.儿童参与阶梯理论下幼儿园墙面环境创设的分析与思考[J].早期教育，2021（38）：46.

③ 罗宇宸，杜东旭，陈世联.从缺席走向参与：重构幼儿与幼儿园课程评价的关系[J].基础教育研究，2015（11）：85.

主要参考文献

一、中文著作

1.程学琴.放手游戏 发现儿童[M].上海：华东师范大学出版社,2019.

2.成尚荣.儿童立场[M].上海：华东师范大学出版社,2017.

3.丁海东.学前游戏论[M].大连：辽宁师范大学出版社,2003.

4.丁海东.幼儿园游戏组织与指导[M].长沙.湖南大学出版社,2015.

5.冯平.评价论[M].北京：东方出版社,1995.

6.高洁.追寻幼儿教育的游戏精神[M].北京：教育科学出版社,2013.

7.黄进.游戏精神与幼儿教育[M].南京：江苏教育出版社,2006.

8.李建君.区角,儿童智慧的天地[M].上海：上海社会科学院出版社,2005.

9.刘晓东.儿童精神哲学[M].南京：南京师范大学出版社,1999.

10.刘焱.儿童游戏的当代理论与研究[M].成都：四川教育出版社,1988.

11.刘焱.幼儿游戏评价[M].太原：希望出版社.1998.

12.刘焱.儿童游戏通论[M].福州：福建人民出版社,2015.

13.毛曙阳.儿童游戏与儿童文化[M].南京：江苏凤凰教育出版社,2020.

14.聂振斌,滕守尧,章建刚.艺术化生存[M].成都：四川人民出版社,1997.

15.邱学青.学前儿童游戏(第六版)[M].南京：江苏凤凰教育出版社,2022.

16.秦元东,等.浙江儿童民间游戏：现状与传承[M].杭州：浙江大学出版社,2011.

17.秦元东,陈芳,等.如何有效实施幼儿园主题性区域活动[M].北京：中国轻工业出版社,2013.

18.秦元东,白碧玮,庄盈媚,等.幼儿园游戏指导方法与实例：游戏自主性的视角[M].北京：中国轻工业出版社,2018.

19.【清】沈宗骞,述.齐振林,写.芥舟学画编[M].史怡公,标点注译.

北京：人民美术出版社，2016.

20.滕守尧.艺术与创生［M］.西安：陕西师范大学出版社，2002.

21.滕守尧.文化的边缘（修订本）［M］.南京：南京出版社，2006.

22.王春燕，秦元东.幼儿园课程概论（第3版）［M］.北京：高等教育出版社，2019.

23.徐复观.中国艺术精神［M］.上海：华东师范大学出版社，2001.

24.中国学前教育史编写组.中国学前教育史资料选［M］.北京：人民教育出版社，1989.

二、中文译著

1.【英】艾莉森·克拉克.倾听幼儿：马赛克方法［M］.刘宇，译.北京：中国轻工业出版社，2020.

2.【英】安妮·伍兹，等.儿童发起的游戏和学习：为无限的可能性而规划［M］.叶小红，译.北京：中国轻工业出版社，2020.

3.【美】安·S.爱泼斯坦.学前教育中的主动学习精要：认识高宽课程模式［M］.霍力岩，郭珺，等，译.北京：教育科学出版社，2012.

4.【美】德布·柯蒂斯，玛吉·卡特.和儿童一起学习：促进反思性教学的课程框架［M］.周欣，周晶，张亚杰，等，译.周欣，审校.北京：教育科学出版社，2011.

5.【美】盖伊·格朗兰德.发展适宜性游戏：引导幼儿向更高水平发展［M］.严冷，译.北京：北京师范大学出版社，2014.

6.【荷】胡伊青加.人：游戏者：对文化中游戏因素的研究［M］.成穷，译.2版.贵阳：贵州人民出版社，2007.

7.【美】JOHNSON J E, CHRISTIE J F, YAWKEY T D.儿童游戏——游戏发展的理论与实务（第二版）［M］.吴幸玲，郭静晃，译.台北：扬智文化，2003.

8.迦达默尔.真理与方法［M］.洪汉鼎，译.上海：上海译文出版社，1999.

9.【美】卡罗尔·科普尔，休·布雷德坎普.0—8岁儿童发展适宜性教育

（第三版）[M]. 刘焱，等，译. 北京：中国轻工业出版社，2021.

10. 莉萨·戴利，米丽娅姆·别洛戈洛夫斯基. 开放性材料1：幼儿创造性游戏 [M]. 张瑞瑞，钟欣颖，译. 南京：南京师范大学出版社，2018.

11. 【法】马克·第亚尼. 非物质社会——后工业世界的设计、文化与技术 [M]. 滕守尧，译. 成都：四川人民出版社，1998.

12. 【美】玛丽·L. 马斯特森，霍莉·博哈特. 幼儿园引导性游戏——深化儿童的学习 [M]. 邹海瑞，译. 北京：中国轻工业出版社，2024.

13. 【美】桑德拉·海德曼，迪波拉·休伊特. 游戏：从理论到实践 [M]. 邱学青，高妙，译. 南京：南京师范大学出版社，2015.

14. 【美】威廉·A. 科萨罗. 童年社会学（第四版）[M]. 张蓝予，译. 哈尔滨：黑龙江教育出版社，2016.

15. 【奥】维特根斯坦. 游戏规则：维特根斯坦神秘之物沉默集 [M]. 唐少杰，杨玉成，黄正东，等，译. 西安：陕西师范大学出版社，2003.

16. 【美】伊丽莎白·琼斯，格雷琴·瑞诺兹. 小游戏，大学问 [M]. 陶英琪，译. 南京：南京师范大学出版社，2006.

三、学位论文

1. 陈霞. 幼儿园结构游戏中的教师指导研究 [D]. 山东师范大学，2014.

2. 郭姗. 儿童在园时间体验研究 [D]. 四川师范大学，2023.

3. 关少英. 幼儿园创造性游戏活动中的教师指导研究 [D]. 福建师范大学，2007.

4. 何敏. 教育时空问题初探 [D]. 华东师范大学，2003.

5. 黄倩. 幼儿在园一日生活时间的社会学研究 [D]. 南京师范大学，2021.

6. 黄玉娇. 材料结构及投放方式对幼儿创造性想象的影响研究 [D]. 西南大学，2014.

7. 蒋宜宏. 大班幼儿自我评价的特点研究 [D]. 华中师范大学，2020.

8. 旷吉利. 提升营地游戏评价中幼儿参与的行动研究 [D]. 浙江师范大学，2023.

9.李辉.幼儿园一日活动中游戏活动实施现状及改进策略研究[D].浙江师范大学,2019.

10.吕进锋.少数民族文化教育空间研究——以云南省红河州为例[D].云南师范大学,2020.

11.李梦竹.幼儿区域游戏指导状况调查及改进对策[D].江苏大学,2020.

12.梁庆丽.建构主义理论视野下的幼儿园智力游戏开展的现状及对策研究[D].东北师范大学,2013.

13.刘玉.中班幼儿结构游戏中的教师指导研究[D].辽宁师范大学,2015.

14.穆子璇.大班幼儿参与自身发展评价的行动研究[D].上海师范大学,2020.

15.孙姝玉.基于幼儿需要的小班建构游戏的教师支持方式研究[D].四川师范大学,2015.

16.田莉.生成性评价论[D].云南师范大学,2006.

17.陶玮.幼儿园区角活动中教师指导的适宜性研究[D].西南大学,2016.

18.魏洪玉.材料结构及投放方式对中班幼儿专注力的影响研究[D].河北师范大学,2018.

19.吴吉.大班创造性游戏中教师的指导行为研究[D].华中师范大学,2020.

20.吴斯婷.幼儿园户外游戏活动的现状与出路研究[D].福建师范大学,2020.

21.夏海兴.区域活动中材料超市优化的行动研究[D].浙江师范大学,2023.

22.杨梅.游戏活动中幼儿同伴群体领导者同伴交往行为的个案研究[D].浙江师范大学,2019.

23.张盼盼.教师不同指导方式下区域活动中幼儿游戏性表现的研究[D].沈阳师范大学,2016.

24.朱若华.幼儿园活动区材料投放方式与儿童行为的研究[D].华东师范大学,2005.

四、中文论文

1.丁海东.论儿童游戏的教育价值——基于游戏存在的双重维度[J].幼儿教育(教育科学版),2007(02):9-12.

2.丁海东.游戏的教育价值及其在幼儿园课程中的实现路径[J].学前教育研究,2006(12):32-34.

3.丁海东.角色游戏过程中的两种指导方式[J].幼儿教育,2001(Z1):37.

4.傅淳华.道德·时间·时间制度:对学校时间制度的道德审视[J].全球教育展望,2009,38(12):13-16.

5.高宏钰,霍力岩.教师专业观察力及其提升策略:"观察渗透理论"的视角[J].当代教育科学,2020(04):33-37.

6.高宏钰,霍力岩.幼儿园教师观察能力的理论意蕴与提升路径——基于"观察渗透理论"的思考[J].学前教育研究,2021(05):75-84.

7.郭良菁.瑞吉欧教育者对"空间"的理解[J].幼儿教育,2017(34):9-11.

8.国宁,于伟.儿童评价根本育人功能实现的维度、困境与出路[J].中国教育学刊,2022(01):1-7.

9.郭元祥,杨洋,张越.论游戏课程化的游戏观:游戏的课程本质、边界与层次[J].教育理论与实践,2020,40(04):60-64.

10.华爱华.教师对幼儿游戏的指导[J].幼儿教育,1991(Z1):34-35.

11.华爱华.活动区材料的投放方式与幼儿行为及发展的关系[J].幼儿教育,2008(07):4-7.

12.华爱华.早期教育视野中的游戏[J].幼儿教育,2011(15):5-9.

13.华爱华.从学前教育改革与发展看幼儿园活动区活动[J].幼儿教育(教育科学),2012(Z4):68-69.

14.华爱华,马丽婷.表现性活动区的特点及环境创设[J].幼儿教育(教育科学),2012(28):6-7.

15.侯海凤.儿童的时间观念与儿童教育时间的"取法自然"[J].学前教育研究,2009(08):32-36.

16.黄进.重塑时间生活：幼儿园时间制度化现象审思［J］.中国教育学刊，2019（06）：57-63.

17.黄进.幼儿园区域活动的来源与挑战［J］.学前教育研究，2014（10）：31-35，42.

18.黄进，【美】赵亚莉，【美】奥尔加·杰瑞特.中美幼儿园游戏空间的比较研究——以两所高校附属幼儿园的活动室为例［J］.比较教育研究，2019，41（01）：92-99.

19.韩康倩.华爱华教授访谈录之二"安吉游戏"中的环境创设［J］.幼儿教育，2021（07）：9-13.

20.黄小莲."课程游戏化"还是"游戏课程化"——命题背后的价值取向［J］.中国教育学刊，2019（12）：57-61.

21.吕进锋，曹能秀.试论幼儿园教育空间的内涵、特征与评估［J］.陕西学前师范学院学报，2020，36（03）：1-7.

22.吕进锋，曹能秀.关系社会：幼儿园儿童游戏空间新论［J］.陕西学前师范学院学报，2018，34（07）：77-81.

23.李琳婕.浅谈幼儿园角色游戏的指导［J］.学前教育研究，2000（04）：60.

24.刘焱.什么样的游戏是好的或高质量的游戏［J］.学前教育，2000（10）：6-9.

25.刘焱.也谈幼儿园游戏与课程［J］.学前教育，2021（19）：4-13.

26.刘焱.象征性游戏和学前儿童的智力发展［J］.北京师范大学学报（社会科学版），1986（06）：59-64，75.

27.刘晓燕.游戏与儿童——关于游戏的思考［J］.学前教育研究，2001（05）：30.

28.罗宇宸，杜东旭，陈世联.从缺席走向参与：重构幼儿与幼儿园课程评价的关系［J］.基础教育研究，2015（11）：84-86.

29.茅红美.论两类游戏的关系及其指导［J］.学前教育研究，1998（06）：

22-23.

30.彭茜.幼儿园游戏课程存在方式的生态学分析[J].教育研究，2021，42（12）：71-80.

31.邱学青.幼儿园游戏指导中存在的问题及其对策[J].幼儿教育，2003（03）：6-7.

32.秦元东.活动区与材料区：游戏空间规划的来"龙"与去"脉"[J].学前教育研究，2022（10）：29-37.

33.秦元东.关于游戏指导的理论思考[J].学前教育研究，2001（02）：24-26.

34.秦元东.教育常识的基本特性及其对幼儿园教师专业成长的潜在消极影响[J].幼儿教育，2016（09）：28-31.

35.秦元东.教育常识对幼儿园教师专业成长潜在消极影响的转化机制[J].幼儿教育，2016（18）：21-24.

36.汤文佳，江夏.儿童参与幼儿园课程评价的能为、难为与应为[J].教育探索，2022（09）：81-86.

37.涂元玲. 一个西北村庄传统儿童玩耍和游戏活动的教育人类学研究[J].湖南师范大学教育科学学报，2009，8（04）：25-30.

38.王春燕.以游戏精神实现教学与游戏的融合[J].教育理论与实践，2002（12）：42-45.

39.王春燕，舒婷婷.对话共生：游戏与幼儿园课程的整合[J].幼儿教育，2021（Z3）：3-6.

40.王春燕，许佳绿.幼儿园游戏与课程：关系的再认识[J].幼儿教育，2023（09）：19-23.

41.王海英，周洁.幼儿自我评价：问题与策略[J].幼儿教育，2005（09）：10-11.

42.吴邵萍.结构游戏的整体指导[J].幼儿教育，1998（Z1）：25-26.

43.王稳东. 教育空间：内涵本质与三元建构[J]. 中国教育学刊，2021（10）：36-40.

44.王彦波.幼儿园游戏指导的价值取向：情感关怀[J].幼儿教育（教育科学版），2007（Z1）：35-37.

45.王振宇.论游戏课程化[J].幼儿教育，2018（12）：3-8.

46.王振宇.实现游戏手段与目的的统一——再论游戏课程化[J].幼儿教育，2019（Z3）：3-7.

47.虞永平.课程游戏化的意义和实施路径[J].早期教育（教师版），2015（03）：4-7.

48.夏海兴，秦元东.幼儿园班级区域活动材料超市的内涵、价值与创建[J].早期教育，2023（12）：41-44.

49.郑春夫.生成性评价及其实践理念[J].教学与管理，2014（23）：1-3.

50.张更立.生命哲学视域下的生长性教育时间观及其启示[J].学前教育研究，2010（12）：31-35.

51.张华.走向儿童存在论[J].中国教育学刊，2020（10）：64-70，96.

52.赵婧，王喜海.谁来评？评什么？怎么评？——幼儿园游戏评价研究综述[J].早期教育（教科研版），2016（Z1）：3-6.

53.朱家雄.游戏难在教师的指导——玩与教的两难（八）[J].幼儿教育，2014（28）：4-5.

54.张燕.游戏指导的关键：建立和谐的师幼关系[J].幼儿教育，2004（01）：10-11.

五、英文著作

1.CARR W, KEMMIS S. Becoming critical: Education, knowledge and action research[M]. New York: Falmer Press, 1986.

2.COUCHENOUR D, CHRISMAN K. Families, schools, and communities: Together for Young Children[M]. New York: Thomson Learning, Inc, 2004.

3.GUBA E G, LINCOLN Y S. Fourth Generation Evaluation[M]. Sage Publications, Inc, 1989.

4.GITLIN A. Rethinking action research: Commonsense and relations of freedom[A]. NOFFKE S, SOMEKH B. The SAGE handbook of educational action research[C]. Thousand Oaks, CA: Sage Publications, 2013.

5.JOHNSON J E, EBERLE S G, HENRICKS T S, et al. The handbook of the study of play(Vol.1)[M]. Maryland: Rowman & Littlefield, 2015.

6.JOHNSON J E, EBERLE S G, HENRICKS T S, et al. The handbook of the study of play(Vol.2)[M]. Maryland: Rowman & Littlefield, 2015.

7.SOMMER D, SAMUELSSON I P, HUNDEIDE K. Child Perspectives and Children's Perspectives in Theory and Practice[M]. Springer, 2010.

8.ROSENFELD S A. Common sense: A political history[M]. Cambridge MA: Harvard University Press, 2011.

9.WINTER R. Developing relationships, developing the self: Buddhism and action research[A]. NOFFKE S, SOMEKH B. The SAGE handbook of educational action research[C]. Thousand Oaks, CA: Sage Publications, 2013.

六、英文论文

1.GITLIN A. Cultivating the qualitative research borderlands: educational poetics and the politics of inclusivity[J]. International Journal of Qualitative Studies in Education, 2008, 21(6): 627-645.

2.GITLIN A, PECK M. Educational poetics: an aesthetic approach to action research[J]. Educational Action Research, 2008, 16(3): 309-319.

3.YELLAND N. Reconceptualising Play and Learning in the Lives of Young Children[J]. Australasian Journal of Early Childhood, 2011, 36(2): 4-12.

后　记

面对游戏实践中教师高控、"游戏儿童"等诸多问题，不少有识之士进行了批判性思考与创新性探索，如安吉游戏、利津游戏、温州游戏、海宁留白游戏等。这些探索的具体做法与主张虽有所不同，但在一点上具有共通性，即放手游戏，具体地说就是教师将游戏领域中的一些权利让渡给幼儿，更准确地说是还给幼儿，支持幼儿不断走向游戏领域的"中央"，进而在实现幼儿园游戏教育性的同时彰显其自然性。正是在这一"大时代"背景之下，在经过了长期的思考、探索与斟酌后，我们提出了"留白"的理念。

本书系由秦元东主持、王春燕等人参与的2018年度教育部人文社会科学研究规划基金项目"幼儿园游戏指导的留白向度研究"（项目批准号：18YJA880065）的研究成果之一。自课题立项起，课题组成员分工合作，在广泛查阅相关文献的基础上进行了充分论证与思考，携手浙江省杭州市萧山区江南幼儿园、浙江省杭州市萧山区衙前镇第一幼儿园、浙江省宁波市镇海区镇海宝山幼儿园、浙江省宁波市慈溪市阳光幼儿园、浙江省嘉兴市海宁市机关幼儿园、浙江省宁波市余姚实验幼儿园等多所幼儿园，共同进行了历时5载的行动研究与理论思考。在此过程中，我们有过百思而不得其解的纠结、迷茫与困惑，也有过拨开云雾后成功的喜悦。

呈现在读者面前的这本拙著，正是我们这群来自高校和幼儿园的志同道合的幼教人共同探索与思考的结晶，凝聚了许多人的心血与智慧。写作前，由秦元东先提出本书的大体框架，然后在与王春燕讨论的基础上，最终由秦元东确定本书的写作框架。具体的写作分工是：秦元东负责撰写导论、第二章、第三章、第四章、第五章、第六章和第七章，王春燕负责撰写第一章。此外，秦元东指导的2020级专业硕士夏海兴（现任职于浙江省杭州市滨江区国信嘉园幼儿园）、旷吉利（现任职于四川省成都市成华区和韵幼儿园）以及2021级学术硕士李杨静分别参与了第六章、第七章导论中部分内容素材的提供。全书由秦元东进行统稿与最终定稿。

本书写作过程中，我们借鉴、参考与引用了许多专家、学者（包括理论研究者与实践工作者）的研究成果（包括公开发表的学术文献和未公开发表的宝贵案例），在书中均一一做了注明，在此一并表示诚挚的谢意。我们为写好本书做了最大努力，但因能力、水平有限，难免有疏漏与不当之处，恳请广大同仁不吝批评斧正。

本书在酝酿、写作与出版过程中，始终得到了课题组负责人所在单位浙江师范大学儿童发展与教育学院及浙江教育出版社领导的关心与支持，在此谨此致谢。感谢本书的责任编辑杨楠，她为本书的出版做了大量细致工作，付出了辛苦劳动。更要感谢参与研究的所有幼儿园的园长与教师们，为我们提供了行动研究的坚实基地与宝贵材料，共同参与、见证和成就了幼儿园游戏指导中"留白"理念的萌芽与成长。

幼儿园游戏指导的留白向度中还有许多理论问题有待深化与完善，实践探索更是曲折漫长。本书权当"抛砖引玉"，期待着更多志同道合者的关注与投入，共同呵护与助推幼儿园游戏指导的留白向度茁壮成长。

"路漫漫其修远兮，吾将上下而求索！"

秦元东

2024年3月于杭州

图书在版编目（CIP）数据

幼儿园游戏指导的留白向度 / 秦元东，王春燕著.
杭州：浙江教育出版社，2024. 8. -- ISBN 978-7-5722-
8572-1（2025.3重印）

Ⅰ. G613.7

中国国家版本馆 CIP 数据核字第 20246Q37Q6 号

幼儿园游戏指导的留白向度

YOUERYUAN YOUXI ZHIDAO DE LIUBAI XIANGDU

秦元东　王春燕　著

责任编辑：杨　楠　　　　　　　　责任校对：何　奕

美术编辑：韩　波　　　　　　　　责任印务：曹雨辰

封面设计：潘　懿

出版发行：浙江教育出版社
　　　　　（杭州市环城北路 177 号　电话：0571-88909743）

图文制作：杭州万方图书有限公司

印　　刷：杭州佳园彩色印刷有限公司

开　　本：787mm×1092mm　1/16　　　印　　张：20.25

字　　数：250 000

版　　次：2024 年 8 月第 1 版　　　　印　　次：2025 年 3 月第 2 次印刷

标准书号：ISBN 978-7-5722-8572-1　　定　　价：68.00 元